欧阳斌　凤振华　等　著

低碳交通运输规划

方法与实证

Method and
Empirical Analysis on
Low-carbon Transport Planning

内 容 提 要

本书为“交通运输行业高层次人才培养项目著作书系”中的一本。交通运输是全球石油消费最多、需求增长最快、碳排放增长速度最快的行业之一,也是生态文明建设与绿色低碳发展的重要领域。面对全球气候变暖的严峻挑战和能源环境的严重制约,各国都在大力倡导发展低碳交通,而低碳交通运输规划是推进交通运输低碳发展的方向指南,需要做好系统规划和长远考虑。本书跟踪国际国内相关领域学术研究与发展实践的最新成果,系统研究了低碳交通运输发展影响因素、国际对标、评价指标、发展目标、重点任务、规划实施和规划后评估等低碳交通运输规划的关键问题。

本书适用于交通运输、能源环境与气候变化领域的政府公务人员、科研人员、企业管理人员、高等院校师生及相关工作者阅读使用。

图书在版编目(CIP)数据

低碳交通运输规划方法与实证 / 欧阳斌等著. — 北京:人民交通出版社股份有限公司, 2017.11

ISBN 978-7-114-14023-5

Ⅰ. ①低… Ⅱ. ①欧… Ⅲ. ①交通运输规划—研究 Ⅳ. ①U491.1

中国版本图书馆 CIP 数据核字(2017)第 168029 号

交通运输行业高层次人才培养项目著作书系

书　　名:低碳交通运输规划方法与实证
著 作 者:欧阳斌　凤振华　等
策划编辑:周　宇
责任编辑:牛家鸣
责任校对:赵媛媛
责任印制:张　凯
出版发行:人民交通出版社股份有限公司
地　　址:(100011)北京市朝阳区安定门外外馆斜街 3 号
网　　址:http://www.ccpress.com.cn
销售电话:(010)59757973
总 经 销:人民交通出版社股份有限公司发行部
经　　销:各地新华书店
印　　刷:中国电影出版社印刷厂
开　　本:787 × 1092　1/16
印　　张:10.75
字　　数:244 千
版　　次:2018 年 4 月　第 1 版
印　　次:2018 年 4 月　第 1 次印刷
书　　号:ISBN 978-7-114-14023-5
定　　价:65.00 元

本书编写组

主　　编：欧阳斌　凤振华

参编人员：郭　杰　张海颖　毕清华　曹子龙

张　毅　方　海　达亚彬　陈建营

卞雪航　王　双　刘　芳　陈书雪

张　琦

书系前言

Preface of Series

进入21世纪以来，党中央、国务院高度重视人才工作，提出人才资源是第一资源的战略思想，先后两次召开全国人才工作会议，围绕人才强国战略实施做出一系列重大决策部署。党的十八大着眼于全面建成小康社会的奋斗目标，提出要进一步深入实践人才强国战略，加快推动我国由人才大国迈向人才强国，将人才工作作为"全面提高党的建设科学化水平"八项任务之一。十八届三中全会强调指出，全面深化改革，需要有力的组织保证和人才支撑。要建立集聚人才体制机制，择天下英才而用之。这些都充分体现了党中央、国务院对人才工作的高度重视，为人才成长发展进一步营造出良好的政策和舆论环境，极大激发了人才干事创业的积极性。

国以才立，业以才兴。面对风云变幻的国际形势，综合国力竞争日趋激烈，我国在全面建成社会主义小康社会的历史进程中机遇和挑战并存，人才作为第一资源的特征和作用日益凸显。只有深入实施人才强国战略，确立国家人才竞争优势，充分发挥人才对国民经济和社会发展的重要支撑作用，才能在国际形势、国内条件深刻变化中赢得主动、赢得优势、赢得未来。

近年来，交通运输行业深入贯彻落实人才强交战略，围绕建设综合交通、智慧交通、绿色交通、平安交通的战略部署和中心任务，加大人才发展体制机制改革与政策创新力度，行业人才工作不断取得新进展，逐步形成了一支专业结构日趋合理、整体素质基本适应的人才队伍，为交通运输事业全面、协调、可持续发展提供了有力的人才保障与智力支持。

"交通青年科技英才"是交通运输行业优秀青年科技人才的代表群体，培养选拔"交通青年科技英才"是交通运输行业实施人才强交战略的"品牌工程"之一，1999年至今已培养选拔282人。他们活跃在科研、生产、教学一线，奋发有为、锐意进取，取得了突出业绩，创造了显著效益，形成了一系列较高水平的科研成果。为加大行业高层次人才培养力度，"十二五"期间，交通运输部设立人才培养专项经费，重点资助包含"交通青年科技英才"在内的高层次人才。

人民交通出版社以服务交通运输行业改革创新、促进交通科技成果推广应用、支持交通行业高端人才发展为目的，配合人才强交战略设立“交通运输行业高层次人才培养项目著作书系”（以下简称“著作书系”）。该书系面向包括“交通青年科技英才”在内的交通运输行业高层次人才，旨在为行业人才培养搭建一个学术交流、成果展示和技术积累的平台，是推动加强交通运输人才队伍建设的重要载体，在推动科技创新、技术交流、加强高层次人才培养力度等方面均将起到积极作用。凡在“交通青年科技英才培养项目”和“交通运输部新世纪十百千人才培养项目”申请中获得资助的出版项目，均可列入“著作书系”。对于虽然未列入培养项目，但同样能代表行业水平的著作，经申请、评审后，也可酌情纳入“著作书系”。

高层次人才是创新驱动的核心要素，创新驱动是推动科学发展的不懈动力。希望“著作书系”能够充分发挥服务行业、服务社会、服务国家的积极作用，助力科技创新步伐，促进行业高层次人才特别是中青年人才健康快速成长，为建设综合交通、智慧交通、绿色交通、平安交通做出不懈努力和突出贡献。

交通运输行业高层次人才培养项目
著作书系编审委员会
2014年3月

作者简介

Author Introduction

欧阳斌，博士，研究员。交通运输部科学研究院交通发展研究中心（财政与金融研究中心）主任，兼任交通运输部部长政策咨询委员会办公室副主任、交通运输部专家委员会秘书处副秘书长、中国“双法”研究会能源经济与管理研究分会常务理事、中国公路学会环境与可持续发展分会常务理事、中国节能协会常务理事，注册咨询工程师（投资）、管理咨询师，交通运输部交通青年科技英才、福建省人民政府“一带一路”建设高级顾问，国家温室气体自愿减排交易（CCER）评估、科技部国家重点研发计划评审、交通运输部节能减排、国家节能中心等专家库专家等。

长期从事交通运输战略规划、政策法规、绿色交通和港航物流研究工作。先后完成国家发展改革委中国低碳发展宏观战略课题《中国交通低碳发展战略研究》，中国清洁发展机制（CDM）基金赠款项目，世界银行—全球环境基金、亚洲开发银行、美国能源基金会、德国国际合作机构（GIZ）、世界资源研究所（WRI）等资助项目，以及交通运输部重大项目《资源节约型环境友好型交通发展模式研究》《新时期加快推进绿色低碳交通运输发展战略研究》《交通行业节能中长期规划》《交通运输“十二五”节能减排规划研究》《交通运输节能减排“十三五”规划重大问题研究》等课题50余项，以及20多个省市交通运输节能减排规划和多个绿色交通省、绿色交通城市、绿色公路、绿色港口创建实施方案研究编制工作。发表学术论文50余篇，出版著作10余部，荣获省部级科技成果特等奖1项、一等奖3项、二等奖6项、三等奖2项。

作者简介

Author Introduction

凤振华，管理学博士，管理科学与工程博士后，副研究员。交通运输部科学研究院交通发展研究中心(财政与金融研究中心)绿色交通研究室主任。中国优选法统筹法与经济数学研究会能源经济与管理研究分会理事，国家自然科学基金委员会管理学部同行评议专家，第三次气候变化国家评估报告贡献作者。Applied Energy, Energy Economics, Natural Hazards 等多份国际学术期刊审稿人。

长期从事绿色交通发展战略与政策、碳交易与碳市场、能源经济与气候经济等领域的研究工作。主持国家自然科学基金、中国博士后科学基金、交通运输战略规划政策项目、交通运输节能减排能力建设项目等 10 余项。作为核心研究人员，参与了中国低碳发展宏观战略研究课题、中国清洁发展机制基金赠款项目，国家发展改革委、交通运输部、国家能源局，世界银行—全球环境基金、世界资源环境研究所、德国国际合作机构等 30 余项课题研究工作，以及多个省市绿色交通发展战略与规划，绿色交通省、绿色交通城市实施方案研究编制工作。在 Energy, Applied Energy 等期刊发表了论文 20 余篇，研究成果被 IPCC 第五次评估报告等引用，单篇最高被引 120 余次。合著或参编了《碳金融与碳市场》《中国交通低碳发展战略研究》《高级能源经济学》等 7 部著作以及大型工具书《Handbook of Clean Energy Systems》。荣获省部级科技成果一等奖 2 项、二等奖 2 项。

目　录
Contents

第1章 低碳交通运输规划的理论与方法

1.1 引言

气候变化问题已成为影响人类社会发展和全球政治经济格局的重大战略课题。面对全球气候变暖的严峻挑战,英国、欧盟、日本、美国等国家大力倡导发展低碳经济。低碳经济是以低能耗、低污染、低排放为基础的经济模式,其核心是能源技术和减排技术创新、产业结构和制度创新以及人类生存发展观念的根本性转变。在过去的几十年间,交通运输是全球石油消费最多和需求增长最快的部门,也是全球二氧化碳(CO_2)排放增长最快的部门。2012年全球交通运输能耗量约占世界能源消耗总量的22%,仅次于电力和供暖排放,其中公路运输二氧化碳排放自1990年以来增长了52%。未来全球交通运输能源消费和 CO_2 排放仍将保持快速增长的态势。据亚洲开发银行相关研究表明,未来25年内,全球交通运输源 CO_2 排放将增加57%。在欧盟、美国、日本等发达国家,交通运输是温室气体排放的主要领域之一,大约占到各国 CO_2 排放总量的20%~30%。由于交通运输服务需求的基础性和刚性、行业发展的巨大惯性,特别是各国机动化的巨大需求,过去10年间全球 CO_2 排放总量增加了13%,而源自交通运输工具的 CO_2 排放增长率却达到25%。2009年国际能源署(IEA)出版的《运输、能源与二氧化碳:迈向可持续发展》报告表明,全球 CO_2 排放量约有25%来自于交通运输,预计到2050年全球交通运输业的能源消费量将翻一番。当前,欧盟、美国、日本等国家和地区都已经将发展低碳交通运输作为战略重点,低碳交通运输已成为各国低碳经济发展的重要紧迫任务。

交通运输是国民经济和社会发展重要的基础产业和服务性行业,也是我国能源消费和温室气体排放的重要领域之一。我国作为世界第一人口大国和最大的发展中国家,人均能源资源占有量少,同时面临着能源安全和节能减排的双重压力。从能源安全来看,2014年交通运输业已成为我国最大的石油消费领域,约占全社会的37.7%,这一比例2020年预计将上升到57%,原油对外依存度到2020年将超过70%,石油安全问题形势十分严峻。从碳排放结构来看,有关研究表明,按照国际统一口径测算,2014年中国交通运输碳排放约占全社会的14%,仅次于工业、建筑业居第三位,2020年其有可能升至30%左右。尽管目前交通运输的能耗与碳排放占比还不算太高,但却是我国能源消费和 CO_2 排放增长最快的行业之一。与其他国家相比,我国也是交通运输 CO_2 排放增长速度最快的国家之一,交通运输 CO_2 减排问题迫在眉睫。面对能源资源短缺、生态环境恶化所带来的严峻挑战,交通运输发展不可能单纯依靠扩充能力的粗放式发展方式来解决,必须通过整合资源、强化管理、科技创新、深入挖潜的内涵式发展方式来实现,这就迫切要求加快转变交通运输发展方式,合理优化能源消费结构,实现能源资源利用效率的显著提升和生态环境的持续改善。

低碳交通运输发展规划是关系经济社会发展的战略性和关键性问题,是推进交通运输行业低碳发展的方向指南,需要做好系统规划和长远考虑。低碳交通运输规划的编制必须以科学的理论与方法作为支撑。尽管经济社会发展规划、环境规划、生态规划、生态文明建设规划、可持续发展规划、绿色低碳发展规划等相关规划方法学正日趋成熟和系统化,但是,低碳交通运输规划作为特殊行业领域的专项规划,有其自身的特点,需要在既有规划理论与方法的基础上进行创新。目前针对低碳交通运输规划理论、方法、模型等基础性研究尚不多见,规划编制缺乏科学的理论指导与有效的方法支撑,实践中尚未发布权威的编制指南。具体而言,问题较为突出地表现为:对低碳交通运输的内涵实质、基本特征缺乏清晰准确的理解;对低碳交通运输规划的编制意义、内涵、性质、特征等认识不到位;对规划的体系构成、功能定位等理解把握不准确,进而导致相关规划编制的经验性和随意性较强;规划编制和审批程序、核心内容及其深度要求、技术方法等有待规范,影响了规划的科学性、指导性和可操作性。

基于以上现实基础,本章主要从低碳交通运输的系统分析、内涵与特征、影响因素入手,探讨分析低碳交通运输规划的理论基础、概念与类型、规划体系、功能定位、性质特点、内容框架、编制程序、技术方法等,探索构建低碳交通运输规划的理论与方法体系。

1.2 低碳交通运输的理论框架

1.2.1 低碳交通运输的系统分析

从经济发展的视角观察,交通运输不仅仅是旅客或货物的空间位移,也是经济要素的空间流动。从系统论的视角,交通运输系统既是一个实体系统,由基础设施网络、交通运输装备、管理控制系统、运输对象(如旅客、货物等)及其承运主体等要素组成,又是一个动态关系系统,由运输供给方与运输需求方之间的复杂关系构成,因此交通运输系统可以表达为一个多元素的集合,即:

交通运输系统 = {交通网络,运输装备,经济要素,经济空间,运输组织,管理制度}

其中:交通网络、运输装备、经济空间构成了交通运输的实体部分;运输组织和管理制度决定了基于实体部分的复杂的运输供给与交通需求关系。需求与供给是经济学研究的两大永恒主体,而交通运输需求是经济社会发展的派生需求,研究交通运输系统同样离不开对需求与供给的认真把握和深入分析。具体而言,交通运输服务,即旅客和货物的位移是交通运输业提供向社会提供的服务产品;交通运输装备是交通运输生产与服务活动的用能载体和移动排放源;交通基础设施网络是交通运输生产与服务活动的物质基础和物理环境;经济空间是诱发交通运输服务需求的外部环境;运输组织与管理制度则是优化交通运输服务供给、引导交通运输需求的重要手段。

此外,从党的十八大提出的经济建设、政治建设、文化建设、社会建设和生态文明建设"五位一体"总体布局的视角来看,交通运输发展面临的环境要素,可以相应地划分为经济要素、政治要素、文化要素、社会要素和生态要素。综上所述,可以构建出基于"五位一体"视角的低碳交通运输系统分析框架,如图 1-1 所示。

低碳交通运输是个复杂的大系统,主要包括低碳生态基础设施网络体系、节能环保交通运输装备体系、集约高效交通运输组织体系、低碳交通技术支撑保障体系、低碳交通监管服务能力体系等五个相对独立而又有机联系的子系统。其中:节能低碳导向的交通基础设施网络是低碳交通运输发展的基本物质基础；汽车、船舶、飞机、火车、装卸施工机械等交通运输装备是交通运输行业的用能主体和移动排放源，是低碳交通运输发展的关键领域；以更集约高效的方式提供更优质便捷的运输服务是低碳交通运输发展的核心使命；低碳交通技术支撑保障体系是低碳交通运输走创新驱动发展之路的“硬实力”保障；低碳交通监管服务能力的提升是低碳交通运输治理体系和治理能力现代化的“软实力”基础，如图1-2所示。

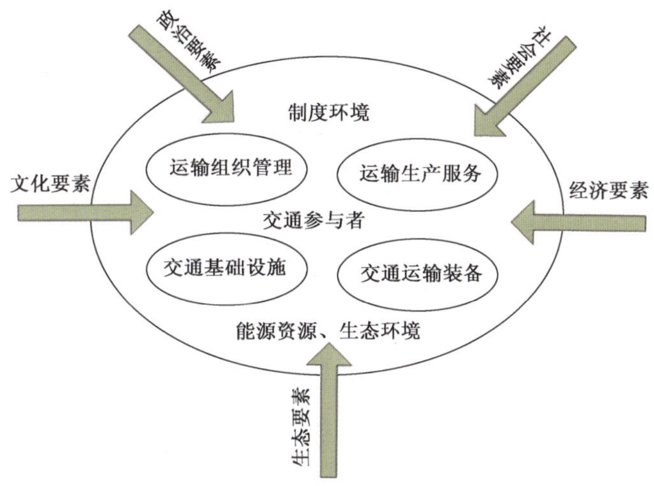

图1-1　基于“五位一体”视角的交通运输系统要素构成分析

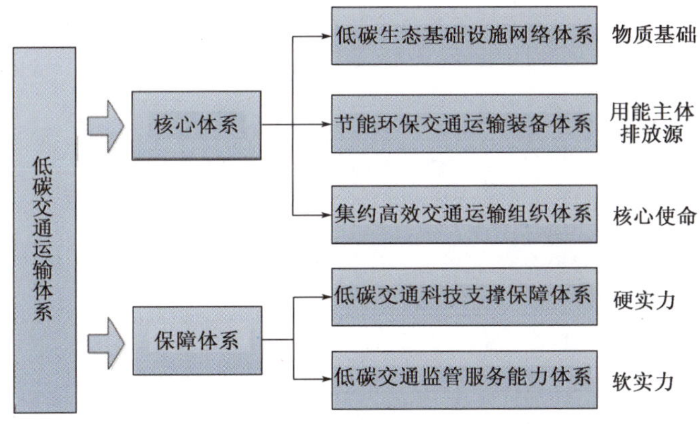

图1-2　低碳交通运输体系框架系统分析

1.2.2　低碳交通运输的内涵与特征

1）概念内涵

低碳交通运输是在全球应对气候变化、积极发展低碳经济背景下提出的一个新概念。它与低碳经济、低碳发展一脉相承，是低碳经济体系中的重要产业。根据国内外相关文献研究，可以从两个角度给出低碳交通运输的定义：

一是从侧重“低碳”特征这个角度，参照低碳经济的概念，可将低碳交通运输定义为：低碳交通运输是一种以低能耗、低排放、低污染为根本特征的交通运输发展模式，其核心在于提高交通运输用能效率、改善交通运输用能结构、减缓交通运输碳排放；目的在于使交通运输系统逐渐摆脱对石化能源的过度依赖,实现交通运输低碳转型,支撑低碳经济发展。

二是从侧重"交通运输"需求满足的角度,可将低碳交通运输定义为:低碳交通运输是既能满足经济社会发展正常需要,又能降低单位运输量碳强度的新型产业形态。换言之,低碳交通运输是以尽可能低的碳强度(或尽可能高的碳生产率)、实现最大化效用的新型交通运输发展模式。

综合来看,低碳交通运输是一种以低排放、高能效、高服务水平为基本特征的新型交通运输发展方式,其核心在于提高能源效率、改善用能结构、降低碳排放,在满足现有交通运输需求的基础上有效调控和优化交通运输活动。

低碳交通运输的内涵丰富,核心就是要倡导绿色建设、低碳运营、智慧管理的价值取向,坚持节约优先、保护优先的指导方针,遵循贯穿建管养运、因地制宜的实现路径,注重强化创新驱动、示范推广的推进方式,紧紧围绕实现"三低三高"(低消耗、低排放、低污染、高效能、高效率、高效益)、永续发展的目标追求,实现基础设施畅通成网、配套衔接,技术装备先进适用、节能环保,运营管理集约高效、经济便捷,管理服务快捷便民、公平优质。

低碳交通运输作为一个系统化的概念,由于其目标导向明确地指向提高能源利用效率、控制温室气体排放,我们可以从主体、过程、途径等维度来深化对它的认识,如图 1-3 所示。

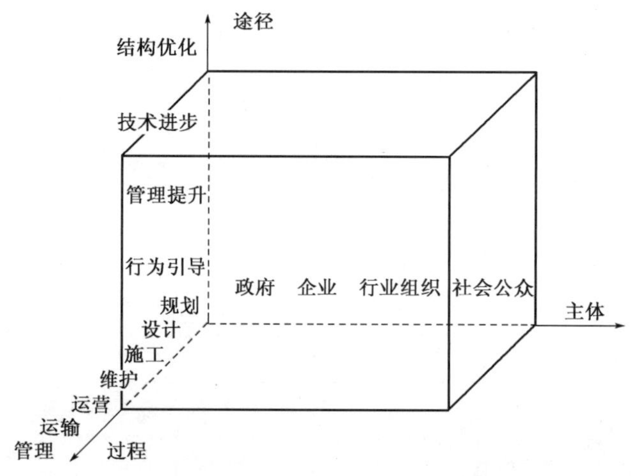

图 1-3　低碳交通运输的"主体—过程—途径"三维模型

低碳交通运输发展的主体维度、过程维度、途径维度分别指:

一是主体维度。低碳交通运输发展涉及的相关主体较多,涵盖政府、企业和社会(包括社会公众、协会学会、中介组织等)等多方面,包括交通规划、勘察、设计、建设、施工、监理、维护、运营、运输、管理等单位及其个人,以及交通运输服务对象(如旅客、货主、社会公众等)等,必须体现全员参与、全民行动的理念。

二是过程维度。低碳交通运输发展,必须体现全生命周期理念,是指能源资源要素流动进入交通运输系统中的输入端、生产与消费中的利用、输出端,涉及交通运输产业链的全领域、全过程,即交通基础设施建设、运输生产和运输装备三大领域,贯穿于交通运输决策、规划、设计、施工、运营、维护、运输、管理等全过程。

三是途径维度。从实现途径的维度来进行审视,低碳交通运输发展的实现途径主要包括结构优化、技术进步、管理提升、需求引导等手段，必须综合施策、系统推进。

2）基本特征

低碳交通运输主要具有以下基本特征：

（1）过程渐进性。交通运输是经济社会发展的基础性、先导性和服务性行业，同时也是能源资源密集型行业。低碳交通运输发展必然是一个不断实现“降碳”、努力追求“零碳”的过程。由于交通基础设施建设不可避免地要消耗利用建筑材料，占用土地、岸线等国土资源，运输工具必须依赖能源驱动，除非人类彻底摆脱对石油、天然气等传统化石能源的依赖，否则交通运输难以实现无碳化，也不能单靠自身系统内部达到碳中和，只能是不断低碳化的发展过程。

（2）外源依赖性。交通运输要逐步“脱碳”，对外部诸“源”的减碳依赖性很高。其一，从需求的角度，有赖经济发展方式转变、产业结构转型优化、社会健康理性消费模式的形成，约束高碳的刚性需求；其二，从动力的角度，有赖低碳新能源革命提供尽可能多的洁净能源，为优化交通运输用能结构创造条件；其三，从工具的角度，有赖机械电子工业的技术进步，生产制造出低能耗和低排放、燃油经济性好的汽车、船舶等运输工具；其四，从吸收的角度，交通运输产生的刚性碳排放，需要依赖碳汇建设、生物吸碳技术应用等，尽可能实现碳中和。

（3）技术经济性。除去外源性依赖，交通运输领域自身节能减碳的潜力很大，其主要手段是节能低碳技术的不断创新与推广。值得期待的节能低碳技术很多，主要包括运输组织技术、智能交通技术、车辆能效技术、新能源利用技术、运输工具排放监测技术等，无论单一技术的创新推广还是各种技术的集成应用，都涉及碳效率的技术经济分析，避免低碳技术高碳开发。

（4）综合多样性。首先，低碳交通运输发展是一项复杂的系统工程，无论是交通运输系统的规划、建设、维护、运营、运输，还是交通工具的生产、使用、维护，还是相关制度和技术保障措施、公众出行模式或运输消费模式等，都需要用“低碳化”的理念予以改造和优化。其次，交通运输低碳化的手段是多样的，既包括技术性减碳（如节能低碳技术应用、产品推广、工艺改造、智能交通建设等提高能效），也包括结构性减碳（如通过优化综合运输结构、基础设施网络结构、运输装备结构、能源消费结构等提高能效），还包括制度性减碳（如通过健全法规标准、完善市场准入退出机制、创新经济激励政策、推广市场减排机制等提升监管能力）。在此，交通运输低碳化的途径是双向的，既包括“供给”或者“生产”方面的减碳（即提供一个更集约高效、绿色低碳的交通运输服务系统），也包括“需求”或者“消费”层面的减碳（如引导公众选择公交、自行车、步行等绿色出行方式，购买节能环保型小排量汽车等）。

因此，发展低碳交通运输，必须统筹规划，着力建设一个“以低碳排放为特征”的完整体系。

1.2.3　低碳交通运输的影响因素

根据 Yoichi Kaya（1990）提出的 Kaya 等式，交通运输领域 CO_2 的主要影响因素有：人口，人均交通强度，交通工具能源强度，单位能耗的含碳量。世界银行在其出版的《Flexing the link between Transport and Greenhouse Gas Emissions：a path for the World Bank》（Schipper 等，2000）一书中建立了 ASIF 方法学用于分析研究交通运输部门的温室气体排放，具体而言，交通运输部门的温室气体（GHG）可以分解为4个组成部分，即活动水平（transport Activity）、交通方式构成（modal Split）、各种运输方式的能源强度（energy Intensity）以及不同燃料

组成(Fuel mix),如图1-4所示。用数学公式可以直观的表述为:

$$交通运输\ GHG\ 排放量 = 活动水平 \times 交通运输结构 \times 能源强度 \times 燃料类型 \times 碳排放因子 \quad (1\text{-}1)$$

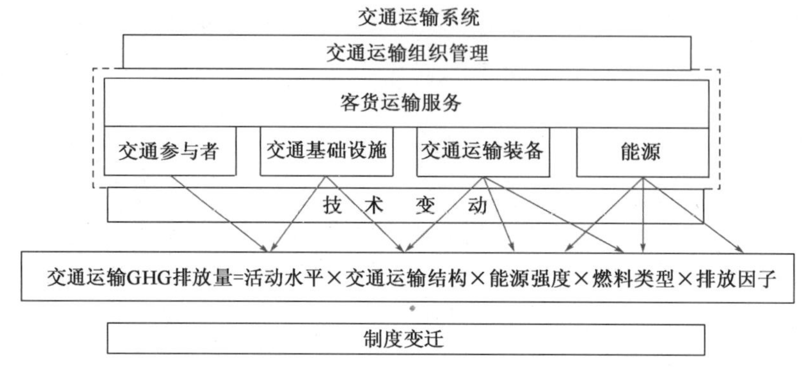

图1-4　低碳交通运输研究分析思路与框架

综上所述,交通运输能耗与碳排放水平主要影响因素可以大致归为四大类(见图1-5),具体如下:

(1)需求因素

交通运输是经济社会发展的基础性、先导性和服务性行业,交通运输活动是提供服务和保障经济生产和人民生活的派生需求。因此,经济发展、人口、经济结构、产业布局、城镇化过程中的空间布局优化(如居民区、商业区、工业区等产业布局)、城市建设规划中的TOD(transit-oriented development,以公共交通为导向的开发模式)模式等外部环境变化,会对交通运输服务需求总量及其结构产生重要影响。其中:经济增长(如收入水平、人均GDP等)与交通运输碳排放相关性极高,这已经成为专家学者公认的观点;工业化进程、大宗货物运输方面,由于工业部门单位增加值更多的要依赖于大宗货物运输,而大宗货物运输的能源消耗强度和碳排放强度远高于同等服务业增加值,工业化的不同阶段,决定着高碳强度的大宗货物运输需求比重;人口特别是有能力在空间上实现迁移的人口规模(一般以城市人口为主),以及人口的年龄构成和家庭构成等结构因素,是交通运输碳排放的另外一个关键影响因素。此外,城镇化发展水平,决定着一个国家或地区货物和旅客运输的距离、频次等的整体水平,进而影响交通运输碳排放总量;而根据孟斌(2009)、张登国(2011)等人的研究,职住分离程度严重、TOD城市空间演变模式、紧凑型发展模式,会对交通通勤距离和频率、私家车出行比例等对交通需求产生了重要影响。

(2)结构因素

影响低碳交通运输发展的结构因素主要包括综合运输结构和各种运输方式内部结构两个层面。首先,综合运输结构层面,由于不同运输方式之间提供客货运输服务具有较强的替代性,但各种运输方式完成单位运输量所消耗的能源以及产生的碳排放有很大不同,综合运输结构优化对于交通运输节能低碳发展具有战略性影响,交通方式选择是交通运输碳排放的主要影响因素。因此,提高铁路、水运等绿色低碳运输方式在综合运输体系中的比重,优先发展城市公共交通、大力发展慢行交通,可以实现结构性节能减碳。

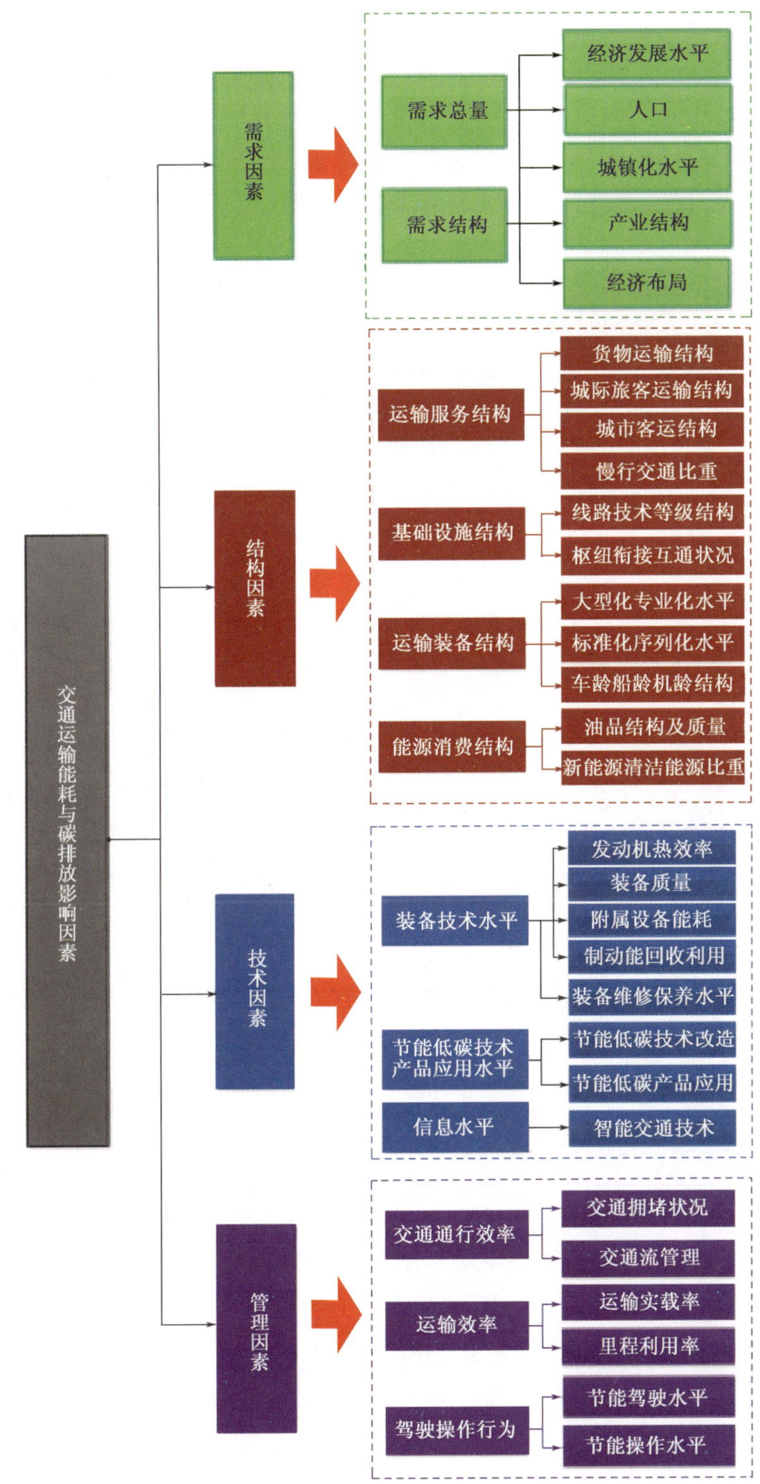

图 1-5　交通运输行业能耗与碳排放的主要影响因素

其次是各种运输方式内部结构层面，具体又包括交通基础设施结构、运输装备结构、交通运输企业组织结构和能源消费结构等几个相互关联、有机联系的侧面。其中：交通基础设施的大型化、专业化和现代化水平，包括交通网路布局、线路技术等级状况、港口站枢纽等衔接互通状况等，营运车辆、营运船舶、列车机车、飞机、港口装卸设备等大型化、专业化和标准化，油品结构及质量状况、清洁能源与新能源的比重，交通运输企业的集约化、现代化水平等，都从不同侧面对交通运输行业的能源与碳排放强度产生重要影响。

(3)技术因素

影响交通运输节能减碳的技术因素主要包括交通运输装备制造技术性能、在役交通运输装备运营技术状况、节能减排技术(产品)应用、先进能源技术、信息化技术应用等。通过大力推进低碳科技进步，提高运输装备、装卸机械、交通施工机械等用能设备的能效水平，进而有效降低各运输方式客货运能源与碳排放强度。张清等(2010)通过将碳减排约束条件和成本弹性，以及气候变化的警惕意识引入内生经济增长框架中，研究发现短期内低碳技术应用不广泛，强行实施交通碳减排将会给经济发展带来显著负效应，长期范围内来看，科技进步将是碳减排的核心。

(4)管理因素

管理节能降碳，也称制度节能降碳，相对于技术节能降碳与结构节能降碳而言，它是间接性、综合性的。影响交通运输节能降碳的管理因素主要包括交通流管理、运输效率、驾驶人节能驾驶操作水平等运输组织管理水平，以及相关低碳交通发展的法规标准、激励政策、体制机制等制度安排。其中：交通畅通或拥挤状况，直接影响着交通运输工具的通行效率和排放水平；改进交通信号控制、拓宽交叉路口、建立单行线网络、设置公交专用道、优化航空管制，以及机动车总量调控、交通限行等交通流管理措施，可有效降低交通碳排放；应用智能交通系统(ITS)等现代信息技术，可以显著提升运输组织管理和节能减排水平；交通运输生产调度及组织管理模式，以及甩挂运输、多式联运、江海直达等先进运输组织方式的推广应用水平，对于交通运输行业整体的里程利用率和实载率具有决定性的影响，进而直接影响到行业能耗和碳排放水平的高低。此外，机动车驾驶人、船员、港口装卸和工程机械操作人员等驾驶、操作和管理方式、技能和水平对交通运输能耗和碳排放具有重要影响。此外，财政政策、燃油经济性和低碳倾向性政策也对抑制交通运输碳排放具有重要的作用。

1.3 低碳交通运输规划的理论与方法

1.3.1 低碳交通运输规划的概念

《辞海》对规划的解释是“谋划、筹划”，也指“较全面或长远的计划”。规划是对规划对象系统远景发展的科学规定和论证，它是通过人们能动认识和协调系统运动，将某一系统的运动纳入有目的、有秩序、有规律活动的轨道上的一种过程或手段。规划通常兼有两层含义：一是指为需要完成的任务而设立的目标和达到的目的；二是指把如何完成这一任务的各种行动纳入某些有条理的顺序中。实质上，上述两层含义，一是指规划包括的内容，二是指实现规划的手段和方法。

战略、政策是与规划密切联系而又相互区别的两个概念。战略是指“政党、国家作出的一定历史时期内具有全局性的谋划”，提出发展的总体方向与蓝图；规划是“比较长远的分阶段实施的计划",是在发展战略的总体指导下的具体谋划、筹划;政策是"国家机关、政党及其他政治团体在特定时期为实现或服务于一定社会政治、经济、文化目标所采取的政治行为或规定的行为准则",它是一系列谋略、法令、措施、方法、办法、条例等的总称,是对规划的具体落实。规划编制要以宏观战略为重要遵循,同时需要设计相应的政策体系予以支撑保障。

根据国务院《关于加强国民经济和社会发展规划编制工作的若干意见》(国发〔2005〕33号),国民经济和社会发展规划是国家加强和改善宏观调控的重要手段,也是政府履行经济调节、市场监管、社会管理和公共服务职责的重要依据。国民经济和社会发展规划按行政层级分为国家级规划、省(区、市)级规划、市县级规划;按对象和功能类别分为总体规划、专项规划、区域规划。其中:专项规划是以国民经济和社会发展特定领域为对象编制的规划,是总体规划在特定领域的细化,也是政府指导该领域发展以及审批、核准重大项目,安排政府投资和财政支出预算,制订特定领域相关政策的依据。

规划的核心属性是时间上、空间上的预测和控制。从规划的核心本质出发,规划理论的本质是在一定社会经济条件下时间或空间上的目标预设和过程制导的规律和知识的总和。规划理论和方法与具体规划的领域特点密切相关。由于不同领域的特点各异,因此出现了能源发展规划、节能减排规划、应对气候变化规划、低碳发展规划、环境保护规划、土地利用规划、城市规划、交通运输规划等分支理论体系。这些理论体现了各自规划领域的特性,无法直接套用于其他领域。

低碳发展规划是为控制温室气体排放、实施低碳发展战略而做的规划,是规划地域(国家和地区)某段时期关于低碳发展目标、措施和政策的设想和部署。低碳发展规划具有层级性和系统性特点。我国低碳发展规划分国家低碳发展规划、行业低碳发展规划(如低碳工业、低碳交通、低碳建筑等行业规划)、区域性(如东北地区、长三角、珠三角等)和地区性(省、市、县级)低碳发展规划。国家、区域和地区的低碳发展规划相互之间存在着一定的层级性、递进性。国家低碳发展规划与各区域或地区、各行业低碳规划共同构成完整的低碳发展规划体系。低碳发展规划的特点决定了系统中不同层级规划的地位和作用:上一级的规划为下一级的规划提供方向性的指导思想和思路,下一级规划为上一级的规划提供基础信息;低碳发展专项规划是低碳经济综合规划某一重要专题的具体规划,同时也受综合规划的指导。低碳交通运输规划即交通运输行业低碳发展专项规划,是国家低碳发展规划体系的重要组成部分,它从上到下也自成一个完整的体系。因此,低碳交通运输规划的编制要立足交通运输行业实际和发展阶段性特征,着眼于交通运输现代化的长远目标,体现国家低碳发展的战略部署。

各种类型的规划都有其各自不同的对象系统、体系结构、功能定位、性质特征、内容框架和工作程序等。低碳交通运输规划就是在交通运输这一特定行业领域中旨在节约能源、降低温室气体排放、增强可持续发展能力,而对未来某段时期内的交通运输节能低碳发展目标、重点任务以及政策措施等进行统筹谋划与整体部署。编制低碳交通运输规划是坚持以科学发展为主线,加强生态文明建设,有效减缓气候变化,推动经济转型提质增效,保障国民经济持续、快速、健康发展所采取的重要举措,其关键是建立切合实际的低碳发展目标,明确需着力抓好的主要任务,组织实施低碳交通重点工程,研发推广重点低碳交通技术,再辅助以恰当的政策机制与保障措施。低碳交通运输规划是交通运输行业实行低碳发展目标管理的科学依据和准绳,是交通运输低碳发展战略与政策的具体体现,也是交通运输规划体系的重要组成部分。低碳交通运输规划是各级政府或交通运输主管部门、企业为推动低碳发展、建设低碳交通运输体系,规范、约束和指导政府行政行为与企业经营行为的纲领性文件。

1.3.2 低碳交通运输规划的类型

目前,我国的规划体系按层次分为国家级规划、省级规划、市县级规划;按类型分为总体规划、主体功能区规划、专项规划、区域规划、市县空间发展规划、土地利用规划以及城市规划等。

按照规划期划分,低碳交通运输规划可分为长远规划(一般跨越10年以上)、中期规划(一般跨越5~10年,包括五年规划)和短期规划(短于5年,如1~3年行动方案或计划、年度计划)。规划期限不同,规划内容侧重点也有所不同,一般时间跨度越长越宏观。中长期规划着重于中长期发展目标、战略重点和措施的制订,而年度计划则是每一个措施、工程、项目以及人物的具体安排。由于我国国民经济和社会发展规划体系以五年规划为核心的规划体系,因此,低碳交通运输五年发展规划也是各类低碳交通运输规划的核心。

按照行政区域和管理层次划分,低碳交通运输规划可分为国家、省级(省、自治区、直辖市)、市县级(设区市、自治州,或者县、县级市、自治县、区)等低碳交通运输发展规划(图1-6);也可以编制跨行政区域的规划,如长江流域经济带、京津冀区域、长株潭城市群等低碳交通运输发展规划。

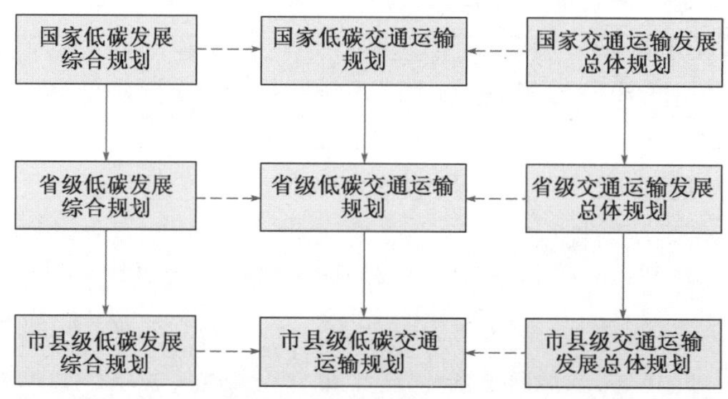

图1-6 低碳交通运输规划的层级及其衔接协调关系

按照运输方式或专业领域划分,低碳交通运输规划可分为铁路运输、公路运输、水路运输、民航、港口、管道运输、城市客运等低碳发展规划;各级交通运输行业管理部门还可以根据各自职责分工和工作需要,进一步制订低碳公路建设养护、低碳港口、低碳航道、低碳场站、低碳运输装备等分领域的低碳发展规划。此外,还可以针对某一特定专业领域,制订低碳交通科技、人才、教育、能力建设、制度体系、标准体系等发展规划(行动计划)等。

1.3.3 低碳交通运输规划的定位

在社会主义市场经济体制下,总体上说,规划具有促进战略目标实现、弥补市场失灵、有效配置公共资源、促进全面协调可持续发展的功能。具体而言,主要有以下三种基本功能:一是社会共同的行动纲领。任何规划都在一定范围、一定程度上凝聚了社会共识,因而也为大家认同作为行动依据;二是政府履行职责的依据。规划作为用来规范政府行为、相对法律而言更加灵活的形式，是政府依法履行经济调节、市场监管、社会管理和公共服务职责的重要依据；三是约束社会行为的“第二准则”。从某种意义上说，规划是对法律制度的补充，是公民、法人也必须遵守的行为准则。

低碳交通运输规划的基本定位如下：

(1)低碳交通运输规划是交通运输领域落实国家节能减排与应对气候变化规划的专项规划。交通运输是国家节能减排与应对气候变化的重点领域，需要编制国家级节能减排专项规划。低碳交通运输规划是国家节能减排与应对气候变化规划体系中的重要组成部分。低碳交通运输规划是一项行业性专项低碳发展规划，要受国家综合节能减排与低碳发展规划的指导和约束，是国家节能减排与低碳发展规划在交通运输领域的贯彻落实与深化，反过来又可为国家节能减排与低碳发展规划制(修)订与实施提供支撑保障。“十二五”期国家先后发布了《节能减排“十二五”规划》《“十二五”节能减排综合性工作方案》《“十二五”控制温室气体排放工作方案》《国家应对气候变化中长期规划(2014—2020 年)》等，目前国务院已印发了《“十三五”节能减排综合工作方案》，作为节能减排大户的交通运输行业，需要继续落实和对接国家节能减排规划的需求，对行业节能减排工作进行统筹规划和部署，明确节能减排目标，布置好节能减排任务，制订确切保障措施，确保国家规划得到贯彻和落实。《节约能源法》第四十一条明确规定“国务院有关交通运输主管部门会同国务院管理节能工作的部门分别制订相关领域的节能规划”。《公路水路交通实施〈中华人民共和国节约能源法〉办法》(交通运输部部令 2008 年第 5 号)，要求根据交通发展规划组织编制和实施公路、水路交通节能规划。

(2)低碳交通运输规划是交通运输行业发展规划的重要专项规划。低碳交通运输规划是在特定历史时期，如何在交通运输发展中更好地全面落实节约资源和保护环境基本国策、深入贯彻《节约能源法》等国家节能减排长远方针政策、加强生态文明建设，在不断满足经济社会发展对交通运输需求的同时，强化合理用能、提高能源利用效率，以尽可能小的能源消费和碳排放，最大限度地满足运输服务需求，尽可能控制温室气体总量，更好地实现既定的交通运输发展目标，实现交通运输与经济社会协调、与自然环境和谐发展。因此，低碳交通运输规划是交通运输发展规划体系的重要专项规划，是国家节能减排降碳与应对气候变化等相关规划在交通运输领域的具体细化和落实，也是政府指导交通运输行业节能减排与低碳发展，安排政府投资和财政支出预算，制订交通运输节能减排与低碳发展领域相关政策的依据。

(3)低碳交通运输规划是交通运输行业节能减排与低碳发展的顶层设计和纲领性文件。发展低碳交通，规划是关键。加快发展“四个交通”，特别是充分发挥绿色交通对交通运输现代化的引领作用，必须充分发挥规划的龙头作用。低碳交通运输规划，旨在提出交通运输行业中长期节能减排与低碳发展的总体方向、规划目标、路线图和时间表，是交通运输行业贯彻落实中央关于加强生态文明建设的战略部署、统筹推进行业节能减排工作的顶层设计、加快建设低碳交通运输体系的纲领性文件。规划的编制要以国家低碳发展战略、交通运输现代化战略等宏观战略为重要遵循，同时需要设计相应的政策体系予以支撑保障。

(4)低碳交通运输规划是节能减排财政资金管理的重要依据。财政部、交通运输部联合发布的《交通运输节能减排专项资金管理暂行办法》明确规定：“第六条 专项资金重点用于支持公路水路交通运输行业推广应用节能减排新机制、新技术、新工艺、新产品的开发和应用,确保完成国家公路水路交通运输节能减排规划安排的重点任务和重点工程。”“第十条 交通运输部、财政部根据国务院统一部署和公路水路交通运输节能减排专项规划确定的重点任务、重点工程以及交通运输部年度节能减排重点工作,发布年度节能减排重点支持项目申请指南。”财政部、中国民航局发布的《民航节能减排专项资金管理暂行办法》中也有类似的规定。由此可见,低碳交通运输规划也将成为相关节能减排专项资金管理的重要依据,对于提高资金使用绩效具有重要作用。

1.3.4 低碳交通运输规划的性质

低碳交通运输规划的性质主要有:

(1)约束性与指导性相结合。国民经济和社会发展五年规划纲要、综合交通运输规划等均将节能减排作为硬指标、硬任务,特别是节能减排约束性指标,政府必须确保完成。节能减排目标是全国人大通过的、具有法律约束力的指标,按时保质实现节能减排低碳发展目标,是政府对人民群众和国际社会的庄严承诺,也是破解资源环境约束、实现可持续发展的必然选择。另一方面,交通运输节能减排低碳发展规划有别于传统的交通基础设施建设规划,就其实施内容、路径和方式而言,是相对“偏软”的规划,由于市场经济条件下,企业是节能减排低碳发展的主体,节能减排低碳发展需要更多地依靠市场机制来实现。政府的职责主要是通过制订规划和公共政策加以引导,充分发挥市场对资源配置的决定性作用,充分调动企业、行业组织和社会公众的积极性和创造性,充分发挥规划对行业的指导意义和推动作用,这是衡量政府交通运输部门治理体系和治理能力现代化的重要标志。

(2)支撑性与引领性相结合。发展低碳交通,规划是关键。低碳交通运输规划是交通运输行业贯彻落实中央加强生态文明建设的总体部署,是统筹推进行业节能减排低碳发展的顶层设计,是加快建设低碳交通运输体系的纲领性文件。一方面,要立足现实条件,面向战略需求,聚焦低碳交通运输发展的需求,将节能减排作为加快交通运输发展方式转变、推动绿色低碳转型的重要抓手,体现与行业发展的深度融合,明确重点方向、凝练重点工程、提出重点项目,支撑行业绿色低碳转型升级和交通运输发展方式转变。另一方面,面向未来发展,明确基础性、战略性、前沿性研究方向和任务,强化超前部署,强化技术、政策和能力储备,体现绿色交通引领行业现代化。加快发展“四个交通”,特别是充分发挥绿色交通对交通运输现代化的引领作用,必须充分发挥规划的龙头作用。

(3)继承性与创新性相结合。国内外低碳交通运输规划相关领域已经具有较好的理论与实践基础,要在充分继承借鉴的基础上进行集成创新。一方面,要充分总结评估、吸收借鉴交通运输部《公路水路交通节能中长期规划纲要》《公路水路交通运输节能减排“十二五”规划》《交通运输节能环保“十三五”发展规划》以及国内相关省市交通运输节能减排或绿色循环低碳交通运输发展规划的编制与实施的成功经验。此外,要注重与行业总体规划、国家节能减排与应对气候变化规划的衔接,将低碳交通运输规划相关内容主动对接、主动融入行业总体规划及国家节能减排与应对气候变化规划的部署。另一方面,要强化创新驱动发展战略,注重将改革创新的理念全面贯穿于规划编制的全过程、各方面,充分体现理念创新、理论创新、形式创新、组织创新、内容创新、机制创新、管理创新。

(4)系统性与针对性相结合。理论与实践表明,交通运输低碳发展主要有结构优化、技术挖潜、管理提升三大实现途径，规划要以加快建成低碳交通运输体系为目标，将生态文明融入交通运输发展各方面、全过程，统筹部署各种运输方式发展与综合运输体系建设，整体推进交通基础设施、运输装备、运输组织、科技与信息化、能力建设等领域，全面挖掘结构、技术、管理节能减排潜力。此外，规划编制，不求面面俱到，必须坚持目标导向和问题导向，紧紧围绕降低交通运输碳排放强度、有效控制碳排放总量、加快建成低碳交通运输体系的总体目标，正确梳理和聚焦研究解决交通运输节能减排低碳发展面临的重大问题，着力抓好重点领域、重点区域、重点任务、重点项目和重点企业。

1.3.5　低碳交通运输规划的特点

低碳交通运输规划是在一定经济社会发展和资源环境约束条件下做出的综合优化，必须要符合特定历史时期的技术经济发展水平和能力、交通运输发展阶段性特征。低碳交通运输规划以交通运输系统为主要研究对象，具有综合性、区域性、动态性、前瞻性、信息密集、政策性强等基本特征。

(1)综合性。低碳交通运输规划的综合性反映在其涉及领域广泛、影响因素众多、对策措施综合、配合协调部门多。同时也反映在其学科知识和方法学需求方面，需要用到数学、管理学、系统理论、可持续发展理论、能源环境经济、系统工程、交通运输工程、运输经济、公共政策等多学科知识，具有学科交叉型、综合性和边缘性的显著特点，亦需要数学模型、计算机技术等各类相关技术方法来处理大量定量和定性信息。

(2)区域性。低碳交通运输规划具有较强的区域差异性，规划的编制必须因地制宜，融入和体现地方特色才是科学有效的规划。

(3)动态性。低碳交通运输规划具有较强的时效性。随着规划的影响因素、内部条件、外部环境等的不断变化，势必要求低碳交通运输规划工作具有快速响应和更新的能力。其理论方法、工作程序、支撑工具和手段都能适应规划更新调整、修订的需求。

(4)前瞻性。低碳交通运输规划是依据低碳交通规划目标，对未来一段时期内，特定区域范围的交通运输发展做出的预先规划。同时，规划方案的设计要充分考虑规划期内的可能变化。

(5)信息密集。低碳交通运输规划过程中，自始至终需要收集、消化、吸收、参考和处理各类与交通运输低碳发展相关的信息。规划的成功很大程度上取决于收集的信息是否全面、准确和可靠，能够被有效组织和利用。

(6)政策性强。低碳交通运输规划的过程也是低碳交通运输政策分析和应用的过程，规划编制中通常将政策体系建设作为一项重要的规划内容，专门提出保障规划实施的政策措施。

同时，低碳交通运输规划呈现出新的发展态势和要求，主要体现在：

(1)协调性与衔接性。低碳交通运输规划与低碳经济发展总体规划、低碳发展相关专项规划之间，不同层级的低碳交通运输规划之间，低碳交通运输规划与交通运输发展总体规划、其他相关专项规划之间要注重做好衔接协调。不同时间尺度规划之间做好衔接过渡。自上而下、纵向协调的规划符合我国目前的政体特征，在协调过程中应融入更多自下而上的公众参与和上下级政府之间的磋商环节。

(2)导向性与调控性。首先是目标导向性，规划目标的约束性从行政约束力向法律约束力转变,从近期目标向近中远兼备的目标转变。其次是经济导向性,指通过低碳交通运输规划中相关指标和任务的约束作用和引导作用,来实现对区域交通运输布局结构优化和交通运输发展方式的调控。第三是空间调控性,为政府调控区域空间资源、指导城乡交通发展提供支撑。

1.3.6 低碳交通运输规划的内容

一般而言,规划至少应该包括以下内容:透彻的条件和环境分析,先进的规划理念,可行的规划目标,明确的重点任务,有效的保障措施。结合低碳交通运输规划的功能定位和性质特点,低碳交通运输规划的主要任务就是统筹协调和妥善解决交通运输发展与资源环境、气候变化之间的矛盾,其编制是个科学的决策过程。与环境保护规划等其他规划类似,低碳交通运输规划的主要内容包括如下几个方面:低碳交通运输发展现状基础的调查分析,实施合理的评价与预测;提出规划的指导思想、原则;设置恰当的低碳发展目标及指标体系;设计与优化规划方案,这是低碳交通运输规划的核心内容,包括提出低碳交通运输发展的主要任务、重点工程、保障措施。具体包括如下:

(1)低碳交通运输发展现状与形势。对低碳交通运输发展现状、问题作出透彻的分析,对低碳交通运输发展的宏观环境、具备的基础条件进行分析评估,为选择低碳发展目标和路径奠定基础。这是科学提出规划理念、思路、目标、任务、项目等规划内容的基本前提。包括对规划对象及其所处发展阶段、体制背景、国内外大势等进行分析判断。不同的判断会得出不同的目标和任务。具体包括:

①前期工作评估。可以依托对上一轮低碳交通运输规划实施状况的评估为载体,提出对原规划主要指标、重点工作、资金投入等完成情况的评价结论。

②低碳交通运输评价。低碳交通运输评价是在调查分析的基础上,运用数学方法,对低碳交通运输技术、政策、效果等进行定性和定量的评述。在低碳交通运输规划编制中,需要对交通运输系统低碳技术、政策等发展状况进行广泛深入、全面系统的监测和调查研究,根据调查和监测结构进行统计分析和计算,对低碳交通运输发展现状作出综合评价,查找存在的突出问题,并有针对性地制订改进提升的规划和措施。

③低碳交通运输预测。低碳交通运输预测是指根据过去和现有已掌握的信息、资料、经验和规律,运用现代科学技术手段和方法,对未来低碳交通运输发展趋势以及交通运输能源消费和碳排放的动态变化进行描述和分析。按预测目标不同,可分为展望预警型预测(趋势预测)、目标导向型预测(理想型预测)和规划协调型预测(对策型预测)。

(2)低碳交通运输规划原则与思路。规划理念是规划的"魂",它主要体现在指导思想、发展方针、指导原则和规划思路中,决定着其他规划的内容,是确定规划目标、重点任务等规划内容时必须遵循的思路和理念。

(3)低碳交通运输规划目标与指标。这是规划的核心。规划目标的提出,要紧扣主题、切实可行、区分功能。不仅要有发展的目标,也要有约束性的目标;不仅要有定性目标,也要有定量指标。低碳交通运输发展目标是通过低碳交通运输指标体系表征的,而低碳交通运输指标体系是一定时空范围内交通运输系统低碳发展水平的整体反映。

(4)低碳交通运输发展的重点任务。这是规划的主体,是实现规划目标的基本途径或具体抓手。任务是体系化、分层次的,不仅要包括战略性任务,也要包括战术性、战役性、战斗性的任务,要层层分解,一级落实一级。

(5)低碳交通运输规划的保障措施。这是实现规划目标和完成规划任务的保障。战略任务的完成,就要通过财税政策、投资政策、土地政策,以及完善城乡规划体系,实行各有侧重的绩效评价和政绩考核,健全法律体系等政策措施来保障。

1.3.7　低碳交通运输规划的程序

政府编制的各类规划,本质上是一个公共政策。因此,任何一个规划在编制过程中都会涉及两个层面的要求:一是技术上合理,即符合经济分析的基本要求,也就是经济上合理;二是政治上可行,即实现利益结构的平衡。一个合理的规划编制程序,关键在于确保规划技术合理与政治合理的统一。从实践来看,低碳交通运输规划编制程序的安排主要涉及以下5个方面:一是完善规划编制程序制度建设;二是按照建立健全规划体系的要求,明确各级各类规划的定位和相互关系;三是加强规划编制过程中的公众参与和专家论证;四是完善规划编制的协调衔接机制;五是加强规划的审批和发布管理。具体如下:

1)规划编制程序

程序规范是内容科学的基本保证。规划的有效性取决于规划编制程序的规范性。一般而言,如能认真履行以下步骤和程序,规划的内容、深度与水平就能基本得到保障。

(1)规划评估。规划评估既是保障规划有效实施的必要环节,也是编制好规划的重要条件。规划或政策评估是发达国家和国际组织的普遍做法。通过评估,可以发现原有规划内容中哪些不切合实际,或者尽管有解决问题的思路,但针对性、可操作性不强,以从中汲取经验,总结教训,为更科学地编制新一轮规划打好坚实基础。

(2)前期研究。前期研究的深度决定规划的深度。低碳交通运输规划的前期研究一般包括低碳交通运输自身发展成效与主要问题的分析把握、规划时限内发展趋势与所处环境的分析研判、规划目标指标体系的设计、主要任务与重点项目的论证等内容。

(3)编制草案。这是低碳交通运输规划文稿的实际起草环节。要注意表达方式问题,力求规划形式与内容的创新,用好文字、数字、图表、专栏等语言,尽量采用丰富生动而又准确规范的语言。

(4)征求意见。这是决策科学化、民主化的要求。低碳交通运输规划在编制过程中,要注重做好相关政府部门的充分协调、专家学者的深度论证、公众的广泛参与,使规划成为真正能统一思想、凝聚共识的文件载体。

(5)规划衔接。规划衔接是保障各级各类规划协调配合、形成合力的关键环节。衔接重点主要有以下三个方面:一是规划目标指标的衔接,下级规划、专项规划要确保上级规划、总体规划目标的分解与落实到位;二是国家需要统一布局的基础设施、战略资源开发以及需要政府投资的规划;三是政策手段之间的衔接,以避免相关规划因政策手段的运用导致政策效果相互抵消或失效。

(6)审议批准。《节约能源法》《公路水路交通实施〈中华人民共和国节约能源法〉办法》等法律、法规与规章中,明确了交通运输节能规划的分级审批权限,研究起草中的应对气候变化法也涉及低碳交通运输规划。一般按照惯例,低碳交通运输规划应由各级交通运输主管部门会同同级节能、应对气候变化主管部门,报请所在地人民政府同意或批准。

(7)公开发布。市场经济条件下,低碳交通运输规划目标的实现,不仅是政府交通运输主管部门的职责,更多地需要依靠其他相关政府部门、市场主体的行为来实现。因此,应改变政府编制的规划只是通过内部文件印发的传统做法,而应通过公开媒体予以发布,以更好发挥其对交通运输行业广大从业者和社会公众的引导作用。

2)规划实施管理

规划实施是规划编制的最终目的。低碳交通运输规划的编制、审批与发布只是规划工作的一部分,而规划的组织实施也是重要的工作环节。经过审批的低碳交通运输规划,必须有效组织实施。在市场经济条件下,要根据规划的不同功能,建立责任明确、分类开展的创新实施机制。具体有以下5个方面:

(1)导向内容,主要依靠市场主体的自主行为实施,各级政府要维护公平竞争,不得干预市场机制正常运行。

(2)重点任务,政府要通过体制机制创新和完善政策推动实施。

(3)公共服务属于政府承诺,政府要运用公共资源全力确保完成。

(4)约束任务,主要通过健全法律法规等法律手段,并辅之以经济手段加以落实。

(5)改革任务是政府的重要职责,必须积极推进。具体操作中,主要通过年度计划、完善各项政策、分解约束性指标、安排政府投资、组织重大项目等加以实施。

3)规划监测、评估与修订

低碳交通运输规划既是交通运输未来低碳发展预期状态的模拟设想和预先协调行动纲领,同时又是一个通过编制、实施与管理不断积累、追踪决策、滚动发展的过程。因此,监测评估是低碳交通运输规划编制实施的重要环节。规划实施并不意味着编制行为的结束,而应每隔一段时间检查系统运行状态是否偏离预设方向并及时进行修正。

(1)建立相互补充的监测评估体系。在跟踪监测实施进程的基础上,对实施效果开展深入的评估,两者互为补充。

(2)选择合理的监测评估指标。开展监测评估的基础是全面收集相关信息数据。作为确认目标进度的依据,应分别跟踪与交通运输行业和排放源相关的能源、碳排放和运输周转量数据。即使设置了交通运输能源强度或碳排放强度上的目标,也必须分别收集交通运输周转量和能源或碳排放数据,而不可能直接获取一个强度数据。

(3)选择恰当的监测评估时机。一般来说,监测是实时动态进行的,而评估则是定期进行的。我国经济社会发展规划时序体系以五年规划和年度计划为主体,并按月度、季度和年度公布监测数据,五年规划实施评估包括中期评估和最终评估。考虑到交通运输能耗与碳排放数据采集的难度和时滞性,低碳交通运输规划可按半年和年度进行动态监测,并根据规划年限确定中期评估和最终评估的时间。

(4)公布和应用监测评估结果。定期公布监测评估结果,有助于社会公众监督各类责任主体的行为,有助调动全社会的积极性来实现规划目标。因此,规划的监测评估结果不仅提供给规划制订者和执行者,也需要向全社会公布,具体可以采取政府网站、报纸、电视等多种方式。

综上所述,尽管我国低碳交通运输规划的理论体系尚未建立,工作程序尚未统一,但其编制的基本内容有许多相似之处,主要应包括:低碳交通运输发展现状与评价,交通运输能源消费与碳排放趋势预测,低碳交通运输规划目标与指标体系构建,主要任务与重点工程,政策措施与实施机制，规划组织实施与管理等。一般工作程序具体如图 1-7 所示。

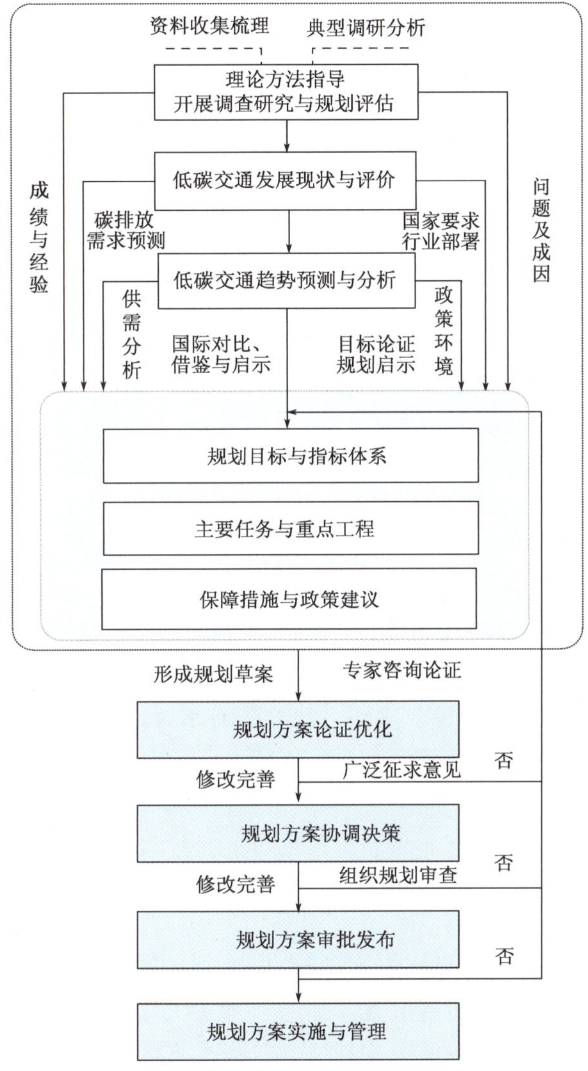

图 1-7　低碳交通运输规划编制程序

1.3.8　低碳交通运输规划的技术方法

低碳交通运输规划不是一种决策艺术或技巧，而是一种科学的决策行为，需要相关规划技术与方法来支撑。低碳交通运输规划的技术方法主要是指低碳交通运输规划过程中涉及的评价、预测与决策技术方法。这些方法贯穿渗透在规划过程中的许多活动环节中，是进行低碳交通运输评价、预测以及决策的重要技术支撑。

1）低碳交通运输评价

低碳交通运输评价是指根据确定的目标来测定系统的属性，并将这种属性变为可量化的价值或者主观效用（满足主体要求的程度）的行为。它是评价主体依照一定的评价准则与方法程序对评价对象进行对比评定的过程。

低碳交通运输规划的研究与编制，无论是在现状调查阶段，还是在预测分析、规划方案设计的过程中,都存在大量的评价问题。从评价方法原理来看,低碳交通运输评价主要是由评价对象与指标、评价准则、评价方法三个相互联系的技术要素构成。对特定的对象进行评价,大多数以建立评价指标(体系)的方法进行的。所谓评价指标(体系),是指以根据评价目标而对评价对象的整体状态与属性特征进行刻画的一组概括性表征。通过低碳交通运输指标(体系)进行描述评价,有助于以简明的方式来反映低碳交通运输这个的复杂的系统,并将信息转化为典型的可比较的形式,从而可以判别评估低碳交通运输发展的现状与水平、识别存在的问题与差距、监测规划实施及其效果。

2)低碳交通运输预测

近年来,国内外关于能源与碳排放新变化趋势的研究方法逐渐成熟,定性和定量研究都取得了令人瞩目的成果。

(1)定性研究方法。主要侧重某一因素与碳排放变化趋势的相关性。环境库茨涅兹曲线法(EKC)是比较有代表性的定性研究方法。

(2)定量研究方法。主要包括统计分析法和分解分析法两大类。

①统计分析法。其基本思路是选择若干可能与碳排放相关的变量,获取 CO_2 排放量和各潜在影响因素的时间序列或空间序列数据,研究这些因素与碳排放量的相关度。常用方法主要有弹性系数法和回归分析法。

②分解分析法。其基本思路是将 CO_2 排放量作为因变量,通过构造恒等式,将因变量表示为若干自变量的数学组合,采用数学变换手段或数学原理,将自变量的组合进行分解,得出各个自变量对因变量影响的权重。常用方法主要有 Kaya 恒等式和分解恒等式(具体包括数学变换法、指数分解法、结构分解法、Shapley 法等)。

1.4 本章小结

本章首先基于低碳发展等相关概念和基本理论,结合交通运输的本质属性,研究提出了低碳交通运输的内涵与特征、主要影响因素;借鉴国内外经济社会发展规划、环境规划、生态规划、生态文明建设规划、可持续发展规划、绿色低碳规划等相关规划理论与方法,紧密结合我国国情和交通运输发展实际,研究提出了低碳交通运输规划的理论基础、概念与类型、规划体系、功能定位、性质特点、内容框架、编制程序、技术方法等,探索构建了一套低碳交通运输规划理论与方法的基本框架体系,为低碳交通运输规划研究奠定了坚实的基础。

第2章　交通运输二氧化碳排放量测算方法与应用

2.1　引言

交通运输是能源消费和碳排放增长最快的行业之一,对于发展绿色低碳经济具有重要的影响。从世界范围来看,交通运输作为能源消耗型行业,尤其是石油能源消耗大户,倍受社会各界关注,机动化水平的快速提高在消费大量燃油的同时也产生大量的大气污染和温室气体排放,交通运输能源消耗和碳排放数据已经成为国内外高度关注的重要信息。准确、客观的交通运输能源消耗和碳排放数据,可以为政府节能减排与应对气候变化战略规划、政策法规的制订、实施提供信息支持,为能源生产者和消费者制订计划和投资决策提供依据。我国交通运输能耗数据统计口径和方法与国际上存在较大的差异,难以直接进行对比分析。国内的相关研究也试图从不同的角度进行修正与完善,但由于涉及的范围比较广,各种数据来源不同,导致数据繁杂,有时互相矛盾,缺乏可比性。

当前,交通运输能源统计基础薄弱,本章在既有文献基础上,针对目前国内缺乏完整的、能够客观反映交通运输能源消耗水平的数据现状,对现有统计数据进行必要的修正,与国际统计指标接轨,使指标具有可比性,从而能够正确反映我国交通运输能源消耗的总体水平。此外,本章还分析比较了国内外交通运输能耗统计口径的异同,并以我国交通运输业为研究对象,基于全口径“大交通”,研究提出了适合我国交通运输发展实际和统计基础的交通运输能耗与碳排放测算方法,分析了2005—2012年我国不同交通运输方式能源消费和碳排放现状、能源消费结构现状、能源消费强度和碳排放强度现状,系统分析了交通运输行业发展规律和特征,并得出政策启示,为我国低碳交通运输规划编制与决策管理提供支撑。

2.2　研究范围和数据来源

2.2.1　研究范围

交通运输部门作为重要的终端能源消费部门,统计口径设定影响着统计工作的可操作性和统计结果的准确性。目前我国交通运输能耗统计方法与国际通行准则相比,存在较大差异。国内统计口径方面,国家统计局将交通运输、仓储和邮政业分为铁路运输业、公路运输业、水上运输业、城市公共交通业、航空运输业、管道运输业、装卸搬运、仓储和邮政等子行业。其中,铁路运输能耗主要包括牵引能耗(机车能耗)和非牵引能耗(辅助能耗)两大类;公路运输能耗包括公路客运能耗、公路货运能耗、公路运输辅助活动能耗、公路管理与养护和其他道路运输辅助活动能耗;水路运输业能耗包括水上(远洋、沿海、内河)旅客运输能耗、水上(远洋、沿海、内河)货物运输能耗和水上运输辅助活动(包括港口客运和港口货运)能耗;城市公共交通业能耗包括公共电汽车客运能耗、城市轨道交通能耗、出租车客运能耗、城市轮渡和其他城市公共交通能耗(主要指摩托车客运、三轮车、人力车客运);航空运输业能耗主要包括航空客货运输能耗、通用航空服务能耗、航空运输辅助活动能耗(机场、空中交通管理、其他航空运输辅助活动);管道运输业能耗主要包括管道运输过程中对气体、液体等的运输能耗;装卸搬运业能耗包括装卸搬运和运输代理服务的能源消耗;仓储业能耗包括专门从事货物仓储、货物运输中转仓储和以仓储为主的物流配送活动中的能源消耗,邮政业能耗包括国家邮政和其他邮递服务过程中的能源消耗。

国外交通运输能耗统计口径方面,国际能源署(IEA)将交通运输部门分为铁路运输、公路运输、国内水上运输、航空运输和管道运输 5 种主要的交通运输子部门。其中,铁路运输能耗为铁路运输活动中的燃料消耗;公路运输能耗为运输活动中的公路运输燃料消耗;国内水上运输能耗包括内河货运或客运燃料消耗和沿海运输的燃料消耗;航空运输能耗为航空飞行消耗的燃料量;管道运输能耗为在压缩站或泵站或在燃气、石油或煤浆管道上使用的燃料和电力消耗量。

从我国交通能耗统计方法与国际通行准则两者对比来看,一是在行业划分上存在差异,我国把交通运输、仓储和邮政业划分为一个行业进行统计,而国外交通运输能耗不包括仓储和邮政所消耗的能源。二是从统计范围上存在差异,我国的公路运输能耗只统计了交通运输部门营运车辆的能耗,未统计私人车辆的能耗,而国际统计口径包括了所有交通运输工具的能耗,私人车辆这部分能耗涉及到的数值较大,对于计算交通运输能耗水平有着重要影响。

为与国际接轨,本书的分析范围涵盖全口径“大交通”,本章在考虑交通运输行业能耗统计分类时,综合考虑了铁路运输、公路运输、水路运输、航空运输、管道运输、私人乘用车、摩托车、农用运输车等运输方式。根据不同运输用途,把我国交通运输能耗统计口径分为货运、城市客运和城间客运三个子系统。其中,货运能耗统计包括铁路货运能耗、公路货运能耗、水路货运能耗、航空货运能耗和管道货运能耗 5 大类,公路货运能耗又包括营运性公路货运能耗、非营运性公路货运能耗和农用运输车货运能耗,水路货运能耗包括营运船舶货运能耗和港口生产能耗;城间客运能耗统计包括铁路客运能耗、公路客运能耗、水路客运能耗和航空客运能耗 4 大类,公路客运能耗统计又包括营运性公路客运能耗和非营运性公路客运能耗;城市客运能耗统计包括公共交通运输能耗、乘用车运输能耗和摩托车运输能耗三大类,其中公共交通运输能耗统计又包括了公共汽电车能耗和轨道交通运输能耗,乘用车运输能耗统计包括了私家车运输能耗和城市出租汽车运输能耗。具体如图 2-1 所示。

2.2.2 测评指标

主要围绕总量、结构和强度三个方面的特征指标来进行测算评价,如图 2-2 所示。

交通运输能耗与碳排放测算和评价,主要围绕总量指标、结构指标、强度指标三个方面的特征指标来展开,详见表 2-1。

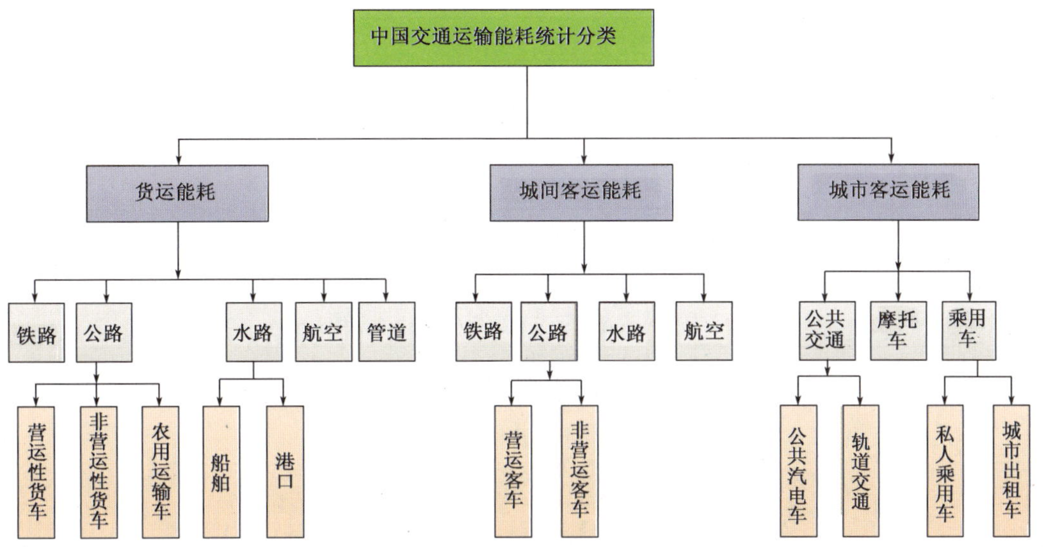

图 2-1　我国交通运输能耗统计的分类与测算口径

（来源：作者根据国家统计局、交通运输部现行统计监测制度等资料整理绘制。）

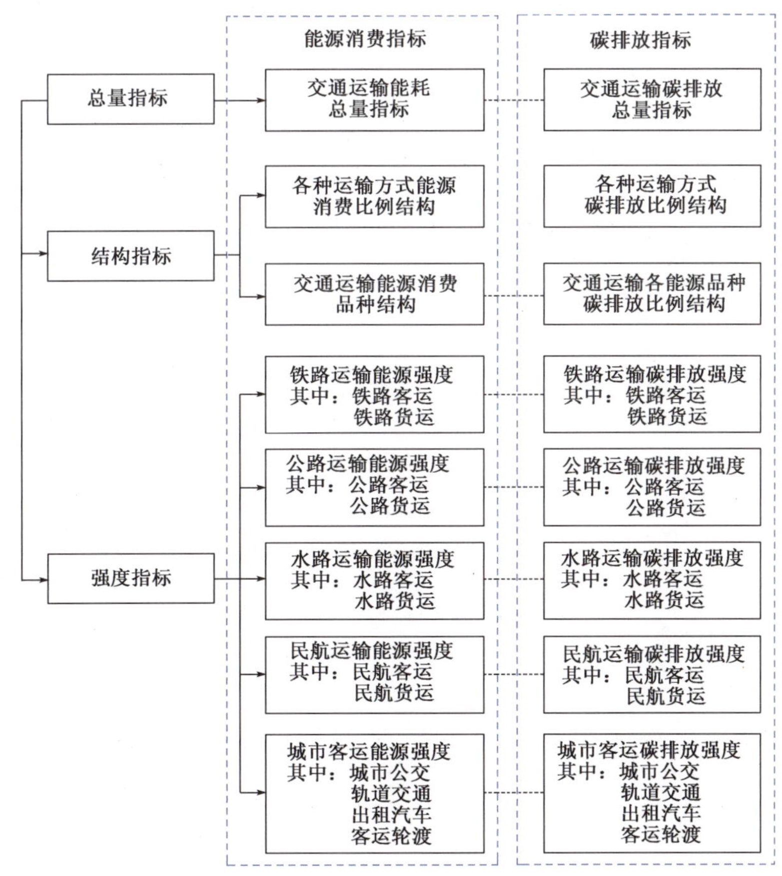

图 2-2　交通运输能耗与碳排放特征测评指标

（来源：作者根据交通运输部统计监测制度等自行整理绘制。）

交通运输能耗与碳排放主要特征指标　　表 2-1

指标类型	指 标 名 称	指 标 含 义	计 量 单 位
总量指标	交通运输能源消费总量	各种运输方式、不同能源品种折算为标准煤的总消耗量，及其加和	吨标准煤
	交通运输碳排放总量	各种运输方式产生的碳排放总量，及其加和	吨 CO_2
结构指标	各种运输方式能源消费或碳排放比例结构	公路运输（客、货运）、水路运输（客、货运）、城市客运（城市公交、轨道交通、出租汽车、客运轮渡）能源消费量（或碳排放量）占交通运输能源消费（或碳排放）总量比例	%
	交通运输能源消费品种结构	汽油、柴油、燃料油、天然气（CNG/LNG）、液化石油气（LPG）、电力等占交通运输能源消费总量的比例	%
强度指标	铁路运输能源强度 其中：铁路客运 铁路货运	铁路运输（客运、货运）单位运输周转量能源消耗量	千克标准煤/百吨公里 千克标准煤/千人公里 千克标准煤/百吨公里
	铁路运输碳排放强度 其中：铁路客运 铁路货运	铁路运输（客运、货运）单位运输周转量二氧化碳排放量	千克 CO_2/百吨公里 千克 CO_2/千人公里 千克 CO_2/百吨公里
	公路运输能源强度 其中：公路客运 公路货运	公路运输（客运、货运）单位运输周转量能源消耗量	千克标准煤/百吨公里 千克标准煤/千人公里 千克标准煤/百吨公里
	公路运输碳排放强度 其中：公路客运 公路货运	公路运输（客运、货运）单位运输周转量二氧化碳排放量	千克 CO_2/百吨公里 千克 CO_2/千人公里 千克 CO_2/百吨公里
	民航运输能源强度 其中：民航客运 民航货运	民航运输（客运、货运）单位运输周转量能源消耗量	千克标准煤/百吨公里 千克标准煤/千人公里 千克标准煤/百吨公里
	民航运输碳排放强度 其中：民航客运 民航货运	民航运输（客运、货运）单位运输周转量二氧化碳排放量	千克 CO_2/百吨公里 千克 CO_2/千人公里 千克 CO_2/百吨公里
	水路运输能源强度 其中：水路客运 水路货运	水路运输（客运、货运；内河、沿海、远洋）单位运输周转量能耗量	千克标准煤/千吨公里 千克标准煤/千人公里 千克标准煤/千吨公里
	水路运输碳排放强度 其中：水路客运 水路货运	水路运输（客运、货运；内河、沿海、远洋）单位运输周转量二氧化碳排放量	千克 CO_2/千吨公里 千克 CO_2/千人公里 千克 CO_2/千吨公里
	港口生产综合单耗 其中：沿海港口 内河港口	港口（沿海、内河）生产完成单位货物吞吐量平均消耗的能源量	吨标准煤/万吨吞吐量
	港口生产综合碳排放强度 其中：沿海港口 内河港口	港口（沿海、内河）生产完成单位货物吞吐量平均产生的二氧化碳排放量	吨 CO_2/万吨吞吐量

续上表

指标类型	指 标 名 称	指 标 含 义	计 量 单 位
强度指标	城市客运能源强度 其中:城市公交 轨道交通 出租汽车 客运轮渡	城市公交、轨道交通、出租汽车、客运轮渡等单位客运量能耗量	吨标准煤/万人次
	城市客运碳排放强度 其中:城市公交 轨道交通 出租汽车 客运轮渡	城市公交、轨道交通、出租汽车、客运轮渡等单位客运量二氧化碳排放量	吨 CO_2/万人次

注:吨标准煤当量简称 tce,千克标准煤当量简称 kgce。

2.2.3　数据来源

本章基础数据主要依据历年国家统计局、交通运输部、原铁道部、中国民用航空局等既有统计资料。其中:公路水路运输能耗数据参考了历年《中国统计年鉴》《中国能源统计年鉴》《中国交通运输统计年鉴》及交通运输部历年统计公报、交通运输能源统计报表,2008 年全国公路水路运输量专项调查和第三次港口普查数据,2011 年以来全国交通运输能耗统计监测数据,以及典型省份、城市和企业调研数据。铁路和民航能源消耗数据参考了《全国铁路历史统计资料汇编》《铁路统计指标手册》和《从统计看民航》。单耗方面,铁路运输根据货车和旅客车厢的自重,以及货物质量、标准载客质量(考虑了旅客列车服务品质量)。私人乘用车年行驶里程参考了清华大学中国车用能源研究中心关于中国有车居民出行频率和平均出行距离的设置,根据大、中、小城市和农村的私人乘用车年行驶里程,设置私人乘用车年均行驶里程为一万公里。

2.3　研究方法

2.3.1　交通运输能耗量测算

目前,我国铁路运输、公路运输、水路运输、港口、民航的能耗统计体系相对较为健全、可靠,通常可直接获取,具体交通运输能耗量测算如下:

(1)铁路运输方面。铁路客运和铁路货运能耗测算如式(2-1)所示。

$$EC_{rt} = \sum_{i}\sum_{j} Q_{ti} \cdot x_{tij} \tag{2-1}$$

式中:EC_{rt}——t 年的铁路运输部门能源消费量;

Q——铁路运输量;

t——年份;

i——运输类别,具体为铁路货物运输和旅客运输;

j——铁路运输机动车类别,具体包括蒸汽机车、内燃机车和电动机车;

x——各种运输工具的运输量的比例。

(2)公路运输方面。具体公路营运车辆运输的能耗测算如式(2-2)所示。

$$EC_{ht} = \sum_i \sum_j Q_{tij} \cdot x_{tij} \cdot y_{tij} \tag{2-2}$$

式中：Q——公路运输量；

EC_{ht}——t 年公路运输能耗；

i——公路运输类别，具体为客运和货运；

j——机动车类别，具体包括汽油车、柴油车和天然气车；

x——各种运输工具的运输量的比例；

y——各种运输工具的单位能源消费量。

(3)水路运输方面。水路运输能耗包括营运船舶能耗和港口生产能耗，具体测算如式(2-3)所示。

$$EC_{wt} = \sum_i \sum_j Q_{ij} \cdot y_{tij} \tag{2-3}$$

式中：EC_{wt}——t 年水路运输能源消费量；

Q——水路运输量；

i——水路运输类别，具体包括水路货运和水路客运；

j——营运船舶类别，具体包括内河船舶和海洋船舶；

y——各种运输工具的单位能源消费量。

港口生产能源消费量计算如式(2-4)所示。

$$EC_{pt} = \sum_j Q_j \cdot y_{tj} \tag{2-4}$$

式中：Q——港口货物吞吐量；

EC_{pt}——t 年港口生产能耗消费量；

j——港口类别，具体包括内河港口和沿海港口；

y——各种运输工具和装卸设备的单位能源消费量。

(4)航空运输部门方面。能源消费量计算如式(2-5)所示。

$$EC_{at} = \sum_i \sum_j Q_{ti} \cdot x_{tij} \tag{2-5}$$

式中：EC_{at}——t 年航空运输部门的能源消费量；

Q——航空运输的运输量；

t——计算年份；

i——航空货物运输和航空旅客运输；

j——各航空运输企业；

x——各种运输工具的单位能源消费量。

(5)私人乘用车、非营运车辆、农用运输车和摩托车等方面。这些车辆能耗是按车辆消耗法计算。车辆消耗法是以百公里燃料消耗量和车辆年行驶里程为调查指标，利用汽车保有量计算能耗总量的方法，此方法既要求细致的车型分类以保证计算精度，又要兼顾数据的可得性。本章机动车车型主要参考交通运输部运输服务司及新的汽车分类国家标准(GB 9417—89)，机动车车型分类如表2-2所示。

机动车车型分类　　表 2-2

<table>
<tr><th>大　类</th><th>描　述</th><th colspan="2">细　分</th><th>细分描述</th></tr>
<tr><td rowspan="2">乘用车</td><td rowspan="2">用于载客的汽车，包括驾驶人座位在内共 9 座或者 9 座以下</td><td colspan="2">私人乘用车</td><td>主要用于私人使用的乘用车</td></tr>
<tr><td colspan="2">城市出租车</td><td>用于城市出租的乘用车</td></tr>
<tr><td rowspan="3">客车</td><td rowspan="3">用于载客的汽车，包括驾驶人座位在内共 9 座以上（不含 9 座）</td><td colspan="2">城市公交客车</td><td>用于城市公交系统的客车</td></tr>
<tr><td colspan="2">公路营运客车</td><td>用于公路营运的客车</td></tr>
<tr><td colspan="2">非营运客车</td><td>用于非营运用途的客车</td></tr>
<tr><td rowspan="6">货车</td><td rowspan="6">用于货物运输的汽车</td><td colspan="2">营运货车</td><td>用于营运用途的货车</td></tr>
<tr><td rowspan="4">非营运货车</td><td>重型货车</td><td>最大总质量大于 14 吨</td></tr>
<tr><td>中型货车</td><td>最大总质量大于 6 吨小于等于 14 吨</td></tr>
<tr><td>轻型货车</td><td>最大总质量大于 1.8 吨小于等于 6 吨</td></tr>
<tr><td>微型货车</td><td>最大总质量小于等于 1.8 吨</td></tr>
<tr><td colspan="3">农用运输车</td></tr>
<tr><td>摩托车</td><td colspan="4">用于居民代步的摩托车</td></tr>
</table>

具体能耗测算模型见下式：

$$EC_{pi} = D \cdot Q_{ti} \cdot G_{ti} \cdot \frac{L_{ti}}{1000} \tag{2-6}$$

式中：EC_{pi}——机动车的车辆总耗油量（万吨）；

i——车型分类（私人乘用车、非营运客车、非营运货车、农用运输车和摩托车等）；

Q_{ti}——车型 i 拥有量（万辆）；

G_{ti}——车型 i 平均百公里油耗（升/百公里）；

L_{ti}——车型 i 年平均行驶里程（百公里）；

D——燃油密度（汽油密度为 0.74 千克/升，柴油密度为 0.839 千克/升）。参考相关研究，不同类型车辆平均油耗和年均行驶里程如表 2-3 所示。

不同类型车辆百公里油耗和年均行驶里程　　表 2-3

车型	私人乘用车	中型客车	大客车	微型货车	小型货车	中型货车	重型货车
平均百公里油耗（升/百公里）	8	15	20.5	8	13	20	25
年均行驶里程（万公里）	1	1.7	2.0	2.0	2.1	2.5	3.5

根据上述模型及参数，可测算出历年我国铁路运输、公路运输、水路运输、航空运输、私人乘用车、非营运车辆、农用运输车和摩托车的能源消耗。

2.3.2　交通运输碳排放量测算

主要采用《IPCC 国家温室气体清单指南 2006》中第 2 卷第 3 章交通运输化石燃料消费产生的 CO_2 计算方法：

$$C = \sum EC_{ij} \cdot EF_{ij} \tag{2-7}$$

式中：C——CO_2 排放量；

EC_{ij}——第 i 种运输工具或设备、燃料 j 的消费量。i 为车辆、船舶或设备类型，j 为燃料类型；

EF_{ij}——第 i 种运输工具或设备、燃料 j 的 CO_2 排放因子。

各种能源的折标煤系数和碳排放系数见表 2-4。

各种能源的折标煤系数和碳排放系数　　表 2-4

项　目	折标煤系数	碳排放系数
电力	0.330 千克标准煤/千瓦时	0
柴油	1.4571 千克标准煤/千克	3.1604 千克 CO_2/千克
汽油	1.4714 千克标准煤/千克	2.9848 千克 CO_2/千克
燃料油	1.4286 千克标准煤/千克	3.2366 千克 CO_2/千克
液化石油气(LPG)	1.7143 千克标准煤/千克	3.1013 千克 CO_2/千克
天然气	1.33 千克标准煤/立方米	2.1840 千克 CO_2/立方米
液化天然气(LNG)	1.862 千克标准煤/千克	3.0614 千克 CO_2/千克

2.3.3　交通运输能耗与碳排放强度测算

根据式(2-8)～式(2-13)，各种运输方式的能耗和碳排放强度计算如下：

$$EI_m = \frac{EC_m}{TT_m} \tag{2-8}$$

$$CI_m = \frac{C_m}{TT_m} \tag{2-9}$$

$$EI_p = \frac{EC_p}{TH_p} \tag{2-10}$$

$$CI_p = \frac{C_p}{TH_p} \tag{2-11}$$

$$EI_u = \frac{EC_u}{PV_u} \tag{2-12}$$

$$CI_u = \frac{C_u}{PV_u} \tag{2-13}$$

式中：EI——能源强度；

CI——碳排放强度；

TT——旅客或货物运输周转量；

TH——港口货物吞吐量；

PV——城市客运量；

m——不同运输方式，包括：公路运输（分客运、货运），水路运输（分客运、货运，可再细分为沿海、内河、远洋），铁路运输（分客运、货运），民航运输（分客运、货运），管道运输，社会车辆，分别用 h、w、r、a、p、v 表示；

p——港口生产（分沿海、内河）；

u——城市客运（城市公交、轨道交通、出租汽车、客运轮渡）、私人小汽车。

2.4　实证测算与特征分析

2.4.1　我国交通运输能源消费和 CO_2 排放总体现状

交通运输行业能源消费和二氧化碳排放总量增长迅速，占比呈上升趋势。“十一五”以来，随着我国经济社会快速发展和人民生活水平提高，交通运输客货运输量大幅增加，交通运输能耗总量也相应持续快速增长，我国交通运输能源消费量由 2005 年的 2.17 亿吨标准煤增加到 2012 年的 4.54 亿吨标准煤，增长了 98.67%，能耗占全国总能耗量比重也快速上升，从 2005 年的 9.67% 上升到 2012 年的 12.67%。2012 年全国铁路运输、公路运输、营运船舶、港口、民航、城市公交、出租车、轨道交通和社会车辆的能耗分别为 0.26 亿、1.67 亿、0.57 亿、0.05 亿、0.25 亿、0.09 亿、0.19 亿、0.01 亿和 1.21 亿吨标准煤，如图 2-3、图 2-4 所示。

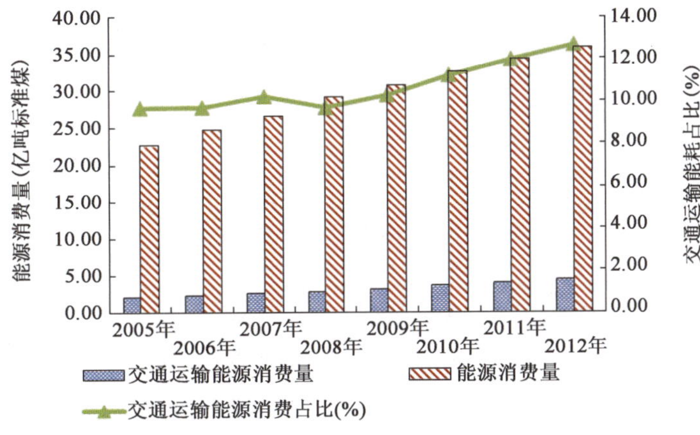

图 2-3　我国交通运输行业能源消费量占比

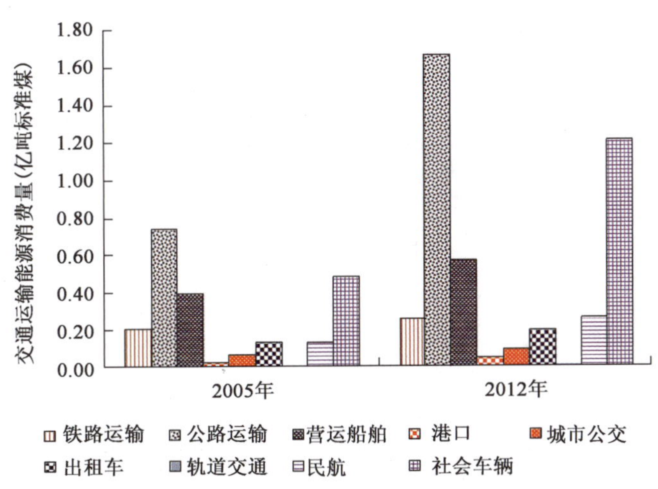

图 2-4　2005 年和 2012 年我国交通运输方式能源消费结构

交通运输 CO_2 排放方面，排放量从 2005 年的 4.55 亿吨增加到 2012 年的 9.26 亿吨，增长了 103.57%，年均增长率达 10.69%；CO_2 排放占全国 CO_2 排放总量比重有所增加，从 2005 年的 8.86% 上升到 2012 年的 12.19%。其中，公路运输 CO_2 排放占比最大，其次是社会车辆和营运船舶，这主要是由于我国仍处于工业化发展阶段，大宗商品进出口比重和货物运输需求增长迅速，因此公路货运和水路货运行业 CO_2 排放量仍维持在高位，私人乘用车数量的急剧增加，加速了社会车辆的 CO_2 排放比重，2012 年社会车辆 CO_2 排放量为 3.19 亿吨。如图 2-5、图 2-6 所示。

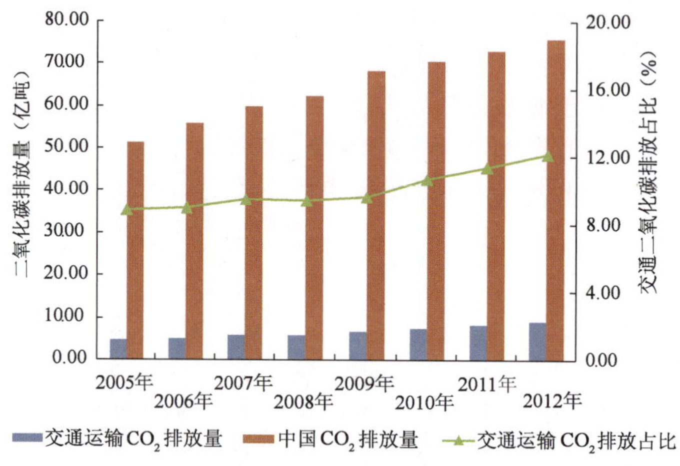

图 2-5 我国交通运输行业 CO_2 排放量占比

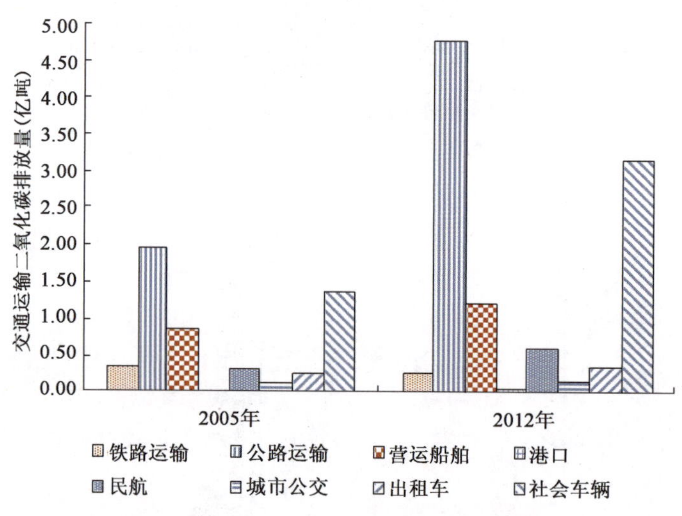

图 2-6 我国交通运输能源消费量和 CO_2 排放量

2.4.2 我国交通运输能源消费结构现状分析

从各种运输方式能源消费占比结构看，由于各自发展基础、规模与速度不一，导致各种交通运输方式碳排放的比例结构也发生了明显变化。具体来看，我国交通运输能耗中货运能耗占比仍处于高位，公路运输和社会车辆能耗上升幅度较快，是影响我国交通运输能源消费的主要因素。“十一五”以来，由于公路、社会车辆等其他运输方式发展更为迅猛，公路运输和社会车辆的能耗占比处于上升趋势，2012 年分别为 38.76% 和 5.95%，铁路运输、民航、营运船舶、出租车、城市公交的能耗占比有所下降，如图 2-7 所示。

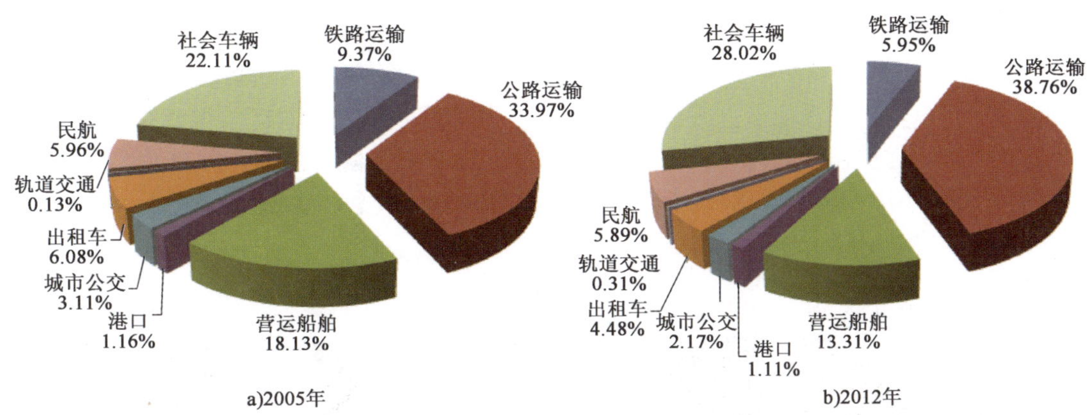

图 2-7　2005 年和 2012 年不同交通运输方式能耗占比

各种运输方式 CO_2 排放比例结构中，社会车辆比重上升较快，水路运输比重保持稳定，城市客运比重总体呈下降态势。如图 2-8 所示，历年各种交通运输方式碳排放的比例结构主要呈现以下特点：一是随着社会车辆数量的急剧增加，社会车辆的 CO_2 排放量增长最为迅猛，成为拉动交通运输 CO_2 排放增长的主要动力。二是随着公路运输大型化、标准化的推广，柴油比重逐步上升，营业性公路运输 CO_2 排放占比处于稳定增长趋势。三是随着营运船舶和港口清洁能源应用、“油改电”等新技术的推广，水路运输 CO_2 排放占比有所下降。营运船舶 CO_2 排放量占比由 2005 年的 19.23% 下降到 2012 年的 13.42%，港口 CO_2 排放量占比由 2005 年的 0.77% 下降到 0.56%。四是城市客运 CO_2 排放比重总体呈略微下降态势。近年来，由于社会车辆等其他运输方式发展更为迅猛，虽然清洁能源及新能源在城市公交、出租车中逐步应用，但占比仍较小。五是铁路 CO_2 排放比重呈下降趋势。最近几年，随着我国高速铁路的快速发展，电气化铁路比重有了大幅度提高，铁路“以电代油”范围进一步扩大，从而使铁路牵引能耗结构发生了明显的变化，进而使铁路 CO_2 排放占交通运输行业比重有所下降，铁路碳排放占比已从 2005 年的 8.03% 下降至 2012 年的 3.07%。

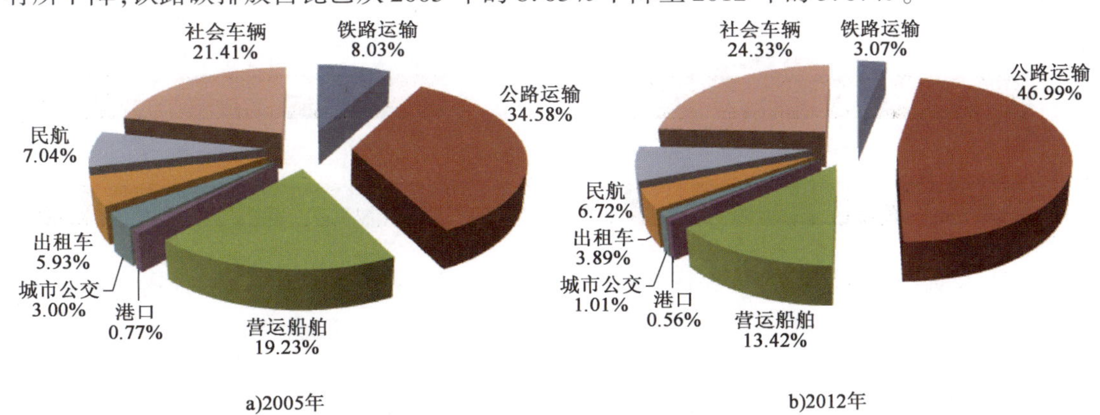

图 2-8　2005 年和 2012 年运输方式 CO_2 排放占比

我国交通运输能源消费结构得到初步改善与优化。从历年能源消费结构趋势来看，柴油仍占绝对比重，天然气等清洁能源消费占比稳步上升。如图 2-9 所示，2012 年交通运输能源消费结构中柴油占比最大,其次是汽油、燃料油、航空煤油、电力和天然气占比。历年柴油占交通运输能源消费比重有小幅提升。汽油占比大幅增加。燃料油已成为交通运输行业的第三大能源消费品种。随着港口装卸设备"油改电"技术推广、城市轨道交通和铁路电气化的快速发展,电力消费量稳步上升,但电力消耗上升幅度未超过交通运输行业总能耗的上涨幅度,所以电力在交通运输行业能源消费中所占比重有所下降。随着天然气清洁能源在城市公交和出租车中的普及应用,天然气消费占比总体呈稳步上升趋势。

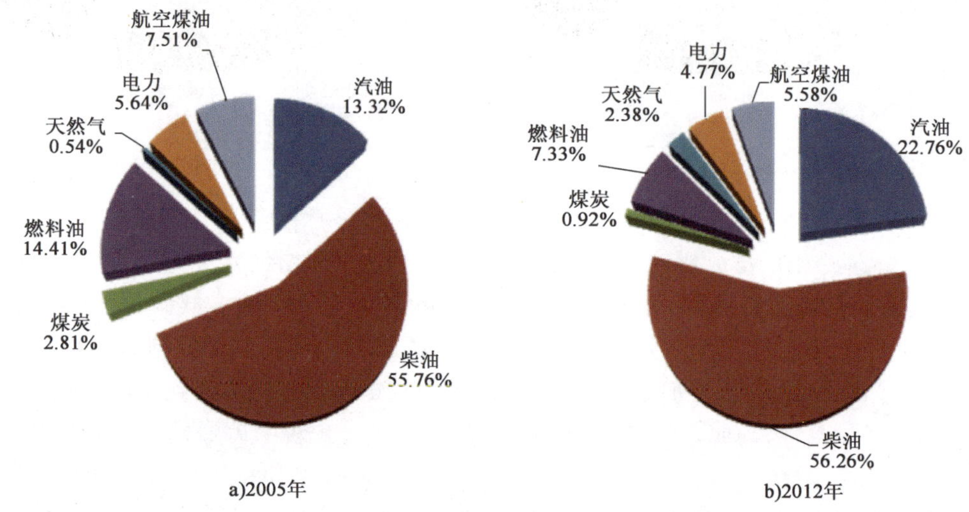

图 2-9　2005 年和 2012 年我国交通运输行业能源消费结构

各种交通运输方式能源消费比例结构也随之发生了明显变化。公路水路运输方面,营业性公路运输柴油比重上升较快,汽油消耗下降幅度较大,公路货运汽油比重从 2005 年的 28.25% 下降到 3.9%,柴油占比从 2005 年的 71.35% 增加到 96.1%。随着营运船舶和港口清洁能源、"油改电"等新技术的推广,水路运输中电力消费比重逐步增加。如图 2-10、图 2-11所示。

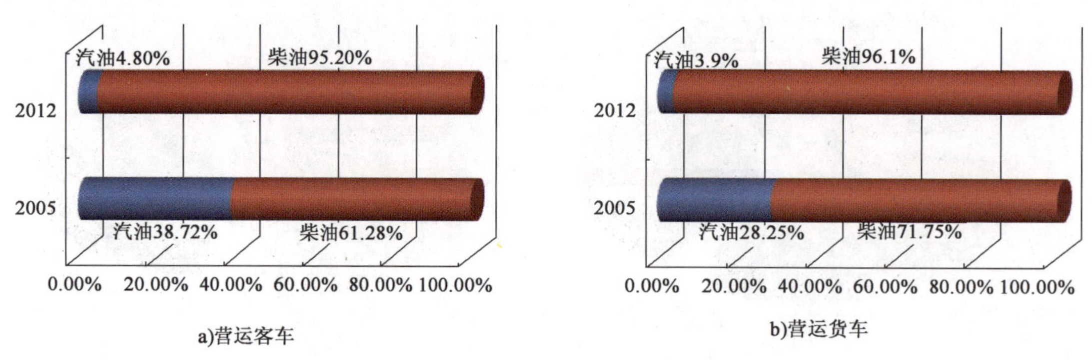

图 2-10　2005 年和 2012 年公路运输能耗消费结构变化

城市客运能源消费结构中,随着天然气在城市公交和出租汽车中应用越来越广,城市客运中天然气占比呈逐步上升趋势,汽柴油比重下降明显。2012 年城市公交和出租车天然气占比分别为 21.9% 和 41.89%。如图 2-12 所示为 2005 年和 2012 年城市客运能源消费结构。

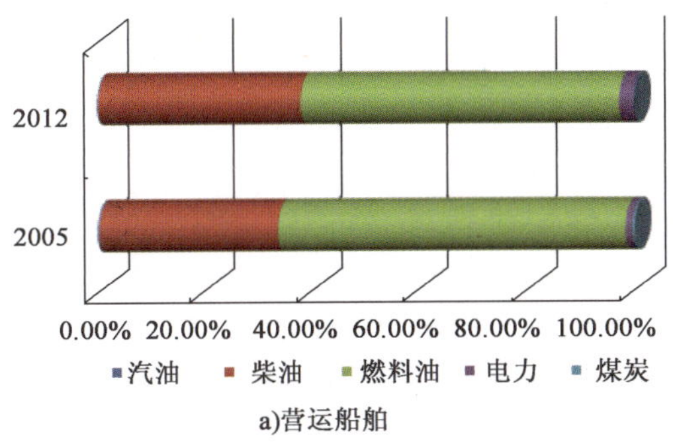

a)营运船舶

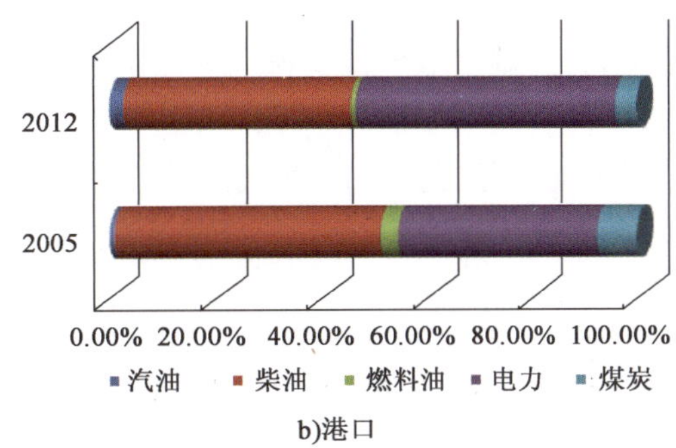

b)港口

图 2-11　2005 年和 2012 年水路运输能源消费结构

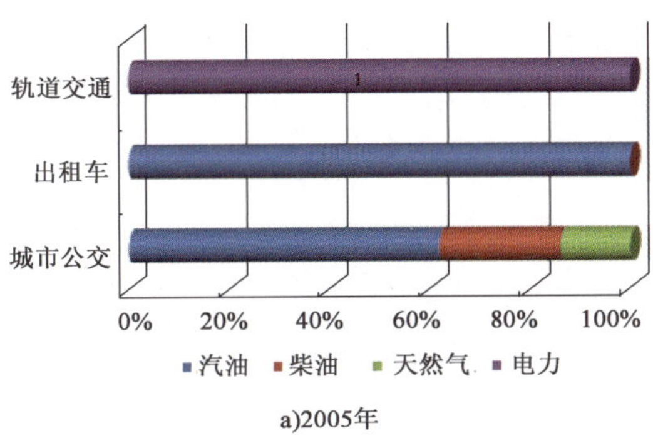

a)2005年

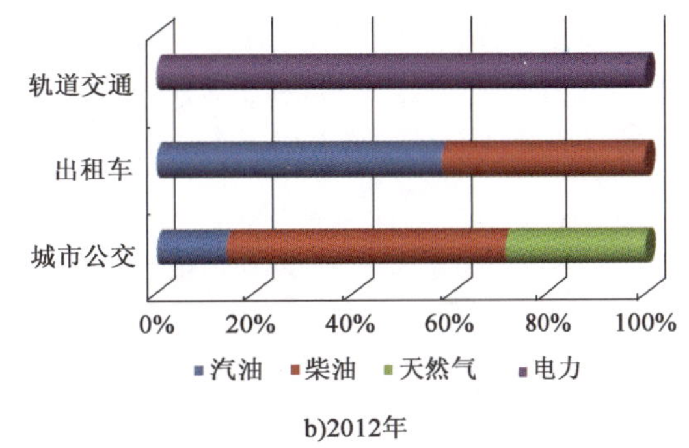

b)2012年

图 2-12　2005 年和 2012 年城市客运能源消费结构

铁路能源消费结构不断优化。最近几年，随着我国高速铁路的快速发展，电气化铁路比重有了大幅度提高，铁路“以电代油”范围进一步扩大，铁路牵引能耗结构发生了明显的变化，牵引能耗中原煤消耗从 2005 年开始就实现了“零”消费。如图 2-13 所示，铁路运输能耗结构占比中，电力消费所占比重开始出现加快提升的趋势，至 2012 年已上升至 57.23%，而燃油消费占比则出现了明显的下降趋势，已从 2005 年的 42% 下降至 2012 年的 26.49%，这种转变直接推动了铁路行业整个能耗结构的调整和优化。

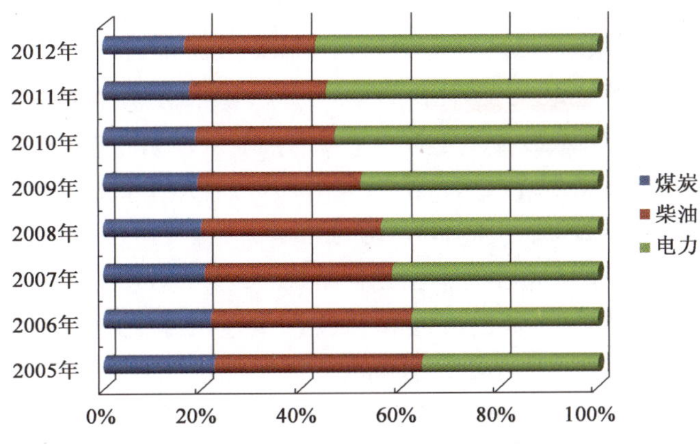

图 2-13　2005—2012 年铁路运输能源消费结构

民航能源消费所占比重保持稳定,稍有上升。主要呈现以下特点:一是航油利用效率逐年提高,民航运输单位运输周转量油耗逐年下降,处于国际先进水平。二是能源结构主次分明,能源消耗以航油为主。航油的消耗量约占全行业能耗的94%,机场能耗约占3%,航空公司地面服务能耗约占2%,民航其他单位的能耗比重不到1%。

2.4.3 我国交通运输能源强度现状分析

我国各种运输方式能源消费强度差别较大,总体呈下降趋势,但是下降幅度差距较大(图2-14)。从货运行业能源强度来看,航空货运单耗最高,其次为公路货运,铁路货运、水路货运和管道货运单耗较低,相对更为节能低碳。从降幅来看,管道货运的能源强度下降最大。民航货运能源强度仍处于高位,但随着我国航空燃油利用效率的逐年提高,航空货运单耗逐年下降;随着车辆技术的不断进步、运输组织化程度不断提高,公路运输能源利用效率不断提升,公路货运单耗也有所下降,由2005年的3.56千克标准煤(kgce)/百吨公里下降至2012年的3.2千克标准煤(kgce)/百吨公里。由于高速铁路的快速发展和电气化改造,铁路节能低碳技术和管理水平不断提升,铁路运输低碳化发展成效明显。

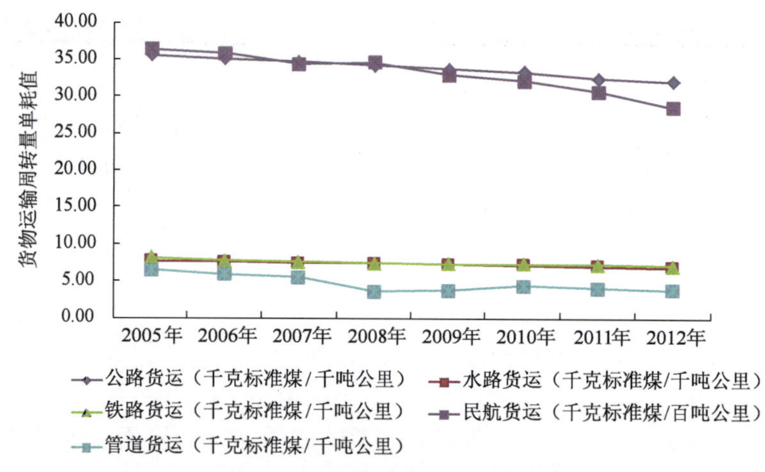

图2-14 2005—2012年货运单位能耗情况

从城间客运能源强度来看,铁路客运的单位运输周转量能耗最低,约为公路客运单耗的30%,水路客运单耗下降幅度最大,单耗由2005年的142.9千克标准煤(kgce)/千人公里下降到2012年的117.13;公路营运客车单耗由2005年的17.90千克标准煤(kgce)/千人公里下降至2012年的16千克标准煤(kgce)/千人公里;航空客运单耗由2005年49.14千克标准煤(kgce)/千人公里下降至2012年41.33。综合来看,铁路客运已成为城间客运中效率最高的运输方式。2005—2012年城间客运单位能耗情况,如图2-15所示。

从城市客运能源强度来看,轨道交通和公共汽电车的单耗较低,出租车单耗较高,如图2-16所示,2012年公共汽电车、出租车和轨道交通的单耗分别为1.33吨标准煤(tce)/万人次、5.95吨标准煤(tce)/万人次和1.51吨标准煤(tce)/万人次,具体如图2-16所示。

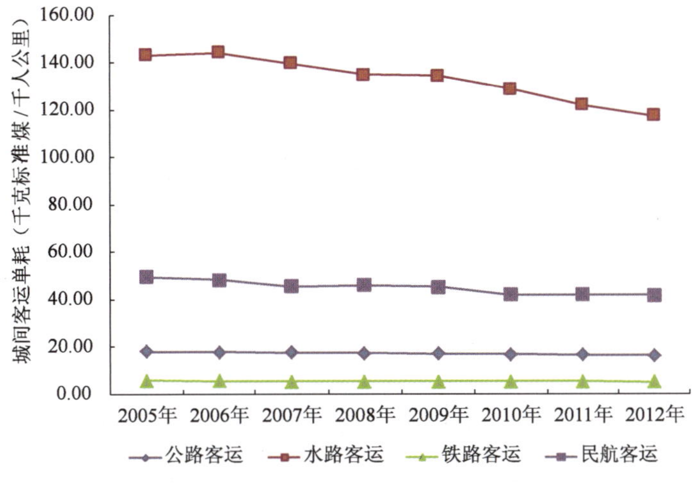

图 2-15　2005—2012 年城间客运单位能耗情况

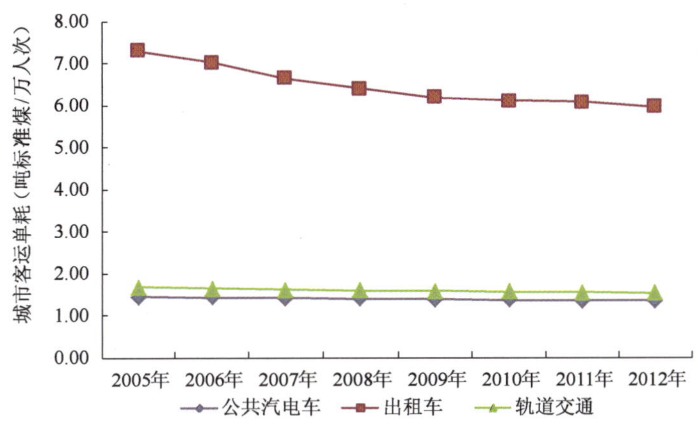

图 2-16　2005—2012 年城市客运单位能耗情况

2.5　本章小结

本章基于全口径“大交通”分类，研究分析了“十一五”以来我国不同交通运输方式的能源消费和 CO_2 排放现状，主要研究结论和政策启示如下：

(1)我国交通运输能耗与碳排放占比呈不断增长趋势。研究表明，随着工业化、城镇化进程加快，经济社会不断发展，人们对安全便捷舒适出行需求日益提高，交通运输能耗与碳排放总量及其占全社会比重快速上升，其中 2012 年交通运输能耗和碳排放占比分别为 12.67% 和12.19%。因此，当前及今后一段时期，交通运输作为能源消费增长最快的行业领域之一，应充分发挥我国低碳技术与政策创新的后发优势，走出一条中国特色的低碳交通运输发展之路。

(2)公路运输和社会车辆是影响我国交通运输能源消费和碳排放增长的主要因素。从我国交通运输能耗与碳排放总量的构成分析来看，公路运输和社会车辆占比较高，而公路运输中公路货运又是重中之重。此外，随着人民生活水平上升和城镇化率的提高，私人乘用车等社会车辆能耗上升幅度较快,2012 年能耗占比达到 28.02%。因此,推动低碳交通运输发展,必须下大力气抓好公路货运和私家车等重点用能领域和薄弱环节。

(3)我国交通运输能源消费结构得到初步改善与优化。从我国交通运输能耗与碳排放发展轨迹的对比分析来看,随着天然气清洁能源和电力分别在城市公交、出租车和轨道交通中的普及应用,营运船舶和港口生产中清洁能源和新能源的推广应用及电气化铁路的快速发展,电力、天然气等清洁能源占比正逐步上升,对于促进交通运输绿色低碳发展的成效正在逐步显现。从历年交通运输能源消费结构看,我国交通运输仍然过度依赖于石油,清洁能源与新能源车船的推广应用尚处于起步阶段,迫切需要加快推动交通运输能源的绿色革命,推进绿色交通发展。

(4)我国交通运输能源强度中公路运输能耗仍相对较高,铁路运输和水路运输相对更为节能低碳。从我国各种运输方式能源和碳排放强度指标值的横向比较来看,选择合理的交通运输发展模式、优化各运输方式的比例结构,对于交通运输能源消费和碳排放具有重要影响。从货运行业能源强度来看,航空货运单耗最高,其次为公路货运单耗,铁路货运、水路货运和管道货运单耗较低,相对更为节能低碳;城市客运能源强度中,轨道交通和公共汽电车的单耗较低,出租车单耗较高。综合来看,当前我国综合运输体系中存在内河航运与铁路货运承运比重不高、私人小汽车增长过快等突出问题,因此,必须加快调整优化综合运输结构,大力发展水运、铁路等绿色运输方式,全面落实城市公交优先发展战略,加快发展轨道交通、BRT 等大容量公共交通方式,大力发展自行车、步行等慢行交通,降低对私人小汽车出行的过度依赖,从而构建节能低碳型综合交通运输体系。

第3章　交通运输能源消费与碳排放的国际比较研究

3.1　引言

美国、日本、欧盟等交通运输现代化水平比较高，同时也是世界交通运输节能减排与低碳发展的先行者，全面分析这些典型发达国家和地区交通运输能源消费与碳排放的演变规律，对我国低碳交通运输发展战略选择具有重要的借鉴和参考意义。本章系统梳理了美国、日本、欧盟等典型发达国家和地区交通运输能源消费相关统计数据，总结分析了国外交通运输能源消费总量、结构与强度变化的主要特征与一般规律，并通过比较分析，为我国低碳交通运输发展规划目标指标的科学确定提供良好的国际标杆与参照。

3.2　世界交通运输能源消费与碳排放的总体状况

根据国际能源署（IEA）报告统计数据，2011 年全世界由燃料燃烧产生的 CO_2 排放总量（电力和热力分配到终端用能部门）中交通运输所占比重为 22.82%，其中道路运输占交通运输部门比重为 72.32%；OECD 国家交通运输碳排放占比达 27.35%，其中道路运输碳排放占交通运输的比重更是高达 87.85%；非 OECD 国家交通运输碳排放占比达 14.89%，其中道路运输碳排放占交通运输的比重为 82.88%。而中国交通运输碳排放占比仅为 8.31%，与同为金砖国家的俄罗斯（17.02%）、印度（10.69%）、巴西（44.61%）、南非（14.94%）相比，也有较大差距，见表 3-1。

2011 年全世界燃料燃烧产生的 CO_2 总量（单位：百万吨 CO_2 - e）　　表 3-1

国家或地区或经济体	合计	其他能源部门自用**	工业部门和建筑	交通运输部门	其中：道路运输	其他部门	其中：居民	交通运输部门占比	道路运输占交通比重
全世界	31342.3	2133.5	12202.6	7151.9	5172.1	9854.3	5246.3	22.82%	72.32%
OECD	12340.8	846.4	3322.3	3374.8	2964.7	4797.2	2434.8	27.35%	87.85%
非 OECD	17887.9	1287.0	8880.3	2663.5	2207.5	5057.1	2811.5	14.89%	82.88%
加拿大	529.8	63.4	142.7	166.8	139.3	157.0	72.1	31.48%	83.51%
美国	5287.2	328.0	1131.4	1642.4	1405.6	2185.4	1103.5	31.06%	85.58%
日本	1186.0	49.4	396.0	229.7	198.5	510.9	215.4	19.37%	86.42%
欧盟 27 国	3542.7	235.8	1013.1	915.9	840.3	1377.9	780.7	25.85%	91.75%
法国	328.3	17.8	71.3	123.3	117.2	116.0	59.3	37.56%	95.05%
德国	747.6	35.0	251.4	157.0	143.1	304.2	179.0	21.00%	91.15%
英国	443.0	34.5	103.8	118.8	107.8	186.0	117.4	26.82%	90.74%

续上表

国家或地区或经济体	合计	其他能源部门自用**	工业部门和建筑	交通运输部门	其中：道路运输	其他部门	其中：居民	交通运输部门占比	道路运输占交通比重
中国	7954.5	517.4	5065.2	660.9	494.2	1711.1	933.3	8.31%	74.78%
印度	1745.1	62.9	875.0	186.6	154.1	620.6	278.0	10.69%	82.58%
俄罗斯	1653.2	190.7	577.1	281.3	140.9	604.1	416.8	17.02%	50.09%
巴西	408.0	28.7	141.1	182.0	163.2	56.1	25.8	44.61%	89.67%
南非	367.6	15.4	183.8	54.9	47.8	113.5	53.3	14.93%	87.07%

注：**表示此列中 CO_2 排放总量中考虑了电力和热力的间接排放，并分配到终端用能部门。

从人均交通运输碳排放来看，2011 年全世界人均交通运输碳排放为 1006 千克 CO_2，OECD 国家为 2685 千克 CO_2，非 OECD 国家为 447 千克 CO_2，美国、日本、德国、法国分别为 5250、1553、1875、1819 千克 CO_2，欧盟 27 国为 1771 千克 CO_2。中国仅为 464 千克 CO_2，与同为金砖国家的俄罗斯（1744 千克 CO_2）、巴西（925 千克 CO_2）、南非（1011 千克 CO_2）相比，还不到一半，也有较大差距，但是已相当于印度（137 千克 CO_2）的 3 倍多。总体而言，随着机动化进程的加快，公众出行与货物流动的刚性需求将会进一步释放，我国人均交通运输碳排放将会不可避免地呈现快速上升的势头，见表 3-2。

2011 年世界典型国家或地区人均碳排放量、人均交通运输碳排放量（单位：千克 CO_2/人）

表 3-2

国家或地区或经济体	燃料燃烧引起的 CO_2 排放总量	交通运输部门	其中：道路运输	交通运输部门占比	道路运输占交通比重
全世界	4504	1006	743	22.3%	73.9%
OECD 国家	9948	2685	2390	27.0%	89.0%
非 OECD 国家	3129	447	386	14.3%	86.4%
加拿大	15365	4815	4039	31.3%	83.9%
美国	16944	5250	4505	31.0%	85.8%
澳大利亚	17432	3779	3161	21.7%	83.6%
日本	9278	1718	1553	18.5%	90.4%
欧盟 27 国	7038	1771	1669	25.2%	94.2%
法国	5042	1875	1800	37.2%	96.0%
德国	9141	1819	1750	19.9%	96.2%
英国	7062	1861	1718	26.4%	92.3%
中国	5918	464	368	7.8%	79.3%
印度	1406	137	124	9.7%	90.5%
俄罗斯	11648	1744	993	15.0%	56.9%
巴西	2075	925	830	44.6%	89.7%
南非	7267	1011	944	13.9%	93.4%

3.3　典型国家和地区交通运输能源消费与碳排放的特征分析

3.3.1　美国

1)交通运输能源消费与碳排放总量及结构状况

交通运输是仅次于工业部门的第二大用能部门。据美国能源部橡树林国家实验室的运输能源统计显示,1975—2013 年交通运输能源消费总量总体呈较快增长态势,但近年来出现一些的新动向,特别是 2007 年达到峰值 29.1 万亿英热单位(BTU)以来已经开始持续呈现下降态势,到 2013 年已降为 27.0 万亿 BTU,总体下降了 7.2%,年均降幅为 1.2%,略高于同期美国终端能源平均降幅(0.9%)。交通运输用能占全社会终端用能比重为 25.1% ~ 28.9%,2013 年占比为 27.7%,特别是 2006 年达到 28.9% 的最高值以来,呈现平稳波动并有略微下降的态势,如图 3-1 所示。美国交通运输部门相对工业部门能源消费要比我国高得多,这与其产业结构中工业比重较低有关。

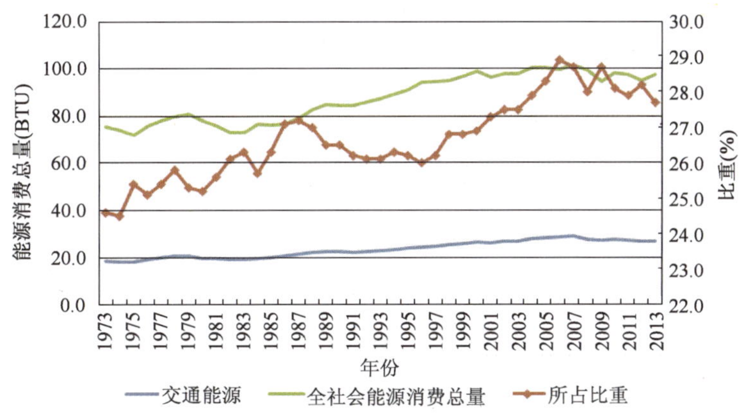

图 3-1　1975—2013 年美国交通运输能源消费总量及其所占比重状况

同样,1990—2012 年美国交通运输能源消费引起的碳排放量总体呈一定增长态势,特别是占全国能源消耗引起的碳排放总量比重略有波动,但总体仍呈现微升,由 1990 年的 31.7% 上升至 34.7%。特别是 2007 年交通运输碳排放总量达到峰值 1909.7 百万吨二氧化碳当量以来已经开始持续呈现下降态势,到 2012 年已降为 1739.3 百万吨二氧化碳当量,总体下降了 8.9%,年均降幅为 1.9%,略低于全国平均降幅,交通运输占全社会能源消耗引起的碳排放比重为 25.1% ~28.9%,2013 年占比为 27.7%,特别是 2006 年达到28.9% 的最高值以来,呈现平稳波动并有略微下降的态势,如表 3-3、图 3-2 所示。

1990—2012 年美国各终端用能部门化石能源燃烧引起的碳排放及交通运输占比情况(单位:百万吨 CO_2)　　表 3-3

年　份	终端用能部门				交通占比	合　计
	居民	商业	工业	交通		
1990	931.4	757.0	1535.3	1497.0	31.7%	4720.7
2005	1214.7	1027.2	1560.4	1896.5	33.3%	5698.8
2007	1205.2	1047.7	1559.9	1909.7	33.4%	5722.5

续上表

年　　份	终端用能部门				交通占比	合　　计
	居民	商业	工业	交通		
2008	1189.9	1039.8	1499.3	1820.7	32.8%	5549.7
2009	1123.5	976.8	1324.6	1753.7	33.9%	5178.6
2010	1175.0	993.9	1421.3	1768.4	33.0%	5358.6
2011	1125.6	960.5	1392.1	1749.3	33.5%	5227.5
2012	1015.3	898.7	1362.9	1739.3	34.7%	5016.2
年均变化幅度						
1990—2012	0.4%	0.8%	-0.5%	0.7%		0.3%
2005—2012	-2.5%	-1.9%	-1.9%	-1.2%		-1.8%
2007—2012	-3.4%	-3.0%	-2.7%	-1.9%		-2.6%

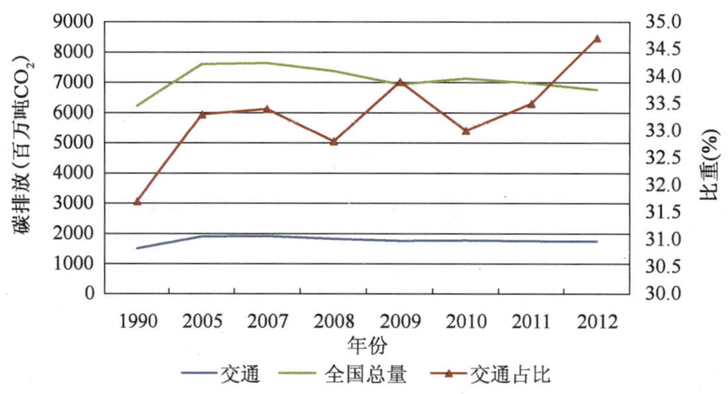

图 3-2　1990—2012 年美国交通运输终端用能燃料燃烧引起的碳排放及其所占比重状况

2012 年美国交通运输排放的各类温室气体中，CO_2 占绝对比重 96.0%，氧化亚氮(N_2O)占 0.1%、甲烷(CH_4)占 0.8%，氢氟碳化物、全氟碳化物、六氟化硫三类合计占 3.1%，见表 3-4。

2012 年美国终端用能部门温室气体排放状况(单位：百万吨 CO_2 - e)　　表 3-4

项　　目	CO_2	CH_4	N_2O	HF,HCF,SF_6	合　　计
居民消费	1021.1	3.3	8.9	29.4	1062.7
商用	904.3	118.2	13.6	32.4	1068.5
农业	120.7	217.0	338.6	0.2	676.5
工业	1525.5	244.6	33.9	32.9	1816.9
交通	1747.6	1.4	14.9	55.6	1819.5
交通占比	32.9%	0.2%	3.6%	36.9%	28.2%
合计	5319.2	564.5	409.9	150.5	6444.1

从各种运输方式能源消费的比例构成来看(图 3-3)，道路运输占绝对比重，民航次之。2012 年道路、航空、水运、管道、铁路分别占 81.4%、8.0%、4.5%、3.8% 和 2.3%。这是由其运输结构决定的，美国拥有世界上最发达的高速公路和民用航空网络，其经济生活高度依赖

于道路运输,被称之为“汽车轮子”上的国家,同时民航是承担中远距离旅客运输的主力,而铁路所占比重很低,主要承担一部分货物运输和城际旅客运输。由于道路、航空单位能耗水平大大高于其他运输方式,加上国土广阔、油价低以及生活方式等因素,因此,从能源效率角度看,美国交通运输实际是一种“奢侈型”的能源消费模式。

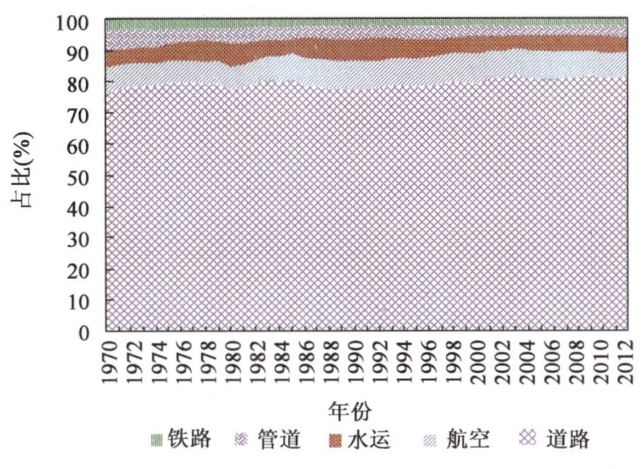

图3-3 1970—2012年美国各种运输方式能源消费占比结构

与此相类似,1990年、2012年美国各种运输方式CO_2、CH_4、N_2O三种主要温室气体排放的状况如表3-5所示。其中2012年美国交通运输CO_2排放量中,公路、水运、航空、铁路、管道以及其他方式占比分别为84.75%、2.10%、8.34%、2.54%、2.27%、0.00%,其中公路同比1990年提高了5.22个百分点,水运、航空、管道分别下降了4.18、0.03、0.13个百分点,如图3-4所示。

1990年与2012年美国各种运输方式温室气体排放状况(单位:万吨CO_2-e) 表3-5

运输方式		1990年			2012年			1990—2012年变化率		
		CO_2	CH_4	N_2O	CO_2	CH_4	N_2O	CO_2	CH_4	N_2O
公路		1190.5	4.2	40.4	1474.1	1.3	12.6	23.8%	-69.0%	-68.8%
其中	小客车、轻型车、摩托车	952.2	4.0	39.6	1065.3	1.2	11.7	11.9%	-70.0%	-70.5%
其中	中重型车辆与公共汽车	238.3	0.2	0.8	408.8	0.1	0.9	71.5%	-50.0%	12.5%
水运		44.5	0.0	0.6	36.6	0.0	0.5	-17.8%	0.0%	-16.7%
航空		187.4	0.1	1.8	145.1	0.0	1.4	-22.6%	-100.0%	-22.2%
铁路		38.5	0.1	0.3	44.1	0.1	0.3	14.5%	0.0%	0.0%
管道		36.0	0.0	0.0	39.4	0.0	0.0	9.4%	0.0%	0.0%
其他		0.0	0.2	0.9	0.0	0.4	1.6	0.0%	100.0%	77.8%
合计		1496.9	4.6	44.0	1739.3	1.8	16.4	16.2%	-60.9%	-62.7%

从能源消费品种结构来看(见表3-6),石油在美国交通运输能源消费中仍然占据绝对主导地位,但2000年以来可再生能源和电力比重快速上升,2013年分别达到了4.6%和0.3%,天然气基本保持稳定占2.9%。

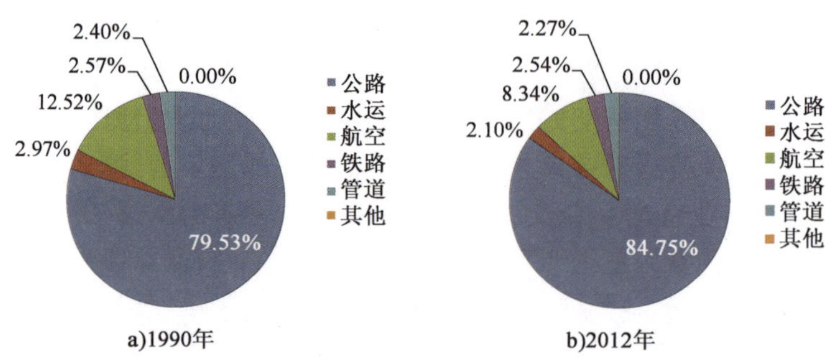

图 3-4 1990 年及 2012 年美国各种运输方式 CO_2 排放量比例结构对比

1973—2013 年美国交通运输业能源消费品种结构(单位:%) 表 3-6

能源品种	石油	天然气	煤炭	可再生能源	核能	电力	合计
1973 年	95.8	4.0	0.0	0.0	0.0	0.2	100.0
2000 年	96.4	2.9	0.0	0.5	0.0	0.2	100.0
2005 年	96.4	2.1	0.0	1.2	0.0	0.3	100.0
2009 年	93.8	2.5	0.0	3.4	0.0	0.3	100.0
2012 年	92.5	2.9	0.0	4.3	0.0	0.3	100.0
2013 年	92.2	2.9	0.0	4.6	0.0	0.3	100.0

具体到各种运输方式(见表 3-7),其中:2012 年公路运输中汽油、柴油比重分别为 72.6% 和 23.4%,LPG、天然气和电力等其他燃料比重很小,三者分别为 0.3%、0.1% 和 0.003%;水路运输中燃料消费品种主要是以燃料油为主,占 57.8%,汽油和柴油比重分别为 16.4% 和 25.8%;航空以煤油为主,占比为 98.7%,汽油约占 1.3%;铁路客、货运输用能结构相差较大,铁路货运(一级)100% 采用柴油动力,而铁路客运则以电力为主,所占比重 76.8%;管道运输用能品种主要是天然气和电力,占比分别为 75.3%、24.7%。

2012 年美国各种运输方式的能源消费品种结构(单位:%) 表 3-7

项　　目	汽油	柴油	LPG	航空煤油	燃料油	天然气	电力	合计
公路	72.6	27.0	0.3			0.1	0.003	100.0
轻型汽车	97.0	2.7	0.3					100.0
公共汽车	4.4	85.6				9.7	0.3	100.0
中重型车辆	10.0	89.6	0.3					100.0
航空	1.3			98.7				100.0
通用航空	12.0			88.0				100.0
国际国内航空				100.0				100.0
水运	16.4	25.8			57.8			100.0
水路货运	0.0	27.1			72.9			100.0
旅游客运	79.5	20.5			0.0			100.0
管道						75.3	24.7	100.0

续上表

项　　目	汽油	柴油	LPG	航空煤油	燃料油	天然气	电力	合计
铁路		88.0					12.0	100.0
铁路一级货运		100.0						100.0
铁路客运		23.2					76.8	100.0
通勤铁路							100.0	100.0
城市轨道		41.0					59.0	100.0
城际铁路		60.4					39.6	100.0
合计	60.0	25.1	0.3	7.9	2.6	2.9	1.2	100.0

2)交通运输能源强度状况

客运能源强度总体呈现下降趋势,如图 3-5 所示。道路运输方面,城际客车单位能耗最低,呈平稳下降态势;小汽车百人公里能耗由 1970 年的 10.88 千克标准煤(kgce)下降到 2012 年的 7.1kgce,下降了 29.3%,年均降幅为 1.5%;公共汽车百人公里能耗由 1970 年的 5.53kgce 缓慢波动上升到 2000 年的 10.14kgce,再下降到 2012 年的 9.02kgce,这主要是由于城市公共汽车舒适性不断改善而实载率无明显提高所致。民航方面,百人公里能耗呈快速下降态势,由 1970 年的 23.01kgce 下降到 2012 年的 5.94kgce,下降了 70.3%,年均降幅为 3.1%。铁路方面,1975—2012 年城际铁路客运能源强度在 5~7kgce/百人公里之间波动,其主要原因是美国铁路在城际客运分担率很低、实载率不高所致。

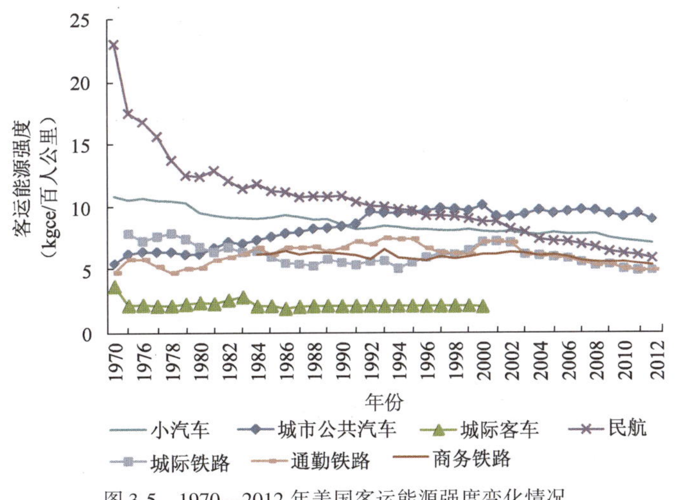

图 3-5　1970—2012 年美国客运能源强度变化情况

货运能源强度总体呈现缓慢下降趋势,如图 3-6 所示。其中:铁路百吨公里能耗呈现持续快速下降态势,由 1970 年的 1.55kgce 下降到 2012 年的 0.68kgce,年均下降 2.0%;内河水运的货运能源强度在各种运输方式中相对最低,且总体呈现缓慢下降态势,由 1997 年的 0.60kgce 下降至 2012 年的 0.47kgce。公路城际货车百吨公里能耗统计数据相对较少,但从 1997—2002 年间的短期统计数据来看,其总体水平分别比内河水运和铁路高出 6~10 倍,且呈现较快上升态势,由 1997 年的 6.5kgce 上升到 2002 年的 8.57kgce。

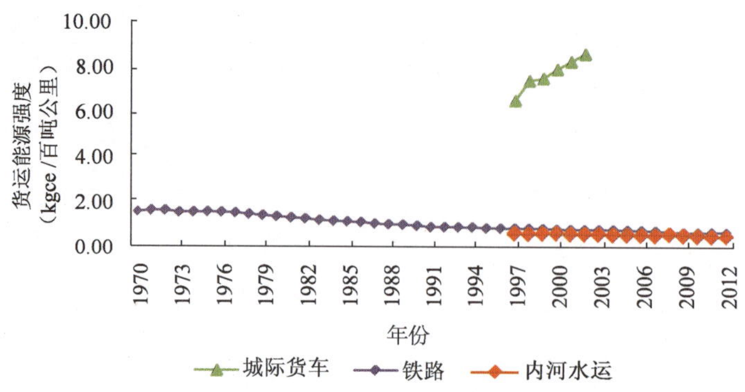

图 3-6　1970—2012 年美国货运能源强度变化情况

3.3.2　日本

1)交通运输能源消费总量及结构状况

根据日本能源经济研究所统计数据,1965—2007 年间日本能源消费结构变化状况如表 3-8 所示。日本交通运输用能呈逐年上升趋势并趋于稳定,占全社会总用能的比重在 17.6% ~24.5%之间,是仅次于工业部门的第二大用能部门。

1965—2007 年日本各部门能源消费比重状况(单位:%)　　表 3-8

年份	1965	1975	1980	1985	1990	1995	2000	2005	2007
工业部门	62.5	59.3	55.2	51.2	49.8	47.3	47.4	46.1	47.1
民用部门	9.9	10.2	11.4	13.6	13.1	14.1	14.0	15.2	15.1
商业部门	7.4	9.6	10.0	10.7	11.3	12.2	12.5	12.8	12.3
交通部门	17.6	18.4	20.8	21.8	23.0	24.1	24.1	24.5	24.1
货运	7.3	9.5	11.2	12.5	13.7	15.1	15.5	15.9	15.6
客运	10.3	9.0	9.6	9.2	9.3	9.0	8.7	8.6	8.5
非能源部门	2.7	2.5	2.6	2.7	2.7	2.3	1.9	1.4	1.4

1965—2007 年日本交通运输能源消费引起的碳排放量总体呈较大增长态势,特别是占全国能源消耗引起的碳排放总量比重略有波动,但总体仍呈现微升态势,由 1965 年的 16.6%上升至 22.8%,2004 年交通运输 CO_2 排放总量达到峰值 263.1 百万吨 CO_2 以后,已经开始持续呈现下降态势,到 2007 年降为 250.9 百万吨 CO_2,总体下降了 4.64%,年均降幅为1.57%,明显低于全国平均降幅(0.32%)。2000 年以来,交通运输占全社会能源消耗引起的碳排放比重在22.8% ~24.6%之间,2007 年占比为 22.8%,特别是 2001 年达到 24.6%的最高值以来,呈现平稳波动并有略微下降的态势,如图 3-7、表 3-9 所示。

1965—2007 年日本各终端用能部门燃料燃烧产生的 CO_2 排放量(单位:百万吨)　　表 3-9

年份	1965	1970	1975	1980	1985	1990	1995	2000	2001	2002	2003	2004	2005	2006	2007
工业部门	230.0	444.6	482.6	471.0	433.1	492.7	490.2	500.1	485.9	498.0	502.7	495.3	485.3	479.9	491.1
民用部门	37.8	67.7	92.3	103.3	116.6	136.3	157.7	164.5	159.7	172.1	174.5	177.0	187.1	177.5	190.8
商业部门	28.2	57.5	83.3	89.6	96.2	123.4	141.7	151.0	154.6	164.9	172.0	173.5	166.4	157.6	165.4

续上表

年份	1965	1970	1975	1980	1985	1990	1995	2000	2001	2002	2003	2004	2005	2006	2007
交通部门	59.1	64.7	134.7	158.8	169.0	213.6	248.4	259.8	261.0	261.5	260.5	263.1	260.2	256.9	250.9
交通占比	16.6%	10.2%	17.0%	19.3%	20.7%	22.1%	23.9%	24.2%	24.6%	23.8%	23.5%	23.7%	23.7%	24.0%	22.8%
合计	355.1	634.5	792.9	822.7	814.9	966	1038	1075.4	1061.2	1096.5	1109.7	1108.9	1099	1071.9	1098.2

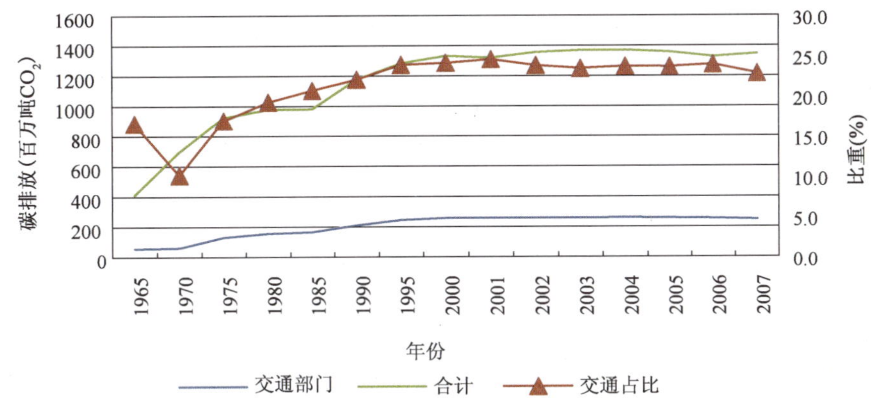

图 3-7　1990—2012 年日本交通运输终端用能燃料燃烧引起的碳排放及其所占比重状况

1965—2007 年日本各种运输方式能源消费比例结构的变化状况可如图 3-8 所示。总体趋势是道路运输和民航持续快速上升，铁路和水运比重下降较快。经过多年发展，日本已逐步形成以道路运输为主体的综合运输体系，目前道路运输用能约占交通运输总用能的 86.9%，民航、水运和铁路，分别为 5.9%、4.8% 和 2.3%。

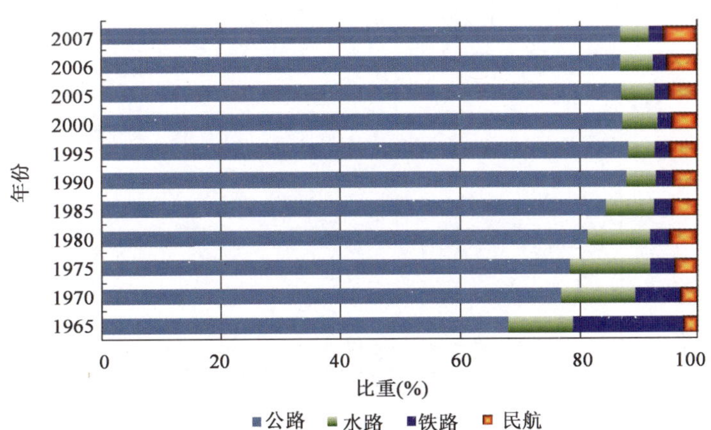

图 3-8　1965—2007 年日本各种运输方式能源消费比重结构变化

注：公路客运包括私人乘用车、营业用乘用车和公共汽车。

2）交通运输能源强度状况

日本客运总体能源强度呈现上升态势，如图 3-9 所示。1965—2007 年上升了 111.1%，年均增长率为 1.8%。2000 年以来开始呈现略微下降态势，年均降幅为 0.3%。具体到各种运输方式，主要呈现以下特点：一是铁路和公共汽车的客运能源强度最低，40 多年间铁路客运能源强度共下降了17.5%、年均降幅为0.5%，但公共汽车上升了51.3%，年均增幅为1.0%。二是乘用车特别是营业性乘用车单位能耗最高，其中自用乘用车先降后升、营业性乘用车先升后降，起伏波动较大，但总体水平变化不大。三是航空客运、内陆航运单位能耗相对较高，航空客运一直稳步下降，而在2000年以来上升了25.3%，年均增幅为3.3%；而内陆航运呈现先上升、起伏波动、后下降的趋势，特别是2000年以来下降了14.3%，年均降幅为2.5%。

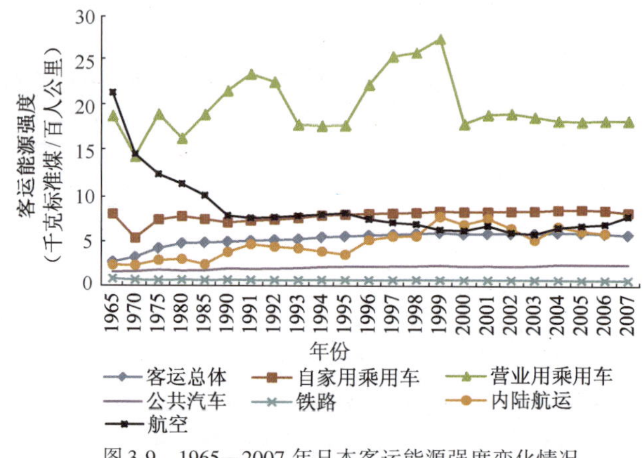

图3-9　1965—2007年日本客运能源强度变化情况

日本货运能源强度总体呈现平稳下降态势，如图3-10所示，1965—2007年间下降了11.6%，年均降幅为0.3%。其中：航空货运能源强度最高，分别约为公路运输的7倍、铁路运输的90倍、内陆航运的25倍，下降幅度和空间较大，1965—2007年间年均降幅为1.5%；公路货运能源强度相对较高，呈现持续下降态势，1965—2007年间共下降了49.0%，年均降幅为1.6%；铁路、内陆航运的货运能源强度最低，特别是1990年以来基本保持平稳，2000—2007年年均下降分别为0.7%和1.2%。

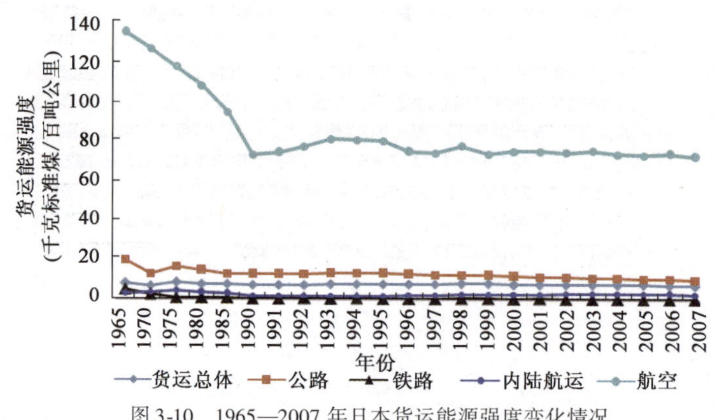

图3-10　1965—2007年日本货运能源强度变化情况

3.3.3　欧盟

1）交通运输能源消费总量及结构状况

根据欧盟统计署的能源统计，欧盟28国交通运输业占全社会能源消费总量的比重呈逐年上升趋势，由1990年的26.3%升至2012年的32.2%，如图3-11、表3-10所示。

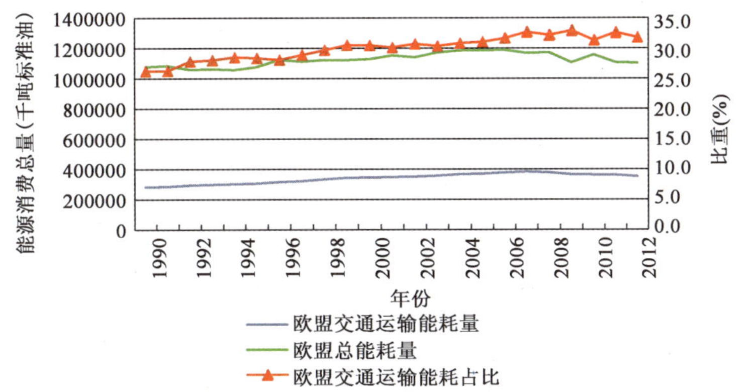

图 3-11　1990—2012 年欧盟交通运输业能源消费总量及其占比情况

从图 3-11 可以看出:1990—2000 年间欧盟交通运输能源消费总量呈快速增长态势,年均增速达 2% 左右,2000—2007 年间由于油价的快速上涨,使能源消费总量首次出现了下降。自 2007 年以来,欧盟交通能源消费总量整体已开始呈现下降态势(2007—2010 年年均下降 1.3%),特别是 2009 年出现了 2.5% 的较大幅度下降。具体到各个国家情况有所不同,典型的如:德国从 2000 年开始就已呈现下降态势(2000—2010 年年均降幅为 0.8%),而在法国和英国自 2001 年开始几乎没有增长;在西班牙和意大利,随着 2007 年经济危机之后,与历史趋势相比发生了显著的变化。

1990—2012 年欧盟交通运输业能源消费结构情况(单位:%)　　表 3-10

年　份	交通运输能耗占全社会比重	各种运输方式比重					
		合计	道路运输	铁路	国内水运	国内民航	国际民航
1990	26.3	100.0	84.3	2.9	2.2	2.0	8.5
1995	28.4	100.0	84.0	2.7	2.0	1.6	9.7
2000	30.5	100.0	82.7	2.4	1.8	1.8	11.3
2005	30.2	100.0	83.3	2.3	1.7	1.8	10.9
2006	30.8	100.0	83.6	2.3	1.7	1.7	10.7
2007	30.4	100.0	83.3	2.2	1.9	1.7	10.9
2008	30.9	100.0	82.9	2.2	1.8	1.7	11.4
2009	31.1	100.0	82.4	2.1	1.8	1.8	11.9
2010	31.7	100.0	82.2	2.0	2.0	1.8	12.0
2011	32.7	100.0	82.2	2.0	1.8	1.9	12.1
2012	32.2	100.0	82.1	1.9	1.5	1.8	12.6

数据来源:欧洲统计局,Eurostas。

从各种运输方式能源消费的比例构成来看(见表 3-10),公路运输是交通运输能源消费的绝对主力,所占比重超过 82%,但近年来呈略微下降态势;民航为第二大户,比重近年来呈现快速上升势头,2012 年已达 14.4%。与此形成鲜明对比的是铁路和内河运输能耗比重很低,2012 年分别为 1.9% 和 1.5%。1990—2012 年欧盟交通运输业温室气体排放总量及其占比情况如图 3-12 所示;1990—2012 年欧盟各种运输方式能源消费比例构成情况如图 3-13 所示;2004—2012 年欧盟交通运输燃料中可再生能源比重见表 3-11。

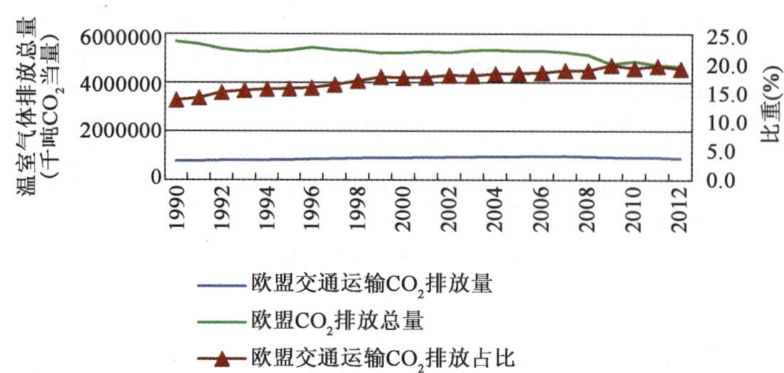

图 3-12　1990—2012 年欧盟交通运输业温室气体排放总量及其占比情况

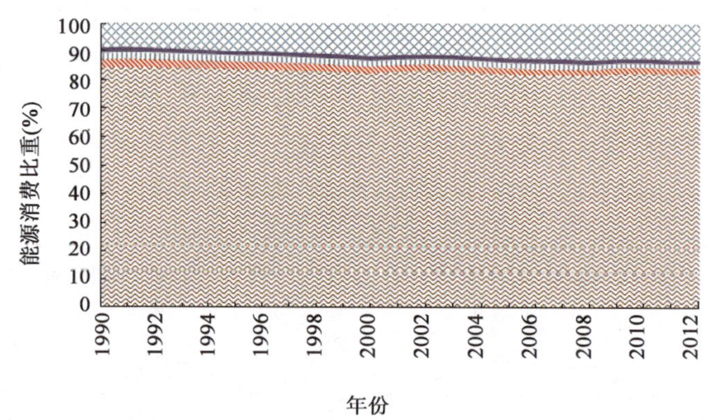

图 3-13　1990—2012 年欧盟各种运输方式能源消费比例构成情况

2004—2012 年欧盟交通运输燃料中可再生能源比重　　表 3-11

国家或地区	2004	2005	2006	2007	2008	2009	2010	2011	2012
克罗地亚	0.4	0.4	0.4	0.5	0.6	0.7	0.5	0.4	0.4
比利时	0.2	0.2	0.2	1.3	1.3	3.3	4.1	4	4.5
捷克	1.1	0.5	0.8	1	2.3	3.7	4.6	0.7	5.6
丹麦	0.2	0.2	0.3	0.3	0.3	0.4	0.9	3.8	5.8
德国	1.9	3.7	6.4	7.4	6	5.5	6	5.9	6.9
西班牙	0.8	1	0.7	1.2	1.9	3.5	4.7	0.4	0.4
法国	1.1	1.3	2	3.6	5.7	6.2	6.2	0.5	7.1
意大利	1	0.8	0.9	0.8	2.3	3.7	4.6	4.7	5.8
荷兰	0.2	0.2	0.5	2.9	2.7	4.3	3.1	4.6	5
奥地利	2.5	2.8	5.5	6.3	7.5	8.9	8.6	7.6	7.7
芬兰	0.5	0.4	0.4	0.4	2.4	4	3.8	0.4	0.4
瑞典	3.8	3.9	4.7	5.7	6.3	6.9	7.2	9.4	12.6
英国	0.2	0.3	0.6	1	2.1	2.7	3.1	2.7	3.7
欧盟 28 国	1	1.3	2.1	2.8	3.5	4.3	4.8	3.4	5.1

数据来源：欧洲统计局，Eurostas。

2）交通运输能源强度状况

从公路客运强度来看，欧盟国家一直走在节能减排的前列。各国都十分注重推动技术创新，一大批先进柴油动力、混合动力等节能与新能源车辆投入使用，小客车能源效率不断提高。欧盟小客车平均百公里油耗由 2000 年的 7.83L，下降至 2012 年的 6.76L，降幅为 13.7%，年均下降 1.1%，见表 3-12。相应地，欧盟 2007—2013 年新乘用车每公里 CO_2 排放水平由 158.7g 下降至 127g，降幅为 20.0%，年均下降 3.65%，见表 3-13。随着欧盟进一步严格要求燃料技术标准，以及各国相继出台节能与新能源车辆相关鼓励政策，客车百公里油耗、每公里 CO_2 排放有望进一步下降。

2000—2012 年欧盟及其典型国家小客车能源效率变化情况（单位：升/百公里）　表 3-12

国家或地区	2000	2005	2006	2007	2008	2009	2010	2011	2012	变化率	年均变化率
奥地利	7.88	7.17	7.09	7.02	6.99	6.94	6.72	6.59	6.46	-18.0%	-1.6%
克罗地亚	8.39	7.78	7.71	7.66	7.61	7.59	7.24	7.1	7.06	-15.9%	-1.4%
丹麦	8.7	8.47	8.42	8.47	8.41	8.3	8.38	8.06	8.04	-7.6%	-0.7%
芬兰	6.69	6.61	6.33	6.34	6.32	6.24	6.26	6.21	6.09	-9.0%	-0.8%
法国	7.46	7.07	6.99	6.98	6.98	6.95	6.93	6.78	6.69	-10.3%	-0.9%
德国	8.29	7.83	7.74	7.62	7.48	7.36	7.32	7.28	n. d.	-12.2%	-1.2%
意大利	7.23	6.68	6.49	6.34	6.22	6.17	6.13	6.09	6.06	-16.2%	-1.5%
荷兰	8.18	7.98	7.91	7.88	7.89	7.8	7.76	7.69	7.6	-7.1%	-0.6%
西班牙	7.74	7.39	7.33	7.28	7.24	7.21	7.17	7.15	7.13	-7.9%	-0.7%
瑞典	8.99	8.93	8.87	8.86	8.52	8.63	8.53	8.23	7.99	-11.1%	-1.0%
英国	7.74	7.22	7.09	6.94	6.66	6.25	6.04	5.79	5.61	-27.5%	-2.6%
欧盟 28 国	7.83	7.42	7.32	7.23	7.11	7	6.93	6.8	6.76	-13.7%	-1.2%

1995—2013 年欧盟新乘用车每公里 CO_2 排放水平（单位：gCO_2/km）　表 3-13

国家或地区	1995	2000	2005	2006	2007	2008	2009	2010	2011	2012	2013	年均降幅
比利时	181.5	166.5	155.2	153.9	152.8	147.8	142.1	133.4	127.2	128	124	-2.09%
捷克	—	—	155.3	154.2	154.2	154.4	155.5	148.9	144.5	140.8	134.6	-1.09%
丹麦	189.2	175.7	163.7	162.5	159.8	146.4	139.1	126.2	125	117	112.7	-2.84%
德国	194.3	182.2	173.4	172.5	169.5	164.8	154	151.1	145.6	141.6	136.1	-1.96%
西班牙	176.6	159.2	155.3	155.6	153.2	148.2	142.2	137.9	133.8	128.7	122.4	-2.02%
法国	177.1	163.6	152.3	149.9	149.4	140.1	133.5	130.5	127.7	124.4	117.4	-2.26%
意大利	180	155.1	149.5	149.2	146.5	144.7	136.3	132.7	129.6	126.2	122.4	-2.12%
荷兰	188.2	174.2	169.9	166.7	164.8	156.7	146.9	135.8	126.1	118.6	109.1	-2.98%
奥地利	186.4	168	162.1	163.7	162.9	158.1	150.2	144	138.7	135.7	131.6	-1.92%
芬兰	186.6	181.1	179.5	179.2	177.3	162.9	157	149	144	139.1	131.8	-1.91%
瑞典	221.1	200	193.8	188.6	181.4	173.9	164.5	151.3	141.8	135.9	133.3	-2.77%

续上表

国家或地区	1995	2000	2005	2006	2007	2008	2009	2010	2011	2012	2013	年均降幅
英国	191.3	185.4	169.7	167.7	164.7	158.2	149.7	144.2	138	132.9	128.3	-2.19%
欧盟27国	—	—	—	—	158.7	153.6	145.7	140.3	135.7	132.2	127	-3.65%

注:1. —表示数据不可得;

2. 捷克为2005—2012年的年均变化率。

从民航客运来看,欧盟平均每人次航空能耗由2000年的0.090吨标准煤(tce),下降至2012年的0.067吨标准煤(tce),降幅为25.4%,年均下降2.4%,见表3-14。

2000—2012年欧盟及其典型国家的民航客运能源强度 表3-14

国家或地区	2000	2005	2006	2007	2008	2009	2010	2011	2012	变化率	年均变化率
奥地利	0.054	0.047	0.047	0.046	0.043	0.041	0.041	0.041	0.039	-28.9%	-2.8%
克罗地亚	0.101	0.067	0.069	0.069	0.073	0.071	0.084	0.080	0.087	-14.1%	-1.3%
丹麦	0.133	0.133	0.124	0.126	0.121	0.119	0.114	0.111	0.104	-21.5%	-2.0%
芬兰	0.053	0.054	0.054	0.057	0.060	0.057	0.059	0.057	0.056	5.4%	0.4%
法国	0.091	0.086	0.084	0.081	0.080	0.077	0.077	0.076	0.071	-21.9%	-2.0%
德国	0.087	0.080	0.080	0.079	0.077	0.079	0.074	0.067	0.070	-19.7%	-1.8%
意大利	0.056	0.047	0.047	0.044	0.044	0.040	0.040	0.039	0.037	-33.3%	-3.3%
荷兰	0.119	0.114	0.110	0.107	0.109	0.109	0.101	0.096	0.089	-25.3%	-2.4%
西班牙	0.080	0.074	0.073	0.070	0.069	0.069	0.067	0.064	0.061	-23.2%	-2.2%
瑞典	0.054	0.051	0.050	0.051	0.053	0.051	0.047	0.046	0.043	-21.1%	-2.0%
英国	0.156	0.151	0.149	0.144	0.139	0.139	0.137	0.131	0.126	-19.3%	-1.8%
欧盟28国	0.090	0.084	0.081	0.079	0.079	0.076	0.073	0.070	0.067	-25.4%	-2.4%

注:1. 数据来源:Odyssee网;

2. 原指标单位为:toe/人次,经换算为tce/人次。

从货运能源强度来看(表3-15),欧盟国家总体呈现持续下降态势。2000—2012年,欧盟道路货运平均百吨公里能耗由9.43千克标准煤(kgce)下降到8.86千克标准煤(kgce),下降了6.1%,年均降幅为0.5%。但各国水平参差不齐、有升有降,总体而言是与各国交通运输能源消费结构紧密相关的。其中,丹麦、德国等国公路货运强度在欧盟乃至全世界都处于领先水平,其中丹麦基本保持平稳,德国近年来仍呈快速下降态势,下降了20.0%,年均降幅为2.0%。

2000—2012年欧盟及其典型国家的道路货运能源强度 表3-15

国家或地区	2000	2005	2006	2007	2008	2009	2010	2011	2012	变化率	年均变化率
奥地利	6.57	6.29	6.14	5.86	5.86	5.71	5.86	5.71	5.57	-15.2%	-1.4%
克罗地亚	11.29	9.86	9.43	9.86	9.14	10.57	11.29	11.14	11.00	-2.5%	-0.2%
丹麦	3.43	3.29	3.29	3.43	3.29	3.29	3.71	3.71	3.43	0.0%	0.0%
芬兰	6.57	6.86	7.43	7.57	7.00	7.14	7.29	8.00	8.43	28.3%	2.1%
法国	9.43	9.14	8.86	8.71	8.57	9.43	9.29	9.29	9.57	1.5%	0.1%

续上表

国家或地区	2000	2005	2006	2007	2008	2009	2010	2011	2012	变化率	年均变化率
德国	5.71	4.86	4.71	4.71	4.71	4.86	4.71	4.57	—	-20.0%	-2.0%
意大利	8.86	9.43	10.86	11.57	11.14	10.71	10.14	12.71	13.14	48.4%	3.3%
荷兰	8.71	8.57	8.57	8.86	9.00	9.29	8.86	8.71	9.14	4.9%	0.4%
西班牙	7.14	7.57	7.71	7.43	7.43	7.71	7.57	7.14	6.57	-8.0%	-0.7%
瑞典	6.86	7.71	7.57	7.43	7.14	8.14	8.43	8.14	8.57	25.0%	1.9%
英国	10.14	10.86	11.14	11.00	11.00	12.29	11.71	11.14	11.29	11.3%	0.9%
欧盟 28 国	9.43	8.86	8.86	8.71	8.71	9.14	8.86	9.00	8.86	-6.1%	-0.5%

注：1. 数据来源：Odyssee；

2. 原指标单位为：toe/吨公里，经换算为 kgce/百吨公里；

3. 德国为 2000—2011 年期间下降率。

3.4　交通运输能源消费与碳排放的国际比较：启示与借鉴

通过对中外交通运输能源消费总量、结构与强度分别进行比较分析，从中可以总结出一般规律，为我国低碳交通运输发展战略选择与规划编制提供良好的借鉴。

3.4.1　中外交通运输能源消费总量及其结构的比较与启示

通用对中外交通运输能源消费总量及其结构比较分析，我们可得到如下启示：

(1)交通运输能源消费与碳排放总量保持持续增长是经济社会发展的必然趋势，但仍有望实现峰值目标。

国外交通运输发展的经验表明，在相当长一段时期内，随着经济社会发展水平以及人们对出行安全性、舒适性、便捷性需求的日益提高，交通运输能源消费与碳排放总量及其占全社会比重快速上升是必然趋势，并且随着经济社会发展到一定阶段，交通运输将成为能源消费(特别是石油消费)的最主要领域以及碳排放的主要来源之一。典型的如美国、日本和欧盟等发达国家和地区，其交通运输业约占全社会能源消费总量的比重分别约为 29%、24% 和 31%，交通运输碳排放所占能源相关碳排放总量的比重分别约为 1/3 左右。但从近年来的最新发展趋势来看，在低碳经济发展的大浪潮中，以德国等为代表的欧盟国家，以及日本通过采取强有力的低碳技术创新与政策行动率先，即使是"汽车轮子上的国家"美国也在 2007 年与全国一道出现了交通运输能源消费和碳排放峰值和拐点，呈现出持续下降的态势。以此审视我国，当前交通运输能源消费比重占全国约为 8%，上升空间十分巨大。如果不采取有效措施切实强化交通运输节能减排降碳，将成为影响我国能源消费总量和碳排放尽早达到峰值的关键制约因素，交通运输发展将面临严峻的能源约束问题和巨大的碳减排压力，而且也会对国家能源安全、经济社会可持续发展和全球气候变化产生严重的不利影响。

(2)优化交通运输结构是实现低碳交通运输发展的主要方向。

选择合理的交通运输发展模式、优化各种运输方式之间的比例结构，对于交通运输能源消费和碳排放具有重要影响。各国综合交通运输结构的差异性，也决定了各种运输方式能源消费与碳排放比例结构的不同。如 2012 年美国道路、民航、水运、管道、铁路在交通运输能源消费总量中所占比重分别为81.4%、8.0%、4.5%、3.8%和2.3%;2007年日本公路、民航、水运和铁路分别约占86.9%、5.9%、4.8%和2.3%;2012年欧盟28国公路、民航、铁路和水运分别约占82.1%、14.4%、1.9%和1.5%;而2012年我国道路运输(营业车辆+社会车辆)、城市客运(城市公交+轨道交通+出租汽车)、水运、铁路、民航分别约占66.78%(38.76%+28.02%)、6.96%(2.17%+0.31%+4.48%)、13.31%、16.7%、5.89%。当前,我国正处于建设现代综合运输体系的关键期,水运、铁路等低能耗、低排放的运输方式能源消费比重要发达国家高,这是我们作为后发国家的有利因素。但是我国运输结构不尽合理、铁别是内河航运与铁路货运承运比重不高、私人汽车发展缺乏合理引导等仍是突出问题。从发达国家走过的路径来看,道路运输、民航等由于具有机动性强、方便快捷舒适等优点,必将得到快速发展,所占能源消费和碳排放总量比重上升较快,必须着力优化交通运输结构、加快构建节能低碳型综合交通运输体系,以避免重蹈过度依赖汽车出行的覆辙,这是我国交通运输节能减排与低碳发展的主攻方向和战略选择。

(3)发展低碳能源和可再生能源、优化能源结构是交通运输节能减排与低碳发展的重要趋势。

近年来,世界各国纷纷从降低石油依赖、保障国家能源安全、减少温室气体排放、应对全球气候变化、控制环境污染等目标出发,大力研发推广混合动力、纯电动、燃料电池等新能源汽车和乙醇等替代燃料,以提高低碳能源和可再生能源的比重,这些已经成为世界交通运输节能减排的重要趋势。如美国2013年交通运输能源消费中可再生能源、天然气、电力的比重分别为4.6%、2.9%和0.3%;欧盟28国2012年可再生能源占交通运输能源消费中比重为5.1%,特别是丹麦的比重达到了12.6%。而我国交通运输仍然过度依赖于石油,除天然气在城市交通中推广应用之外,新能源汽车仍处于起步阶段,替代能源和可再生能源所占比重较低。因此,我国交通运输业应将大力发展可再生能源、实现能源结构低碳化和清洁化作为重大战略选择。

(4)建立完善的能源统计体系是实现交通运输节能减排与低碳发展的有力保障。

从近几十年来发达国家和地区交通运输用能占全社会总用能比重状况来看,总体呈现上升态势并逐步趋于稳定,美国大约为27%~29%,日本大约为16%~25%,欧盟大约为27%~33%。而从我国目前《中国统计年鉴》《中国能源统计年鉴》等正式统计口径来看,近年来我国交通运输、仓储和邮政业占全社会总用能比重约为8.0%。这主要是由于我国现行的交通运输能源消费量统计只是统计了营业性运输工具,而并未包含数量和比重较大的私人交通工具。国内有专家学者将我国交通运输能源消费量按照国际统一口径进行测算修正,结果表明我国交通运输业占全社会总用能的比重约为12%~15%。交通运输能源统计体系的缺陷、统计失真,一方面使交通运输节能减排工作长期得不到应有的关注,另一方面使当前我国交通运输节能减排战略、规划与政策制订缺乏坚实基础、管理工作缺乏科学依据。因此,迫切需要改革交通运输体制与创新综合协调机制,对当前我国交通运输能源统计体系加以完善,实现与国际接轨,并不断提高统计的准确性和可靠性,为交通运输节能减排科学决策夯实基础。

3.4.2 中外交通运输能源与碳排放强度的比较与启示

通过对中外交通运输能源与碳排放强度的比较分析,我们可得到如下启示:

(1)客运能源与碳排放强度下降难度较大,引导合理消费是关键。

从历年来客运能源强度的相对变化趋势来看,国外经验表明,随着出行舒适性需求的不断提高,客运单耗可能变化甚微甚至呈上升态势。从能源强度指标的绝对值比较来看,我国客运能源强度低于发达国家,这其中重要原因之一,是我国是世界第一人口大国、发展中国家以及交通运输发展相对滞后的基本国情,造成现阶段我国客运中往往是以牺牲安全性和舒适性为代价的(如铁路、城市公共交通、城乡与农村客运的严重超载等)。当然,这里也不能完全排除我国交通运输(特别是道路运输)能源消费统计数据准确性和可信度较差、与国际统计口径不一致等因素。综合分析国际客运能源强度的变化趋势表明,客运能源强度下降的空间相对较小、难度较大,未来客运发展需要统筹考虑节能减排与提升服务质量,在两者之间力求实现最佳权衡,因此未来引导公众形成合理的消费模式是关键,既不能一味强调减少用能而忽视安全便捷舒适出行的需求,也不能盲目追求出行的舒适化而导致能源过度消费。

(2)货运能源与碳排放强度下降空间较大,提升运输效率是关键。

从历年来世界主要国家货运能源强度的相对变化趋势来看,美国、日本、欧盟等大多数国家的运输能源强度呈不断下降态势,而且普遍降幅较大。如日本道路货运能源强度在1965—2007 年间下降了 49.0%,年均降幅为 1.6%;欧盟 28 国的道路货运能源强度的整体水平在 2000—2012 年间下降了 6.1%,年均降幅为 0.5%,其中德国 2000—2011 年下降了 20.0%,年均降幅为 2.0%。这些都表明,即使是国际上这些货运物流业发达国家,其节能减碳仍然大有潜力可挖。这对于我国具有重要的启示,即未来我国应将积极发展现代物流,着力提高运输组织化程度和运输效率作为主攻方向,降低货运能源强度将会具有较大空间。

(3)能源强度与碳排放指标绝对值差异性较大,调整优化结构是关键。

从各种运输方式能源强度指标绝对值的国际横向比较来看,由于受各国运输结构的影响很大,差异性较大。

公路运输方面,我国 2012 年公路货运百吨公里单耗水平为 3.204 千克标准煤(kgce)/百吨公里,实际上低于大多数发达国家(2012 年欧盟 28 国平均为 8.86kgce/百吨公里,其中:丹麦最低为3.43kgce/百吨公里,德国为 4.57kgce/百吨公里;2012 年美国城际公路货运能源强度为6.5~8.57kgce/千吨公里)。这与我国货运车辆总体技术水平、运力结构状况、运输效率(特别是空驶率居高不下)等方面均不及发达国家的现实情况似乎不相吻合。当然,这其中不能排除我国公路运输能源消费统计口径差异或是统计数据失真等客观因素。但更深层次的原因主要体现在:一是与我国产业结构偏重、所承运货种主要以能源、原材料等低附加值大宗散货为主。而另一个重要原因可能是严重超载(尤其是公路,事实上相当一部分省市正式统计发布的公路货运实载率超过 100%),而这种运输效率虚高的假象,是以公路早期破损、使用寿命大幅缩短,造成国家财产损失与公众安全隐患为代价的。因此,未来随着我国重化工业比重持续下降、第三产业比重快速上升,运输市场秩序的改善,超载逐步得到较好治理,货运强度进一步降低的空间将越来越小,这无疑增加了节能减排工作的复杂性与艰巨性。

水路运输方面,由于海运的国际化趋势明显,而且各国统计千差万别,能源强度指标的绝对值不具可比性,而且在综合交通运输体系中远洋运输与公路、铁路等其他运输方式的可比性较差，因此，我们重点对内河航运进行国际横向比较，其中美国（特别是密西西比河）发达的内河航运，可作为我国（如长江、珠江、京杭运河等）内河航运的参照标杆，但要注意与其发展阶段性的对应性和可比性。分析近几十年来美国内河航运单位能源强度指标的演变态势，总体上呈U形曲线，特别是近年来受高附加值货物比重上升、航速提高等多种因素的综合影响，能源强度指标值有所提高。从近年来美国内河货运能源强度来看，总体呈现缓慢下降态势，由1997年的0.60kgce/百吨公里下降至2012年的0.47kgce/百吨公里。而从我国的情况来看，船舶单耗在少数几家大型航运企业（如长航集团等）和大量的内河个体经营业户之间呈现出明显的两级分化，因此，我国内河航运未来节能减排的主要方向和关键途径应是调整优化结构，以国内外先进水平为标杆，逐步提升航运企业及其运输船队的整体能效水平。

铁路运输方面，随着我国高铁客运专线的快速发展，据估算2012年我国铁路客运能源强度约为4.8kgce/百人公里。2012年美国城际铁路客运能源强度为5kgce/百人公里，铁路货运能源强度为0.68kgce/百吨公里。

民航运输方面，我国的客机机型与国际全面接轨，基本上均为空客、波音，加之我国飞机平均机龄更新、机型结构更加合理，因而整体能源效率水平甚至要高于欧美发达国家。如2012年中国、美国民航客运能源强度分别为41.3kgce/千人公里和59.4kgce/千人公里。

3.5 本章小结

本章对美国、日本、欧盟等典型发达国家和地区交通运输能源消费与碳排放总量及结构、能耗与碳排放强度的历史演变规律和主要特征进行了较为系统的总结分析，并进行了较为全面的国际比较，为我国交通运输节能减排战略选择和规划目标设定指明方向。“十三五”以及未来相当长一段时期，我国交通运输能源消费与碳排放总量及其在全社会所占比重仍将呈现快速上升，因此，未来应将降低能源强度和碳排放强度作为重点。相对而言，客运能源与碳排放强度下降难度较大，关键是引导公众形成健康合理的交通消费模式；而货运能源与碳排放强度下降空间较大，关键是要提升运输效率、发展现代物流。未来应坚持把优化交通运输结构、构建节能低碳型综合交通运输体系作为战略重点，将发展低碳能源和可再生能源、优化能源结构作为重要方向；要加紧建立健全交通运输能源与碳排放统计监测体系，为实现低碳交通运输科学决策与管理提供有力保障。

第 4 章　基于 LMDI 的交通运输碳排放影响因素研究

4.1　引言

系统分析交通运输行业 CO_2 排放变化的影响因素，有利于准确把握低碳交通运输发展的内在机理及其实现途径，对于明确低碳交通运输发展方向、目标和重点，进而增强低碳交通运输发展规划的科学性，具有重要的理论和现实意义。

通过相关文献综述可以发现，目前来看，碳排放量计算分解方法主要有结构分解法（SDA）、指数分解法（IDA）和基于生产理论的分解方法（PDA）。国内外越来越重视交通运输行业的 CO_2 排放变化，分解方法和分解结论也越来越多样化。但相比工业和电力等高排放产业，对交通运输行业碳排放变化所做的分析还不是很丰富，特别是针对中国等发展中国家的研究，并不像对其他行业碳排放或国家层面碳排放研究的那么成熟。

基于此，本章通过将我国交通运输行业划分成公路运输、水路运输、铁路运输和民航运输 4 个部分，利用 Logarithmic Mean Divisia Index（LMDI）分解方法，探究 2005—2011 年我国交通运输行业 CO_2 排放变化的主要影响因素，从而为有关政府部门制订低碳交通运输规划与政策提供支撑。与已有的研究相比，本章主要有以下创新点：一是文章分解所得影响因素同时包含交通运输能源消费结构、交通运输能源强度、运输结构、运输强度、人均 GDP 和人口 6 个影响因素，分解结果能更全面地反映行业碳排放变化；二是目前大部分文献以不同运输方式在不同能源消耗下的运输活动水平为基础计算行业能源消费结构，而本章工作以各个运输方式的实际能源消耗为基础计算行业能源消费结构和 CO_2 排放量，所得碳排放影响效应更符合实际；三是在实证结果讨论部分，分析更为全面深入，针对每个碳排放影响因素，细化到不同运输方式内部，比如针对能源消费结构变化对行业碳排放的影响，本章不仅从行业整体能源消费结构角度予以讨论，而且深入公路、铁路、水路、民航等不同运输方式内部分析能源消费结构变动对行业碳排放的影响。

4.2　研究方法

4.2.1　交通运输行业碳排放测算

根据《2006 年 IPCC 国家温室气体排放清单指南》，移动源（交通运输行业）CO_2 排放核算方法可以分为两大类：一是“自上而下”，基于交通运输工具燃料消耗的统计数据计算；二是“自下而上”，基于不同类型的交通运输车型、保有量、行驶里程、单位行驶里程燃料消耗等数据；或是以运输量为依据，通过计算各运输方式运输周转量再乘以单位运输周转量平均能源消费量进行计算。因为分解结果中涉及能源消费结构等与能源消费直接相关的影响因素，且影响因素较全面，本章以公路运输、水路运输、铁路运输和民航运输等主要运输方式为研究对象，采用“自上而下”的能源消耗和碳排放计算方法来计算我国交通运输行业的 CO_2 排放量，单位为万吨。

$$C^t = \sum_{a,b} C^t_{ab} = \sum_{a,b} EC^t_{ab} \times EF_b \times \frac{44}{12} \tag{4-1}$$

其中，C^t 表示 t 年交通运输行业的 CO_2 排放量；C^t_{ab} 表示 a 种交通运输方式、b 种能源消耗所产生的 CO_2 排放，其中 $a=1$、2、3、4 分别代表公路运输、水路运输、铁路运输和民航运输，$b=1$、2、3、4、5、6、7 分别代表汽油、柴油、煤炭、煤油、燃料油、天然气和电力；EC^t_{ab} 表示第 a 种交通运输方式、b 种能源的终端消费量；EF_b 表示 b 种能源的碳排放系数。碳排放系数来自 IPCC 国家温室气体排放清单（IPCC, 2006），各能源的热值转换系数来自《中国能源统计年鉴 2012》，见表 4-1。44/12 表示碳与 CO_2 的转换系数。

各能源热值转换系数及碳排放系数 表 4-1

能源品种	汽油	柴油	煤炭	煤油	燃料油	天然气	电力
热值转换系数	43070	42652	20908	43070	41816	38931	3596
热值系数单位	KJ/KG	KJ/KG	KJ/KG	KJ/KG	KJ/KG	KJ/M^3	KJ/KWh
碳排放系数	19.1	20.2	25.8	19.6	21.1	15.3	0
碳排放系数单位	TC/TJ	TC/TJ	TC/TJ	TC/TJ	TC/TJ	TC/TJ	TC/TJ

4.2.2 交通运输行业碳排放变化分解

通过将交通运输行业划分成公路运输、水路运输、铁路运输和民航运输四部分，进一步将式(4-1)改写成如下形式：

$$C^t = \sum_{a,b} C^t_{ab} = \sum_{a,b} \frac{EC^t_{ab}}{EC^t_a} \times \frac{EC^t_a}{T^t_a} \times \frac{T^t_a}{T^t} \times \frac{T^t}{GDP^t} \times \frac{GDP^t}{P^t} \times P^t \times EF_{ab} \times \frac{44}{12} \tag{4-2}$$

其中，EC^t_a 表示 t 年 a 种运输方式的能源消耗总量；T^t_a 表示 t 年 a 种运输方式的运输周转量，因为周转量分为货物周转量和旅客周转量，单位分别为亿吨公里和亿人公里，本章根据交通运输部的客货运周转量转换系数进行了转换，最后统一单位为亿吨公里，转换系数见表 4-2；T^t 表示 4 种交通运输方式 t 年总的运输周转量；GDP^t 表示 t 年的国内生产总值，以 2005 年不变价计算；P^t 表示 t 年的总人口。设 $ES^t_a = E^t_{ab}/E^t_a$ 表示 a 种运输方式的能源消费结构；$ET^t_a = E^t_a/T^t_a$ 表示 a 种运输方式的能源强度（单位运输周转量的能源消耗），代表 a 种运输方式的能效水平；$TS^t_a = T^t_a/T^t$ 表示 t 年的交通运输结构；$GT^t = T^t/GDP^t$ 表示 t 年交通运输强度，可以理解为交通运输行业的效率（Wang et al., 2011）。不同文献关于 GT^t 有不同的定义。Mazzarino（2000）称之为单位 GDP 交通运输活动的发生率；Lakshmanan and Han（1997）将其称为基于 GDP 的交通运输强度；Timilsina and Shrestha（2009）和 Wang et al.（2011）直接将其称为交通运输强度；而 Wei et al.（2013）将其定义为经济发展对交通运输的依赖。不论哪种定义方式，传达的都是交通运输与经济发展之间的关系。本章采用比较常见也相对好理解的交通运输强度来定义 GT^t。$GP^t = \frac{GDP^t}{P^t}$ 表示人均 GDP；P^t 表示人口。

因此式(4-2)可以简化为:

$$C^t = \sum_{a,b} ES_a^t \times ET_a^t \times TS_a^t \times GT^t \times GP^t \times P^t \times EF_b \times \frac{44}{12} \tag{4-3}$$

各运输方式的客货运周转量转换系数　　表 4-2

运输方式	公路运输	水路运输	铁路运输	民航运输
转换系数	0.1	0.33	1	0.09
单位	亿吨公里/亿人公里	亿吨公里/亿人公里	亿吨公里/亿人公里	亿吨公里/亿人公里

注:由于水路客运在水路运输中所占的比例极小,因此这里的水路运输主要指水路货运。

此时,碳排放变化可以分解为交通运输能源消费结构、能源强度、交通运输结构、交通运输强度、人均 GDP 和人口 6 个影响因素。由于研究区间不长,假设各能源的碳排放系数基本稳定。假设 CO_2 排放量由基年的 C^0 变化到 t 年的 C^t,根据 Ang et al.,(2003)提出的 LMDI 计算方法,结合式(4-3),可得到:

$$\Delta C^t = \Delta C_{es}^t + \Delta C_{et}^t + \Delta C_{ts}^t + \Delta C_{gt}^t + \Delta C_{gp}^t + \Delta C_p^t \tag{4-4}$$

$$\Delta C_{es}^t = \sum_{a,b} W(C_{ab}^t, C_{ab}^0) \ln\left(\frac{ES_a^t}{ES_a^0}\right) \tag{4-5a}$$

$$\Delta C_{et}^t = \sum_{a,b} W(C_{ab}^t, C_{ab}^0) \ln\left(\frac{ET_a^t}{ET_a^0}\right) \tag{4-5b}$$

$$\Delta C_{ts}^t = \sum_{a,b} W(C_{ab}^t, C_{ab}^0) \ln\left(\frac{TS_a^t}{TS_a^0}\right) \tag{4-5c}$$

$$\Delta C_{gt}^t = \sum_{a,b} W(C_{ab}^t, C_{ab}^0) \ln\left(\frac{GT^t}{GT^0}\right) \tag{4-5d}$$

$$\Delta C_{gp}^t = \sum_{a,b} W(C_{ab}^t, C_{ab}^0) \ln\left(\frac{GP^t}{GP^0}\right) \tag{4-5e}$$

$$\Delta C_p^t = \sum_{a,b} W(C_{ab}^t, C_{ab}^0) \ln\left(\frac{P^t}{P^0}\right) \tag{4-5f}$$

$$W(C_{ab}^t, C_{ab}^0) = \frac{C_{ab}^t - C_{ab}^0}{\ln C_{ab}^t - \ln C_{ab}^0} \tag{4-5g}$$

其中,ΔC^t 表示碳排放量变化;ΔC_{es}^t 表示交通运输能源消费结构变动对碳排放的影响;ΔC_{et}^t 表示能源强度变化对碳排放的影响;ΔC_{ts}^t 表示交通运输结构对碳排放的影响;ΔC_{gt}^t 表示交通运输强度变化对碳排放的影响;ΔC_{gp}^t 和 ΔC_p^t 分别表示人均 GDP 和人口对交通运输碳排放的影响。根据 Ang and Liu (2007)中提到的 LMDI 中零值的处理方法,将式(4-5a)~式(4-5g)中涉及到的零值全部用 10^{-20} 代替。

4.2.3　数据说明

本章研究区间为 2005—2011 年,各种交通运输方式能源的终端消耗量主要包括煤炭、柴油、汽油、燃料油、煤油、天然气、电力等，单位为万吨标准煤，数据来源是2006—2012年《中国能源统计年鉴》和2006—2012年《中国交通运输统计年鉴》。国内生产总值(GDP)和人口数据，来自中国国家统计局，其中GDP以2005年不变价进行计算，单位是亿元。代表各运输方式交通运输活动水平的客货运周转量数据来自中国国家统计局。值得注意的是，由于数据可获得性、数据量纲等问题，本章的交通运输行业主要包括公路运输、水路运输、铁路运输和民航运输，而且由于我国水路运输中主要是货运，客运占比非常少，因此本章的水路运输主要是指水路货运。城市客运等城市内交通运输活动并不在本章的考虑范围内。

4.3 实证结果讨论分析

我国交通运输行业碳排放变化分解结果，见表4-3。

交通运输行业碳排放变化分解结果(单位：万吨)　　表4-3

年　份	ΔC^t	ΔC^t_{es}	ΔC^t_{et}	ΔC^t_{ts}	ΔC^t_{gt}	ΔC^t_{gp}	ΔC^t_p
2005—2006	4039	-141	-895	1098	-320	4108	190
2006—2007	4964	27	-787	489	-132	5158	209
2007—2008	721	28	-591	4160	-6807	3713	217
2008—2009	4498	-88	-810	940	443	3789	223
2009—2010	6920	-185	-1161	651	2486	4882	247
2010—2011	6266	-398	-1532	1658	1369	4890	279
2005—2011	27407	-756	-5777	8996	-2962	26541	1365

注：ΔC^t 表示交通运输碳排放变化；ΔC^t_{es}表示交通运输能源消费结构变化对碳排放的影响；ΔC^t_{et}表示交通运输能源强度变化对碳排放的影响；ΔC^t_{ts}表示交通运输结构变化对碳排放的影响；ΔC^t_{gt}表示交通运输强度变化对碳排放的影响；ΔC^t_{gp}和 ΔC^t_p 分别表示人均GDP和人口对碳排放变化的影响。

从表4-3中可以看到，2005—2011年，交通运输行业CO_2排放量一直呈现上升趋势，只不过每年的增幅各不相同。2005—2011年交通运输行业CO_2排放增长了2.72亿吨，年均增长率达10.36%。其中，2008年与2007年相比增加720.63万吨，年增长率1.68%，为历年最低值；2011年与2010年相比增加0.63亿吨，年增长率14.35%，为历年最高值。

4.3.1 人均GDP和人口对行业碳排放变化的影响

人均GDP一直对交通运输行业CO_2排放表现为促进作用，而且十分显著，这与Timilsina and Shrestha (2009), Wang et al. (2011), Wei et al. (2013)等人的研究结论类似。相比之下，人口的促进作用较弱。2005—2011年，人均GDP对交通运输行业的促进作用ΔC^t_{gp}表现比较平稳，每年增加的CO_2排放量徘徊在4000~5000万吨左右，2005—2011年累计增加了2.7亿吨CO_2排放，占到交通运输行业碳排放变化总量的96.84%，是6个影响因素中最主要的行业碳排放促进因素。

2005—2011年间，我国经济增长迅速，一定程度上代表国家发达水平和居民富裕程度的人均GDP由2005年的1.41万元增至2011年的2.73万元，作为国民经济基础性产业的交通运输行业同样发展迅速。另一方面，虽然我国人口基数大，但由于研究区间内我国人口数量变化不大，所以人口变化所增加的交通运输行业CO_2排放ΔC^t_p每年大致在200万吨左右徘徊，2005—2011年累计增加1193万吨，约占交通运输行业碳排放变化总量的3.8%。目前我国正处于城镇化、现代化建设的关键时期，随着经济社会的不断发展，人们对交通运输的需求会越来越大，对交通运输服务水平的要求会越来越高。再加上我国庞大的人口基数，我国的交通运输行业还有很大发展空间，这意味着其能源消耗和 CO_2 排放水平也会持续上升。交通运输行业会在国家实现节能减排目标和应对气候变化的进程中扮演着越来越重要的角色。

4.3.2　交通运输强度对行业碳排放变化的影响

在研究区间内，交通运输强度对行业碳排放表现为抑制作用，这与 Lakshmanan and Han (1997)、Wang et al. (2011)、Wei et al. (2013)所得到的结论类似。2005—2011 年间，由于交通运输强度下降 CO_2 排放累积减少 2962 万吨，占到交通运输行业碳排放变化总量的 10.81%。这里的交通运输强度表示运输周转量与 GDP 的比值，也有文献将其视为经济发展对交通运输的依赖（Wei et al., 2013）。

从理论上讲，经济发展对交通运输的依赖性越大，交通运输强度的值就会越大，经济发展所带动的行业能源消耗和 CO_2 排放也就越多。2005 年，我国交通运输强度为 53.52 百吨公里/万元，2005—2011 年总体呈现下降趋势，2011 年降至 48.91 百吨公里/万元。从另一个角度考虑，交通运输强度的下降一定程度上也意味着交通运输效率的提高，从而减缓了行业 CO_2 排放的增长。特别是在 2008 年，金融危机使代表交通运输活动水平的运输周转量下降明显，但我国经济仍然保持了高增长速度，此时交通运输强度降至研究区间内的最低值 45.08 百吨公里/万元，对应减排 6807 万吨 CO_2，减排效果十分显著。

4.3.3　交通运输能源强度对行业碳排放变化的影响

交通运输能源强度对碳排放的影响见表 4-4。2005—2011 年间，由于交通运输能源强度下降使行业 CO_2 排放减少了 5777 万吨，占到交通运输行业碳排放变化总量的 21.08%，是行业 CO_2 排放的主要抑制因素。

交通运输能源强度和运输结构变化对碳排放的影响(单位：万吨)　　表 4-4

年　份	ΔC^t_{et}	ΔC^t_{et1}	ΔC^t_{et2}	ΔC^t_{et3}	ΔC^t_{et4}	ΔC^t_{ts}	ΔC^t_{ts1}	ΔC^t_{ts2}	ΔC^t_{ts3}	ΔC^t_{ts4}
2005—2006	-895	-509	-140	-169	-77	1098	1104	0	-141	135
2006—2007	-787	-370	-163	-67	-186	489	296	175	-144	160
2007—2008	-591	-506	-33	-81	29	4160	5103	-1670	378	349
2008—2009	-810	-568	-155	-34	-53	940	755	333	-259	111
2009—2010	-1161	-651	-168	7	-348	651	169	256	-146	372
2010—2011	-1532	-1269	-233	-38	7	1658	2146	-168	-116	-204
2005—2011	-5777	-3874	-893	-382	-628	8996	9574	-1073	-428	923

注：ΔC^t_{et} 和 ΔC^t_{ts} 分别表示交通运输能源强度和交通运输结构变化对碳排放的影响；ΔC^t_{et1}、ΔC^t_{et2}、ΔC^t_{et3}、ΔC^t_{et4} 分别表示公路、水路、铁路、民航能源强度变动对碳排放的影响；ΔC^t_{ts1}、ΔC^t_{ts2}、ΔC^t_{ts3}、ΔC^t_{ts4} 分别表示上述 4 种运输方式在交通运输中的占比变化对碳排放的影响。

从不同运输方式能源强度变动对碳排放的影响来看，公路运输单耗下降对碳排放的抑制作用最大，2005—2011 年间 ΔC^t_{et1} 累积为 -3874，约占能源强度变动对碳排放影响效应 ΔC^t_{et} 的 67.05%。具体来看，2005 年公路运输单耗为 41.59 千克标准煤/千吨公里，2005—

2011年间一直保持下降趋势，至2011年，公路运输单耗降至36.59千克标准煤/千吨公里，下降了12.03%。公路运输单耗下降的减排效应在4种交通运输方式中表现最为明显，一方面由于公路运输能源强度的显著下降，另一方面，与公路运输在交通运输的高占比同样分不开。

相比公路运输的高能源强度，水路运输和铁路运输被认为是低能耗、低排放、高能效的交通运输方式。2005—2011年间，水路运输和铁路运输能源强度基本都呈现下降趋势，二者累积减缓 CO_2 排放分别为893万吨和382万吨，占能源强度变动对碳排放影响效应的15.46%和6.62%。具体来看，水路运输能源强度自2005年至2011年一直呈现下降趋势，由7.71千克标准煤/千吨公里下降至7.04千克标准煤/千吨公里，下降了8.72%，而且其单耗平均水平仅为公路运输的1/5。

铁路运输方面，其能源强度由2005年的7.58千克标准煤/千吨公里下降至2011年的6.67千克标准煤/千吨公里，下降了11.96%。在4种运输方式中，铁路运输的能源强度最低。近年来，我国的铁路事业发展迅速，特别是高铁建设发展迅速，而且铁路复线率和电气化率稳步提升，这从客观上优化了铁路运输的能源消费结构，提高了铁路运输的能源消费效率，促使铁路运输的能源强度进一步下降。

航空运输能源强度变动在2005—2011年间累积减少 CO_2 排放628万吨，约占能源强度变动对碳排放影响效应的10.87%。与其他3种运输方式相比，航空运输能源强度非常高，2011年为416.04千克标准煤/千吨公里。由于航空运输的高成本，目前仍然主要集中在客运领域，其旅客周转量约占总运输周转量的82%。

4.3.4 交通运输结构对行业碳排放变化的影响

从表4-4可以看出，交通运输结构变化在2005—2011年间一直对行业 CO_2 排放表现为促进作用，其促进效应 ΔC_{ts}^{t} 累计为8996万吨，约占行业碳排放变化总量的32.82%，是除人均GDP外交通运输行业 CO_2 排放的最主要促进因素（Wang et al.，2011）。

在研究区间内，公路运输和航空运输在交通运输总量中的占比保持上升趋势，分别由2005年的22.48%和0.27%增至2011年的31.55%和0.35%，作为高耗能、高排放的两种交通运输方式，其在交通运输总量中占比的上升，必然导致 CO_2 排放量的增加。根据分解结果可知，由此增加的 CO_2 排放在2005—2011年间累计分别为9574万吨和923万吨。

我国对公路运输持续不断的高投资和公路基础设施的不断完善，是公路运输碳排放占比增加的重要原因。2013年全年，我国完成公路建设投资1.37万亿元，同比增长7.7%。同时期，铁路固定资产投资0.67万亿元，同比增长2.0%；内河及沿海建设完成投资0.15万亿元，同比增长2.3%。与此同时，随着国民生活水平的不断提高，人们对高速、快捷的航空运输的需求也越来越大，使民航运输在交通运输碳排放中的比重不断上升。

另一方面，水路运输和铁路运输碳排放占比总体呈现下降趋势，分别由2005年的50.91%和27.07%降为44.86%和23.24%。水路运输占比的下降很大程度上是因为我国对外贸易活动水平的下降。随着我国经济体制改革的进一步深入，原来“拉动我国经济增长的三驾马车”中的主力“出口”和“投资”，逐渐被内需所取代，再加上2008年全球经济危机，致使水路运输中的沿海货运和远洋货运增速放缓。与此同时，国内商品需求的迅猛增长，为公路运输的发展提供了机遇，因为公路运输方便、快捷、“门到门”式的运输方式比较符合国内货运的运输需求。尽管水路运输和铁路运输在交通运输中的占比有所下降，但其本身低能耗、低排放、高能效的能源消耗特点，还是对行业 CO_2 排放起到了一定的抑制作用。2005—2011 年间，ΔC_{ts2}^{t} 和 ΔC_{ts3}^{t} 累积分别为 －1073 和 －428，说明二者在研究区间内分别减缓 CO_2 排放 1073 万吨和 428 万吨。

4.3.5　能源消费结构对行业碳排放变化的影响

在研究区间内，交通运输行业能源消费结构变动对行业碳排放起到了一定的抑制作用（表 4-5）。2005—2011 年间，由于能源消费结构优化、能源消费清洁化等累计减少 CO_2 排放 756 万吨，约占行业 CO_2 排放变化总量的 2.76%，影响偏弱。

交通运输能源消费结构变动对碳排放的影响（单位：万吨）　　表 4-5

年　份	ΔC_{es}^{t}	ΔC_{es1}^{t}	ΔC_{es2}^{t}	ΔC_{es3}^{t}
2005—2006	－141	31	－72	－100
2006—2007	27	49	177	－198
2007—2008	28	306	－165	－113
2008—2009	－88	29	94	－211
2009—2010	－185	11	73	－269
2010—2011	－398	19	－302	－114
2005—2011	－756	446	－196	－1006

注：ΔC_{es}^{t} 表示交通运输行业能源消费结构变动对碳排放的影响；ΔC_{es1}^{t}、ΔC_{es2}^{t}、ΔC_{es3}^{t} 分别表示公路、水路、铁路能源消费结构变动对碳排放的影响。

从不同运输方式的角度来看，公路运输能源消费一直以柴油和汽油等化石能源为主。柴油在公路运输总能耗中的占比由 2005 年的 70% 升至 2011 年的 96%，公路运输能源消费结构变动累计增加了 446 万吨 CO_2 排放。2011 年，经国务院批准，财政部联合交通运输部安排专项资金用于支持公路水路节能减排。专项资金有很大一部分用于支持天然气营运车船推广应用，鼓励运输企业购入天然气营运车辆，这对于公路运输能源消费结构的清洁化起到了很大的推动作用。

水运方面，目前我国水路运输能源消耗主要为柴油和燃料油，二者在水路运输能源消耗总量中的占比分别由 2005 年的 34% 和 65%，变动至 2011 年的 37% 和 60%。水路运输中煤炭和汽油的消耗非常少，而电力消费呈现上升趋势，消费占比由 2005 年的 1% 增至 2011 年的 3%。2005—2011 年间，水路运输能源消费结构的清洁化累计减少 CO_2 排放 196 万吨。

铁路方面，通过表 4-5 可以看到，铁路运输能源消费结构变动对碳排放的抑制作用十分显著，2005—2011 年间累计减缓 CO_2 排放 1006 万吨。我国铁路运输能源消耗主要为柴油、煤炭和电力。2005 年，三者能源消费占比分别为 42%、22% 和 36%，而到了 2011 年，三者比重分别变为 28%、17% 和 55%。铁路运输中的柴油、煤炭等化石能源消费下降明显，而电力消费显著增加。根据交通运输部数据，2013 年我国铁路电气化率为 54.1%，与 2005 年的 31.2% 相比，增加了 73.4%。

航空运输方面，由于其一直以航空煤油为其主要能源消费，能源消费结构在研究区间内保持不变，因此其对行业碳排放影响效应为零。

4.4 主要结论与政策建议

本章利用 LMDI 分解方法，将我国交通运输行业 2005—2011 年间 CO_2 排放变化分解为能源消费结构、能源强度、交通运输结构、交通运输强度、人均 GDP 和人口 6 个影响因素，分析其变化对行业碳排放的影响程度，主要有如下结论：

（1）在研究区间内，人均 GDP 和人口一直对交通运输行业 CO_2 排放表现为促进作用，前者的促进作用更明显。2005—2011 年间，人均 GDP 累计增加 2.7 亿吨 CO_2 排放，约占交通运输行业碳排放变化总量的 96.84%。由于我国人口变动不大，2005—2011 年间累计使交通运输行业增加 1193 万吨 CO_2 排放，约占交通运输行业碳排放变化总量的 3.8%。

（2）交通运输结构同样对行业碳排放有显著的促进作用，其促进效应仅次于人均 GDP。2005—2011 年间，累计增加 8996 万吨 CO_2，约占行业碳排放变化总量的 32.82%。高耗能、高排放的公路运输在交通运输中占比的增加是交通运输结构对碳排放促进效应的主要来源。

（3）代表交通运输能源利用效率的能源强度，是 6 个影响因素中的最主要抑制因素。2005—2011 年间累计减少 CO_2 排放 5777 万吨，约占行业碳排放变化总量的 32.82%。研究区间内，4 种运输方式能源强度都呈现不同程度下降，公路运输能源强度下降对碳排放的抑制作用最为显著，其抑制效应约占能源强度对碳排放抑制总效应的 67.05%。

（4）交通运输能源消费结构和交通运输强度，对行业 CO_2 排放有一定的抑制作用。2005—2011 年间，二者分别累计减少排放 756 万吨和 2962 万吨。铁路运输能源消费中电力消费比重的增加贡献了能源消费结构对碳排放的大部分抑制作用。除能源强度外，一定程度上代表经济发展对交通运输依赖性和交通运输效率的交通运输强度为我国交通运输行业节能减排提供了新的突破口。

2014 年 5 月，为确保全面完成“十二五”节能减排降碳目标，国务院办公厅下发《2014—2015 年节能减排低碳发展行动方案》，交通运输行业作为重点领域规定公路、水路运输和港口形成节能能力 1400 万吨以上，到 2015 年营运货车单位运输周转量能耗比 2013 年降低 4% 以上。基于以上研究结论，为了实现交通运输行业的节能减排目标，提出如下政策建议：

（1）针对经济发展对交通运输的刚性需求，及其对交通运输行业碳排放的促进作用，应该充分利用交通运输资源，提高运输效率，发挥各运输方式的比较优化，构造综合交通运输系统，使这种促进作用降至最低。

（2）针对交通运输结构对行业碳排放的促进作用，应进一步提高在交通运输中占比较大的公路运输的运输效率，着力降低公路运输的能源强度。同时加大对水路运输和铁路运输的投资力度，改善二者的基础设施条件，增加水路运输和铁路运输在交通运输中的比重，充分发挥其低能耗、低排放、高效率的运输潜质。

（3）针对能源强度、能源消费结构对交通运输碳排放的抑制作用，应该继续提高运输效率，充分利用运输资源，同时加快淘汰高耗能、高排放的老旧营运车船，促进营运车船的更新换代，提高铁路电气化率和航空能效水平。采用行政手段，继续开展交通运输节能减排专项资金对行业节能减排的支持，实行奖罚并济的方式，调动企业优化交通运输能源消费结构的积极性，大力推广天然气营运车船在公路水路运输中所占的比重，并做好加气站等基础设施建设,为交通运输能源消费结构的优化提供保障。

4.5　本章小结

本章基于 LMDI 分解方法,定量分析了 2005—2011 年间公路运输、水路运输、铁路运输和民航运输碳排放变化的主要影响因素。结果发现,人均 GDP 和公路运输在运输结构中占比的增加是行业碳排放增长的主要促进因素,而代表能源利用效率的交通运输能源强度和代表运输效率的交通运输强度的下降对碳排放表现为抑制效应。另一方面,尽管铁路能源消费结构清洁化对碳排放有显著的抑制作用,但由于公路运输在综合交通运输中的高占比、高能耗和高排放的运输特点,抵消了铁路运输对碳排放的抑制作用。

第 5 章　低碳交通运输的综合性评价指标及应用

5.1　引言

当前,我国节能低碳发展目标主要是以单位 GDP 或增加值能耗与碳排放约束性指标为核心的目标体系。交通运输是国民经济和社会发展的基础性、先导性产业和服务性行业,同时也是能源特别是石油消费和温室气体排放的重点领域,未来节能减排与低碳发展责任重大。当前我国正处于加快构建现代综合交通运输体系的关键时期,绿色低碳发展是交通运输现代化的重要特征和必然要求。然而,从当前国内外理论与实践来看,通常从单一运输方式视角提出评价、考核与规划指标较多,而对于综合性和统一性指标的系统研究与实践应用较少,因而缺乏对于各种运输方式的统筹协调与综合引导,明显不适应现实形势发展要求。因此,本章主要从综合交通运输的视角,构建低碳交通运输发展的综合性评价指标,提出了交通运输业单位换算周转量的能源消费量与碳排放量、交通运输业单位增加值的能源消费量与碳排放量以及人均交通运输能源消费与碳排放量三个指标,并在全国以及分地区层面开展实证分析。

5.2　综合评价指标构建

5.2.1　节能低碳综合性指标的主要类型

综观当前国内外节能低碳相关理论研究与管理实践,关于节能低碳综合性评价指标主要有三大类:一是价值量指标,即单位产值(如 GDP、工业增加值、主营收入等)能耗与碳排放量;二是实物量指标,即单位产品(如每吨钢材、铁路综合换算周转量等)能耗与碳排放量;三是人均指标,即人均能源消费与碳排放量。三指标各有其适应范围。

1)单位产值能耗与碳排放指标

《国民经济和社会发展第十一个五年规划纲要》提出,“十一五”期间要实现单位 GDP 下降 20% 的目标,并对各省(自治区、直辖市)进行了目标分解。2009 年 11 月 25 日国务院常务会议决定,到 2020 年我国单位 GDP 二氧化碳(CO_2)排放量比 2005 年下降 40% ~45% 。2012 年,国务院印发的《节能减排“十二五”规划》又进一步明确提出,到 2015 年,全国万元国内生产总值能耗下降到 0.869 吨标准煤(按 2005 年价格计算),比 2010 年的 1.034 吨标准煤下降 16%(比 2005 年的 1.276 吨标准煤下降 32%),其中单位工业增加值(规模以上)能耗比 2010 年下降 21% 左右。从中可以看出,当前国家节能低碳发展目标主要是以单位 GDP 或增加值能耗与碳排放约束性指标为核心的目标体系。

2)单位产品(工作量)能耗与碳排放指标

《节能减排“十二五”规划》工业主要节能指标对钢材、铝锭、铜冶炼、乙烯、原油加工、合成氨、烧碱、水泥熟料等工业子行业,均是采用此类指标,即每生产 1 吨产品所需的能耗量。

此外,交通运输领域中铁路、营运车辆、营运船舶和民航业单位运输工作量(运输周转量)综合能耗也属于此类指标。

3)人均能耗消费量与碳排放指标

人均能源消费量或碳排放量是综合反映一个国家或地区能源消费或碳排放绝对水平的指标,主要用于进行国际与区域之间的横向比较,可以反映出各个国家或地区当前所处的发展阶段,特别适用于欧美发达国家等开始追求实现绝对量减排的情形。这类指标在我国能源统计中经常采用,如《中国能源统计年鉴 2012》等关于 2005—2011 年全国人均能源消费总量以及人均生活用能量的增长状况。此外,《节能减排"十二五"规划》中对公共机构节能所采用的公共机构人均能耗指标也属此类型。

5.2.2 低碳交通运输综合性指标的主要类型

实践结果表明,在交通运输业,指标的综合性越强其内涵越丰富,越能涵盖交通运输结构优化、技术进步、管理提升等重要因素,且更便于统计监测、评价考核、综合比较排序等,进而强化指标的导向性作用。而且,也可以借用节能低碳综合性三大类指标,构建低碳交通运输发展的综合性评价指标,即单位运输周转量的能耗与碳排放量、单位增加值的能耗与碳排放量、人均交通运输的能耗与碳排放量。

1)单位运输周转量能耗与碳排放

交通运输作为以向社会提供客货运输位移为核心产品的服务性行业,长期以来在节能减排方面主要采用以单位运输周转量综合能耗为核心的统计评价指标,具体按照不同运输方式、区分旅客和货物运输进行细分。同时,考虑到客货的差异性,从行业整体层面也使用单位换算周转量能耗指标,即:

$$\text{单位运输周转量能耗量} = \frac{\text{交通运输业能源消费总量}}{\text{交通运输换算周转量}} \tag{5-1}$$

$$\text{单位运输周转量碳排放量} = \frac{\text{交通运输业碳排放总量}}{\text{交通运输换算周转量}} \tag{5-2}$$

其中,换算周转量是指将旅客周转量按一定比例换算为货物周转量,然后与货物周转量相加成为一个包括客货运输的换算周转量指标。它综合反映了各种运输工具在报告期实际完成的旅客和货物的总周转量,是考核运输业的综合性产量指标,即:

$$\text{换算周转量} = \text{货物周转量} + \text{旅客周转量} \times \text{客货换算系数} \tag{5-3}$$

其中,客货换算系数的大小取决于运输 1 吨公里和 1 人公里所耗用人力和物力的多少。目前我国统计制度规定的客货换算系数按铺位折算,铁路、远洋、沿海、内河运输的系数为 1;按座位折算,内河为 0.33,公路为 0.1,航空国内为 0.072、国际为 0.075。

2)单位交通运输增加值能耗与碳排放

我国《国民经济和社会发展第十二个五年规划纲要》和《节能减排"十二五"规划》等继续沿用"十一五"时期单一的综合性评价指标,即紧紧围绕单位 GDP 能源消耗、碳排放强度为核心的约束性指标,并进行层层分解落实,以确保总体目标的完成。因此,交通运输行业作为国民经济和社会发展的重要基础产业和服务性行业,也亟需加强指标顶层设计,研究设计与其相衔接、适应的综合性指标。为此,定义交通运输业的单位增加值能耗与碳排放量计算公式如下：

$$单位交通运输增加值能耗量=\frac{交通运输业能源消费总量}{交通运输增加值} \tag{5-4}$$

$$单位交通运输增加值碳排放量=\frac{交通运输业碳排放总量}{交通运输增加值} \tag{5-5}$$

3）人均交通运输能耗与碳排放

人均交通运输能耗量或碳排放量是综合反映一个国家或地区交通运输能源消费或碳排放绝对水平的指标，主要用于进行国际与区域之间的横向比较，可以反映出各个国家或地区当前交通运输所处的发展阶段及其能源消费与碳排放特征。

$$人均交通运输能耗量=\frac{交通运输业能源消费总量}{全国人口总数} \tag{5-6}$$

$$人均交通运输碳排放量=\frac{交通运输业碳排放总量}{全国人口总数} \tag{5-7}$$

通过对上述三类低碳交通运输综合性评价指标进行比较分析，我们发现这三类指标各有利弊，见表5-1。

各类低碳交通运输综合性评价指标的利弊分析 表5-1

指标名称	优点	缺点
单位运输周转量的能耗量与碳排放量	（1）能较为合理地反映交通运输行业的本质属性（交通运输是服务性行业，主要产品为客货位移服务）； （2）各相关子行业管理部门的运输和能耗量有相对较好的统计连续性，历史数据齐全，且广为行业熟悉和接受； （3）便于各种运输方式之间横向比较，也便于国际比较	（1）与国家目标的差异性较大，衔接相对困难； （2）目前铁路、民航等能耗统计无法严格地区分出客运、货运能耗； （3）国家统计局关于综合能源消费的统计与交通运输部在需求、关注点以及最终得出的统计数据上，均存在不一致性
单位交通运输增加值的能耗量与碳排放量	（1）与国家提出的单位GDP能源强度指标、单位GDP二氧化碳（CO_2）排放强度衔接较好，与工业、建筑等国民经济其他行业可比较； （2）对于交通运输仓储邮政业碳排放、增加值的统计口径统一，指标的投入产出相对应； （3）从价值量进行评价，有利于发挥市场机制作用	（1）目前国家正式发布统计数据中无法明确细分出交通运输仓储邮政业中交通运输业各种运输方式、装卸仓储业、邮政业等细分子行业的能耗与增加值，导致无法准确计算出交通运输业及其各种运输子行业能耗总量和单位增加值能耗，也就无法进行各子行业之间的横向对比和分类统计监测考核； （2）交通运输仓储邮政业还包含有非运输工具能源（非移动源排放），且历史统计数据不准； （3）交通运输业仓储邮政业增加值核算难度较大，价值量指标易受外部经济环境影响，特别是国际海运市场运价波动大
人均交通运输的能耗量与碳排放量	（1）指标的概念简洁明了，能较好地体现交通运输碳排放的绝对水平，便于国际、地区之间等进行横向比较，且具有较强的绝对量减排指向性； （2）能充分反映出一个国家或地区低碳交通运输发展的阶段性特征，可以区分出生存性与发展性碳排放； （3）基于人口的平均能耗与碳排放水平，充分考虑作为自然人的公平性	（1）对于大多数国家特别是中国等广大发展中国家而言，随着机动化出行以及便捷化运输需求的快速增长，人均交通运输能源消费以及碳排放呈现刚性增长的趋势，实现“拐点”需要长期不懈的努力； （2）各国、各地区经济社会和交通运输发展阶段性、地理条件、资源禀赋等的差异，将会对该指标产生重要影响，导致很难确定统一的标杆

综合考虑以上各方面因素，为便于与国家约束性指标（如单位 GDP 能耗、碳排放强度等）相对应，同时根据交通运输的行业特点（服务性行业，主要产品为客货位移服务），且考虑到行业统计的连续性，建议应采用以交通运输业单位运输周转量能耗为主要指标，同时以单位交通运输增加值能耗与碳排放、人均交通运输能耗与碳排放为辅进行综合考量。

实际上，我国《节能减排"十二五"规划》以及"十二五"期交通运输行业节能减排规划与考核指标主要采用实物量指标（如单位旅客、货物或客货综合换算周转量能源消费量）作为计量指标。而且，交通运输部对于各种运输方式，无论是在现行统计制度安排上，还是在既有发布的规划与政策文件中，都是主要使用这类指标。

因此，鉴于单位运输周转量能耗与碳排放指标具有前述的优点，特别是各种运输方式客货运输量有较好的统计基础，通过对现行统计系统作进一步完善之后，即可符合国家关于节能减排指标"可统计、可监测、可考核"的要求。

5.3　全国低碳交通运输综合性评价

根据基础数据的可得性，我们分别运用上述三类低碳交通运输综合评价指标对 2005—2010 年我国低碳交通运输发展状况进行实证评价。

5.3.1　数据来源

1）交通运输业能源消费总量及结构数据

由于《中国统计年鉴》《中国能源统计年鉴》等正式发布的分行业能源数据中只有交通运输、仓储和邮政业能源消费量，无法细分出交通运输业（包括道路运输、水路运输、城市交通、铁路运输、航空运输等各种运输方式）、装卸搬运业、仓储业、邮政业等子行业，且考虑到装卸搬运业、仓储业、邮政业的能源消费量及其所占比重很小（根据国家统计局有关数据，2009 年约占 7.73%），因此，本书采用交通运输、仓储和邮政业的能源消费量作为交通运输业能源消费量的近似值。

2）交通运输周转量

《中国统计年鉴》中全国交通运输客货周转量的统计数据相对比较健全，而且可以按照公路、水运、铁路、民航等不同运输方式旅客周转量的折算系数计算出全社会客货换算周转量。

3）交通运输、仓储和邮政业增加值

根据历年《中国统计年鉴》国民经济核算数据，可以得到全国历年第三产业（包括交通运输、仓储和邮政业等）的增加值（不变价），并按照 2005 年不变价测算 2005—2010 年交通运输、仓储和邮政业增加值。但是，由于细分行业的增加值不变价指数的发布相对比较滞后一些，目前最新数据只到 2009 年。

4）年末人口数

根据历年《中国统计年鉴》可以获得全国历年的年末人口总量。

5.3.2　低碳交通运输发展状况综合评价分析

基于以上基础数据，分别测算 1996—2010 年全国交通运输业单位交通运输增加值、换算周转量的能源强度与碳排放强度、人均交通能源消费与碳排放量等三类低碳交通运输综

合性评价指标,结果如下:

1)单位运输周转量的能耗与碳排放情况

1996—2010年我国交通运输业单位运输周转量的能源消费和碳排放量如图5-1所示。自1996年以来单位周转量的能源消费量和碳排放量总体都呈现持续下降态势。其中,2005—2010年,单位周转量的能源消费量由0.2104吨标准煤/万换算吨公里降至0.1586吨标准煤/万换算吨公里,降幅24.6%,年均降幅5.5%,快于"十一五"期间国家单位GDP能耗目标降幅(总降幅20%,年均降幅4.3%)。而且,交通运输业单位运输周转量的碳排放量与能源消费量走势相当一致,与综合能耗的相关系数为0.99。具体而言,2005—2010年,单位周转量的碳排放量由0.4028吨CO_2/万换算吨公里降至0.3197吨CO_2/万换算吨公里,降幅20.6%,年均降幅4.5%。

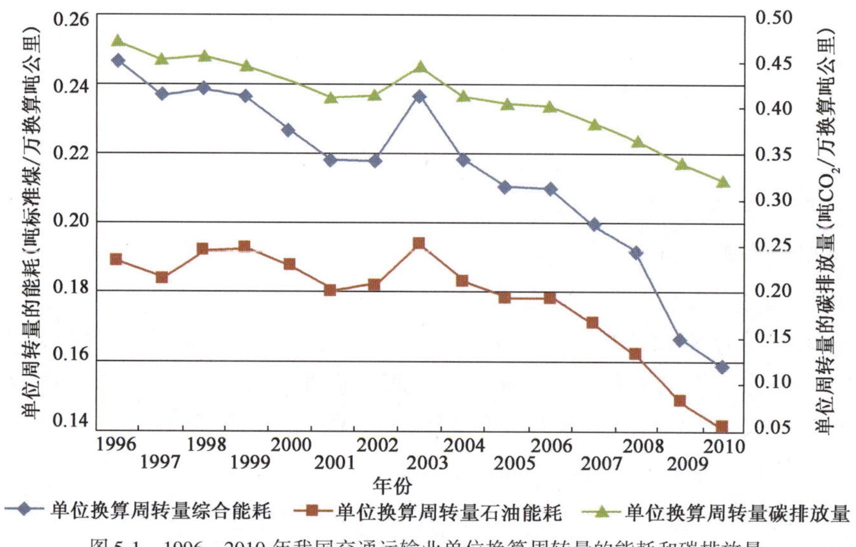

图5-1　1996—2010年我国交通运输业单位换算周转量的能耗和碳排放量

2)单位交通运输增加值的能耗与碳排放情况

1996—2009年我国交通运输业单位增加值的能源消费和碳排放量如图5-2所示。自1996年以来单位交通运输业增加值的能源消费量和碳排放量总体都呈下降态势,但波动幅度较大。2005—2009年单位交通运输增加值的能源消费量由1.724吨标准煤/万元下降至1.497吨标准煤/万元(2005年不变价),降幅为13.19%,年均降幅为3.47%,低于国家提出的"十一五"期间单位GDP能耗下降20%(年均4.3%)的目标值。而且,我国交通运输业单位增加值的碳排放量的走势与单位增加值能源消费量基本一致,与综合能耗的相关系数为0.98。具体而言,交通运输业单位增加值的碳排放量经历了明显的先下降(1996—2001年)、后上升(2002—2005年)、再下降(2005年以来)的过程,2005—2009年由3.301吨CO_2/万元下降至3.049吨CO_2/万元(2005年不变价),降幅为7.63%,年均降幅为1.58%,低于能耗的下降幅度。

3)人均交通运输能耗与碳排放情况

1996—2010年我国人均交通运输的能源消费量和碳排放量走势如图5-3所示。自1996年以来人均交通运输的能源消费量和碳排放量都呈现持续较快增长的态势。这与图5-1和

图 5-2 中的能源消费和碳排放总量变化趋势是截然不同的，反映出随着经济社会发展水平不断提高，人民生活水平不断改善，对机动化的需求以及在交通运输方面的消费支出不断提升，导致能源消费量和碳排放量持续走高。其中，2005—2010 年人均交通运输能源消费量由 140.7 千克标准煤/人增长至 180.2 千克标准煤/人，增幅达到 28.15%，年均增幅为5.09%。人均交通运输的碳排放量变化趋势与人均交通运输能耗基本一致，与人均综合能耗的相关系数达到 0.99。具体而言，1996 年以来，人均交通运输的碳排放量持续上升，其中 2005—2010 年由 269.3 千克 CO_2/人上升至 363.4 千克 CO_2/人，增幅为 34.94%，年均增幅 6.18%。

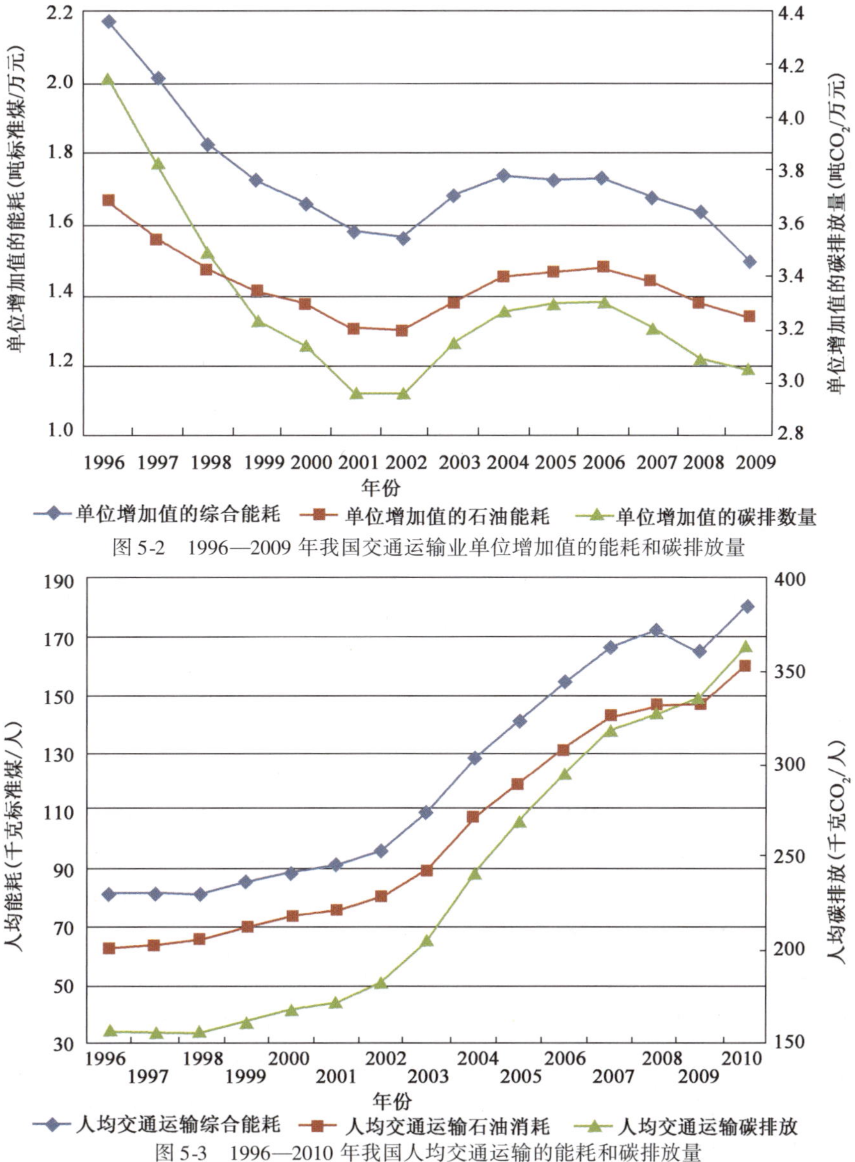

图 5-2　1996—2009 年我国交通运输业单位增加值的能耗和碳排放量

图 5-3　1996—2010 年我国人均交通运输的能耗和碳排放量

4）综合分析

综上可知，上述 3 种指标能够从不同侧面反映不同时期交通运输节能减排与低碳发展成效，无论是单位交通运输增加值还是单位换算周转量的能源消费量与碳排放量（碳生产率),总体上都呈现下降态势,表明我国交通运输业过去十几年间在提高能源利用效率和碳生产率方面取得了积极成效。而人均交通运输的能源消费与碳排放量持续走高,反映出我国机动化需求不断提升、机动化进程不断加速的事实。

5.4 分地区低碳交通运输综合性评价

我们以2010年为例,分别运用上述三种低碳交通运输综合性评价指标对我国各省(自治区、直辖市)低碳交通运输发展状况进行实证评价。

5.4.1 数据来源

1)交通运输、仓储和邮政业能源消费总量

通过收集整理现有正式发布统计资料发现,目前我国大多数省(自治区、直辖市)统计年鉴中能源综合平衡表、按产业划分的能源消费量表等,有按标准量折算的交通运输、仓储和邮政业能源消费总量数据,但只有少部分省(自治区、直辖市)有分能源品种的实物量统计数据。而《中国能源统计年鉴(2011)》《中国统计年鉴》等全国性统计资料中,有按地区划分的2010年能源平衡表(实物量),交通运输、仓储和邮政业能源消费量数据(实物量)。据此可以推算交通运输、仓储和邮政业的 CO_2 排放状况。

2)交通运输周转量

无论是国家统计局发布的《中国统计年鉴》,还是各省(自治区、直辖市)发布的地方统计年鉴中,对交通运输客货周转量的统计数据相对比较健全,并按照公路、水运、铁路、民航等不同运输旅客周转量的折算系数推算换算周转量。

3)交通运输、仓储和邮政业增加值

根据各省(自治区、直辖市)统计局正式发布的2011年地方统计年鉴国民经济核算数据,大部分地区均可得到2010年交通运输、仓储和邮政业增加值(当年价格),但河北、山西等省并未公开发布相关数据。

4)年末人口数

从历年统计年鉴中可获得各地区年末人口总量。

5.4.2 低碳交通运输发展状况综合评价分析

根据上述数据,分别测算2010年我国分地区的交通运输业单位换算周转量的能源消费量与碳排放量、单位交通运输增加值的能源消费量与碳排放量、人均交通能源消费与碳排放量三类低碳交通运输综合性评价指标。

1)各地区单位运输周转量的能耗与碳排放情况

2010年,我国30个地区(西藏无数据)单位运输周转量的能源消费量和碳排放量如图5-4所示。我们看到,2010年全国单位运输周转量的能源消费量平均水平为0.157吨标准煤/万换算吨公里,全国只有天津(0.043)、安徽(0.064)、河北(0.096)、上海(0.103)、河南(0.112)、江西(0.132)、浙江(0.148)、辽宁(0.156)8个省(直辖市)的单位运输周转量的能源消费量低于全国平均水平,其他地区均高于平均水平,特别是北京(0.866)和云南(0.790)的单位运输周转量的能源消费量远远超出其他地区,反映出较为明显的节能潜力。

而且，我们看到交通运输业单位运输周转量的碳排放量的平均水平为 0.320 吨 CO_2/万换算吨公里，其在各区域之间的分布与能源消费量基本一致，计算结果表明，两者的秩相关系数（Spearman's rho）达到 0.996。

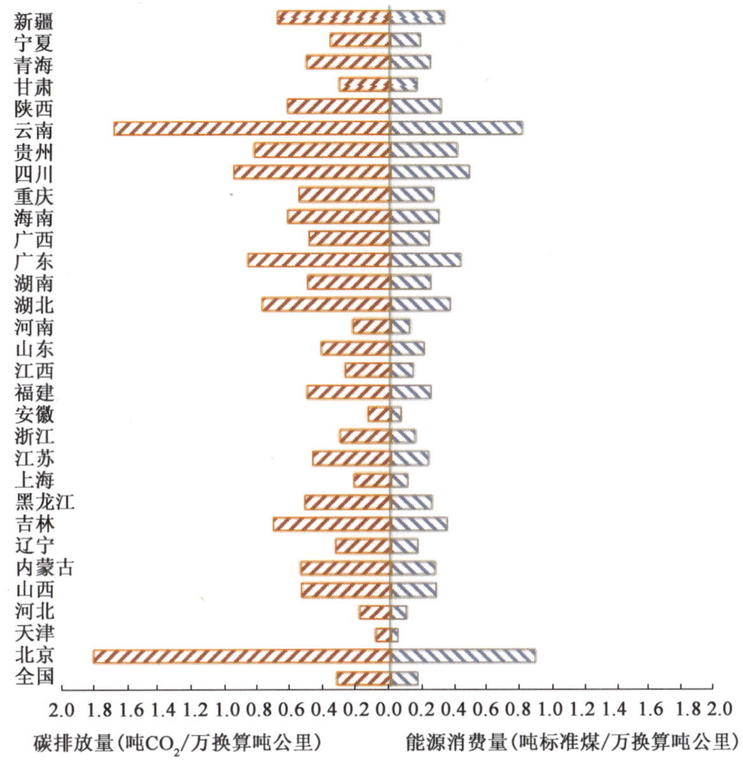

图 5-4　各地区交通运输业单位换算周转量的能耗和碳排放量

另外，如果把我国的经济区域划分为东部、中部、西部和东北四大地区，可见西部地区单位运输周转量能源消费量和碳排放量相对较高（0.26 吨标准煤/万换算吨公里和 0.54 吨 CO_2/万换算吨公里），东北地区次之，然后是东部地区，而中部地区相对最低（0.20 吨标准煤/万换算吨公里和 0.43 吨 CO_2/万换算吨公里）。

2）各地区单位交通运输增加值的能耗与碳排放情况

各地区 2010 年交通运输业单位增加值的能源消费量和碳排放量如图 5-5 所示。从图中可知，2010 年全国各地（只包括 25 个地区，其他地区缺数据）单位交通运输业增加值的能源消费量的平均水平为 1.263 吨标准煤/万元，其中天津（0.755）、福建（0.863）、安徽（0.936）、江西（0.982）、河南（1.038）、浙江（1.041）、宁夏（1.042）、湖南（1.062）、黑龙江（1.100）和北京（1.223）共 10 个省（自治区、直辖市）低于全国平均水平，而其他 15 个地区的交通运输业单位增加值的能源消费量高于全国平均水平，特别是云南省的单位增加值能源消费量远高于其他地区，反映出当地交通运输业的能源效率相对较低。

而且，各地区交通运输业单位增加值的碳排放量的平均水平为 2.569 吨 CO_2/万元，其区域分布与单位增加值的能源消费量基本一致，它们的秩相关系数（Spearman's rho）达到 0.991。

另外，从区域分布看，西部地区单位运输增加值的能源消费量和碳排放量相对最高（1.62吨标准煤/万元和3.35 吨 CO_2/万元），东部地区次之，然后是东北地区，而中部地区相对最低（1.02 吨标准煤/万元和2.10 吨 CO_2/万元）。

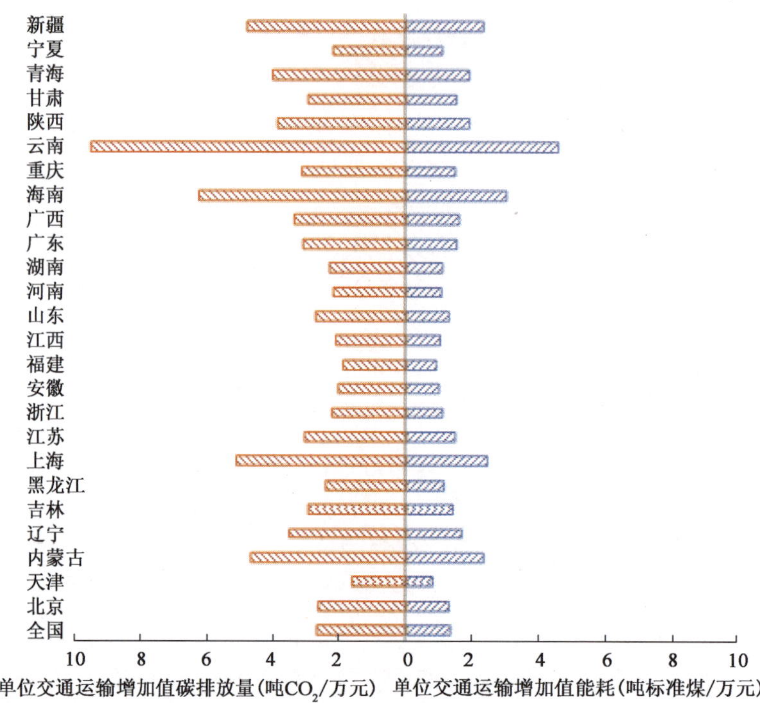

图 5-5　各地区交通运输业单位增加值的能耗和碳排放量

3）各地区人均交通运输的能耗与碳排放情况

各地区 2010 年人均交通运输的能源消费量和碳排放量如图 5-6 所示。由图可见，2010 年全国人均交通运输的能源消费量平均水平为 0.179 吨标准煤/人，但区域之间差异较大，其中上海（0.848）、内蒙古（0.523）和北京（0.444）的人均交通运输能源消费量相对较大。30 个地区中，18 个地区的人均交通运输能源消费量高于全国平均水平，其他地区低于平均水平。

各地区的人均交通运输碳排放量平均水平为 0.363 吨 CO_2/人，其区域分布与人均交通运输能源消费量高度一致，秩相关系数（Spearman's rho）为 0.996。

另外，东北地区人均交通运输能源消费量和碳排放量相对最高（0.29 吨标准煤/万换算吨公里和 0.59 吨 CO_2/万换算吨公里），东部地区次之，然后是西部地区，而中部地区最低（0.23 吨标准煤/万换算吨公里和 0.47 吨 CO_2/万换算吨公里）。

4）综合分析

无论是单位换算周转量的能源消费量与碳排放量、单位交通运输增加值的能源消费量与碳排放量，还是人均交通运输能源消费与碳排放量，我国各地区的交通运输业之间存在明显的低碳发展不平衡现象。经济发展相对落后的中西部地区的交通运输业低碳发展水平较低，未来提升空间很大。另外，无论是哪个指标，各地区的能耗区域分布与碳排放的区域分布高度一致，相关系数都在 0.99 左右。

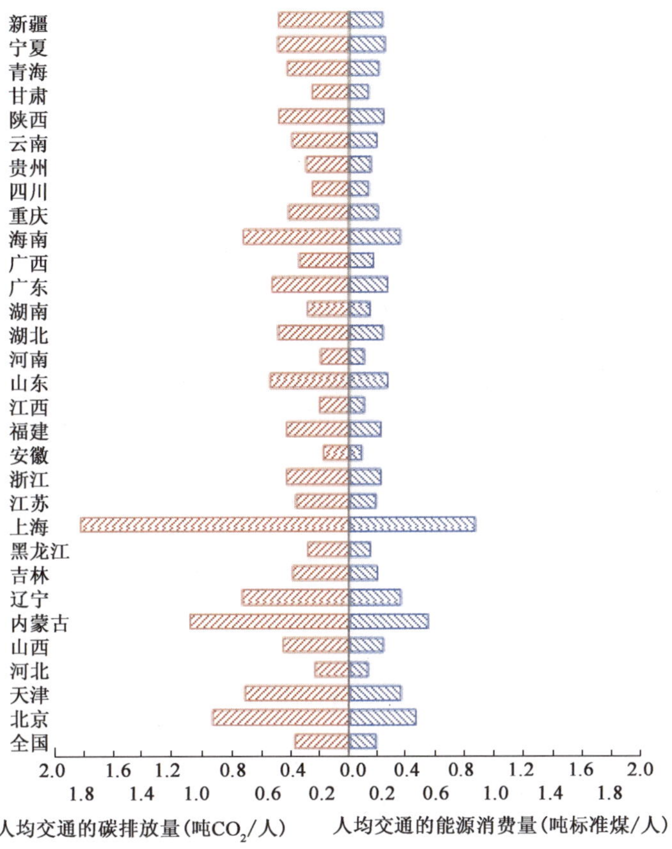

图 5-6　各地区人均交通运输能耗和碳排放情况

5.5　主要结论与政策建议

为了搭建评价体系,对低碳型综合交通运输的发展状况开展综合评价,本章构建了单位交通运输换算周转量、单位交通运输增加值以及人均的交通运输能源消费量和碳排放量三类指标,试图以此反映我国国家层面和地区层面低碳交通运输综合发展状况,同时进一步分析了三类指标的利弊,并运用这三种指标开展了实证评价分析。结果表明,这三种指标的测算有利于对我国交通运输节能低碳发展水平进行全面客观的评价,同时可为开展国际国内不同区域层面的纵横向比较提供一个简单实用的测评工具和相对统一的标杆,可为相关规划约束性目标的落实提供科学简捷的监测考核手段,对于加快形成节能低碳型综合交通运输体系具有重要的引导和促进作用。

国务院印发的《节能减排“十二五”规划》《“十二五”综合交通运输体系规划》《“十三五”节能减排综合工作方案》等规划中都明确将交通运输作为节能减排三大重点领域之一,建议将交通运输节能减排指标纳入全国性综合规划。交通运输部制订出台的“十二五”节能减排专项规划,铁路、公路、水运、民航等各种运输方式基本上都是以单位运输周转量能耗和碳排放强度为主要规划指标。因此,应加强行业规划与国家规划之间的衔接,一方面将行业性关键指标纳入国家规划,另一方面强化对构建节能低碳型综合交通运输体系的战略导向作用,提出能综合反映和考核运输结构优化、技术进步与管理提升等节能减排影响因素与实现途径的交通运输综合性节能减排指标。

此外,在未来公众出行与货运服务需求上,对于运输服务不应仅局限于数量扩张。由于运输周转量指标仅考虑运输服务的规模和数量、内涵单一,而无法反映出安全性、舒适性、便利性、快捷性等运输服务质量综合状况,因此,为弥补该缺陷,在后续研究中应加强研究和探索提出综合反映运输服务质量提升和规模扩大的新指标。

5.6 本章小结

本章从综合交通运输视角,提出单位运输周转量的能耗与碳排放量、单位增加值的能耗与碳排放量和人均交通运输的能耗与碳排放量三个指标考察低碳交通运输发展状况,并从国家和区域层面对我国低碳交通运输发展状况进行了评价。结果表明,1996—2010 年我国单位交通运输增加值、单位换算周转量的能源消费量与碳排放量总体都呈下降态势,但人均交通运输的能源消费与碳排放量持续走高,反映出我国机动化需求不断提升、机动化进程不断加速。另外,无论是单位换算周转量、单位交通运输增加值还是人均交通运输的能源消费与碳排放量,我国交通运输业的低碳发展在区域层面都存在明显的不平衡状况,中西部地区的交通运输业低碳发展水平相对较低,未来还有很大提升空间。

第 6 章　低碳交通运输规划评估方法与应用研究

6.1　引言

规划评估既是保障规划有效实施的必要环节,也是编制好规划的重要条件。规划或政策评估是发达国家和国际组织的普遍做法。通过评估,可以发现规划内容中哪些不切合实际,或者尽管有解决问题的思路,但针对性、可操作性不强,以从中汲取经验,总结教训,为更科学地编制新一轮规划打好坚实基础。

“十二五”时期,交通运输部编制印发了《公路水路交通运输节能减排“十二五”规划》(以下简称《规划》)。《规划》阐明了“十二五”时期交通运输行业节能减排工作的指导思想和基本原则,明确了总体目标和主要指标,提出了主要任务、重点工作和保障措施,是“十二五”期公路水路交通运输行业节能减排工作的纲领性文件。该规划的实施进展情况与效果究竟如何?面临哪些的新问题、新挑战,存在哪些突出问题与不足?对新一轮低碳交通运输规划的研究编制工作有哪些政策启示?迫切需要对此开展全面系统、客观公正的评价。

为此,本章研究借鉴国内外有关规划评估方法,结合低碳交通运输规划的特点,以《规划》的实施情况中期评估为例,有针对性地构建了低碳交通运输规划的评估方法,并对《规划》总体目标、主要任务与重点工作、保障措施等开展了实证性评估,分析存在问题,提出了确保实现《规划》目标的政策建议,为科学编制“十三五”低碳交通运输相关规划、进一步提升交通运输行业节能低碳管理水平提供了决策参考。

6.2　规划评估方法

6.2.1　规划评估方法现状研究

根据第 1 章中关于低碳交通运输规划评估相关研究文献的综述,国内外许多研究者对相关规划评估进行了积极探索与实践,已经具备了良好的研究基础。特别是国内一些知名研究机构和学者重点围绕经济社会五年发展规划为核心综合规划、专项规划,探索构建科学有效、具有中国特色的评估方法已经取得了理论成果和实践经验,相关评估方法既可以实现评估目的,又符合我国五年规划体制与实施机制的特点。比较典型的有:清华大学国情研究中心于 2005 年 7 月对国民经济和社会发展“十五”计划实施进行了独立的后评估,并对国家“十一五”规划中期实施进行了更为全面的第三方评估,并在一系列评估研究中,创新性地提出并应用了“规划蓝图—实施情况”一致性评估方法。该方法吸收了国际先进成果又具有中国特色,较好地实现了科学性与实用性相结合,同时也具有较好的适应性,因此可为低碳交通运输规划评估方法的选择提供重要参考。

6.2.2　规划评估方法选择

本章研究主要借鉴参考清华大学国情研究中心提出的“规划蓝图-实施情况”一致性评

估方法,对《规划》进行中期评估。该方法根据评估内容具体分为3个维度:目标,主要任务和重点工程,保障措施;4个步骤:测量,评价,诊断,报告与建议。

1)评估的维度

《规划》作为"十二五"期交通运输行业节能减排工作的蓝图或路线图,总体上包括指导思想、规划目标、主要任务与重点工程、保障措施等部分。对《规划》进行中期评估可以分3个部分的评估:一是目标实现评估,即评价目标实现一致性程度;二是主要任务和重点工程完成情况评估,即评价任务实施情况及其作为目标战略的有效性如何;三是保障措施评估,即评价保障措施的落实对目标实现与任务完成的支撑程度,如图6-1所示。

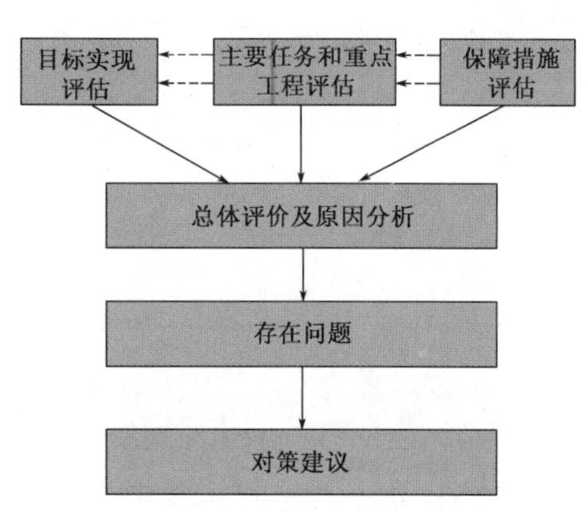

图6-1 交通运输节能减排"十二五"规划中期评估的3个维度

2)评估的步骤

"规划蓝图-实施情况"一致性中期评估分为4个步骤:一是测量,对各分项实施情况进行定量测量与定性测量;二是评价,把测量结果与规划蓝图进行比较,对各分项的实施进展进行分级评价,识别进展良好、正常、较差的分项;三是诊断,对实施进展较差的分项进行原因分析,诊断原因;四是报告,得出中期评估结果与政策建议。"规划蓝图-实施情况"一致性中期评估分为3个维度:目标实现一致性评估,主要任务和重点工程实施一致性评估和保障措施一致性评估。每一维度的中期评估都按前述的4个步骤进行,但具体技术路线有所不同。

(1)定量测量。利用一定的测量方法衡量目标实现程度、主要任务和重点工作实施情况、保障措施运行状况。定量目标测量方法很简单,就是根据实证数据来测量规划中单耗指标和碳排放强度指标的实际进展情况。定性目标值的测量方法是将定性目标定量化。主要任务实施测量的重点是规划提出的定量指标、重点子任务、重大工程。测量方法是定量测量与定性量度相结合对部分重点任务可以参照定性目标定量化的方法加以测量但重点选择投入指标。定性量度,要重点测量对目标起支撑作用的主要任务和重点工程。保障措施的测量,主要测量保障措施的落实情况,以及对目标实现、任务实施的支撑情况。

(2)分类评价。评价是对各子项目标、主要任务、保障措施进行分级评价,重点在于识别进展较差的子项,为下一步诊断奠定基础。一般统一分为良好、中等、较差三级。一是定量目标实现评价,首先衡量"目标-实现"一致性程度。用完成率来衡量指标值,完成率指该指标在中期评估期内的实际变化量占规划要求的规划期内变化量的比率。其次对定量目标进行分级评价。评价方法主要是以完成率的区间划分进行,可作如下划分:3年完成率大于65%的为进展良好;完成率在55%~65%之间为进展正常;完成率小于55%(包括负值)为进展滞后。二是定性目标实现评价,定性目标实现一致性程度也分3个等级进行评估。评价方法是趋势参照法,就是按照目标指向表现比前一个规划期好的,评价为良好;相近的,评价为正常;表现差的,评价为较差。三是主要任务和重点工程实现评价,对任务中的定量指标评价方法与定量目标相同,对任务中的主要政策措施与重大工程进展进度达到评估期标准的，为正常；超额的，为良好；滞后的，为较差。四是保障措施评价，对于保障措施中期评估参照欧盟的通用评价模型分 3 个等级：相关措施尚未开始或刚开始实施以及只有少部分实施，评价为进展较差；相关措施已经全面实施并得到一定程度推进评价为进展正常；相关措施全面实施并得到较大程度推进评价为进展良好。

（3）问题诊断。利用因素分解法对进展滞后的目标、任务进行诊断，分析规划实施过程中存在的问题。分析进展情况是由于规划原因、实施原因？还是由于外部因素变化？这一步骤是提出规划建议的前提，对于实施原因，要结合保障措施评估结果进行调整；对于规划原因与外部原因，要对规划的目标与战略进行调整。首先，对进展滞后的目标与主要任务进行专门的保障措施诊断与分析，查找实施方面的原因。其次，比较实际完成率与趋势完成率差异识别规划因素的作用。趋势完成率指假设按照前一个五年趋势增长完成规划目标的比值。如果实际完成率显著高于趋势完成率，则认为规划干预确实发生了作用。对进展滞后的目标，如果两者差值过大则认为规划指标值过于冒进，结合完成可能性趋势分析，提出是否对规划值调整的建议。最后分析高度相关指标的偏移情况，识别外部因素的作用。

（4）政策建议。报告中期评估结果与提出政策建议。中期评估结果报告是提交给政策制订者的最终产品，为政策制订者提供及时、准确、清晰的决策支持信息。《规划》中期评估的政策建议要有科学性、针对性与可行性，能够进一步操作实施，确保交通运输“十二五”节能减排规划的顺利完成。具体技术路线如图 6-2 所示。

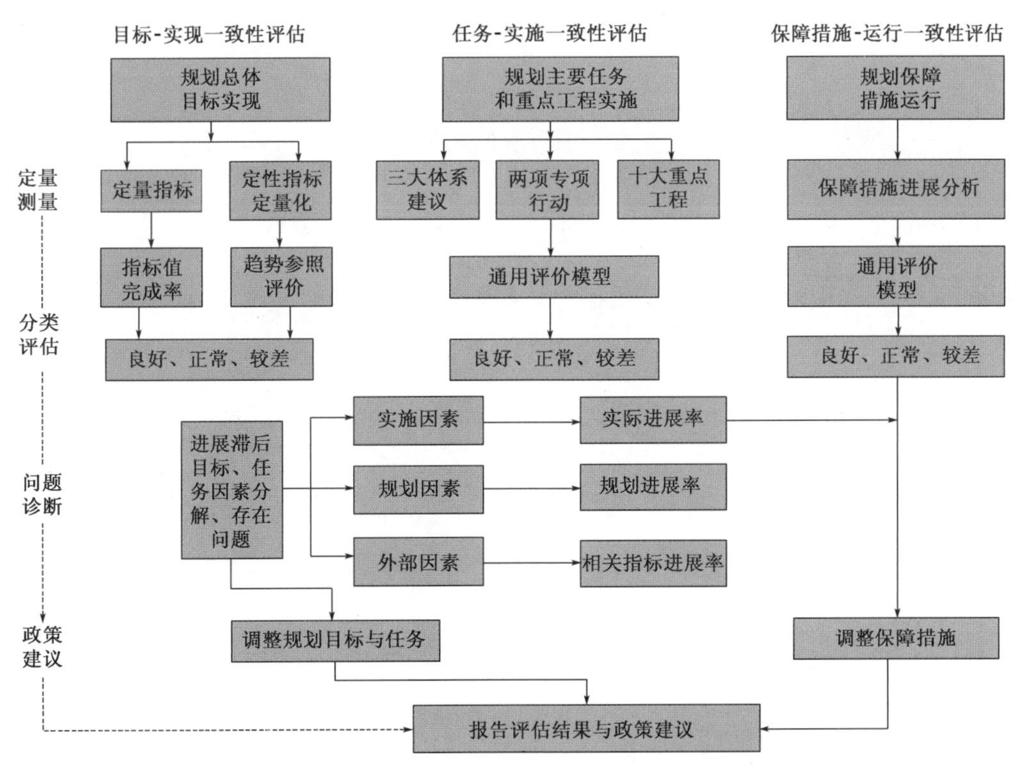

图 6-2　“规划蓝图-实施情况”一致性评估技术路线

6.3 规划中期评估实证分析

6.3.1 总体目标中期评估

规划总体目标方面，主要包括能源强度指标和 CO_2 排放强度指标，均为约束性指标。其中："十二五"期间能源强度数据和碳排放数据主要参考了交通运输部正式印发的《交通运输"十二五"发展规划中期评估报告》（交规划发〔2013〕号）中关于绿色交通的有关数据及结论，其中：2013 年营运车辆单位运输周转量能耗和二氧化碳排放（同比 2005 年）下降率分别为 11.7%、11.7%，营运船舶单位运输周转量能耗和二氧化碳排放（同比 2005 年）下降率分别为 16.3%、16.3%，超额完成了规划中预定目标。

总体来看，绝大多数能源强度指标和碳排放强度指标实现了规划中确定的下降值，进展情况良好。其中，营运车辆、营运客车、营运船舶、内河营运船舶单位运输周转量能耗和 CO_2 排放强度、港口单位吞吐量能耗和 CO_2 排放强度实现了"十二五"规划指标，分别完成规划目标的 117%、206.7%、108.7%、139.3% 和 178.8%；营运货车、海洋营运船舶单位运输单耗的二氧化碳排放强度离规划目标还有一定距离，2013 年分别实现了规划目标的 98.3% 和 97.7%，如果未来两年按照历年单耗值下降率的趋势，2015 年会超额完成规划目标，详见表 6-1。

公路水路交通运输节能减排"十二五"规划主要指标完成情况 表 6-1

指标		规划目标			进展情况				评估结论
		2010 年	2015 年	年均下降率	2011 年	2012 年	2013 年	年均或累计完成	
能源强度指标									
营运车辆单位运输周转量能耗下降率		6.2	10	1.1	8.8	10.5	11.7	117%	进展良好
其中	营运客车	5.8	6	0.03	8.8	10.6	12.4	206.7%	进展良好
	营运货车	6.4	12	1.23	8.8	10	11.8	98.3%	进展良好
营运船舶单位运输周转量能耗下降率		8.9	15	1.61	12.3	14.5	16.3	108.7%	进展良好
其中	内河船舶	10.1	14	0.16	15.7	18.0	19.5	139.3%	进展良好
	海洋船舶	8.3	16	1.74	10.6	12.7	14.4	90.0%	进展良好
港口生产单位吞吐量综合单耗		7.55	8	0.10	9.3	11.2	14.3	178.8%	进展良好
碳排放强度指标									
营运车辆单位运输周转量 CO_2 排放下降率		6.9	11	1.20	9.5	11.6	12.6	114.5%	进展良好
其中	营运客车	6.6	7	0.08	9.4	12.0	13.4	191.4%	进展良好
	营运货车	6.9	13	1.34	9.6	11.1	12.7	97.7%	进展良好
营运船舶单位运输周转量 CO_2 排放下降率		10.5	16	1.72	13.5	16.3	17.4	108.8%	进展良好
其中	内河船舶	13.3	15	0.22	16.7	19.2	20.8	138.7%	进展良好
	海洋船舶	9.0	17	1.83	12.2	14.2	15.4	90.6%	进展良好
港口生产单位吞吐量 CO_2 排放下降率		9.6	10	0.09	11.5	14.0	18.1	181.0%	进展良好

注：表中列出下降率目标均为同比 2005 年，单位为%。

6.3.2 主要任务与重点工程中期评估

1)三大体系建设推进情况

(1)节能型交通运输基础网络体系建设稳步推进。一是积极推进综合运输体系建设。开展了一系列综合运输类的前瞻性、基础性课题研究，出台了《交通运输部关于推进综合运输体系建设的指导意见》，支持了一批综合客运枢纽项目建设。各省(自治区、直辖市)加快高速公路网优化，加大国省道网改造，完善农村公路网，提升技术等级，提高了通行效率；沿海城市开始逐步完善沿海港口布局，优化港口码头结构，以高等级航道为主体的干支衔接、通江达海、网络优化的内河航道体系正逐步形成。二是全面落实公交优先战略。各省(自治区、直辖市)正在加快城市轨道交通、公交专用道、快速公交系统(BRT)等大容量公共交通基础设施建设，加强自行车专用道和行人步道等城市慢行系统建设，增强绿色出行吸引力。三是推进公路交通基础设施结构优化。《规划》实施以来，进一步完善公路网络结构，公路网络规模不断扩大，同时着力提升国省干线公路技术等级，提高路面铺装率，强化连接线、断头路等薄弱环节，使路网更畅通更高效。四是推进水路交通基础设施结构优化。《规划》实施以来，加快推进以高等级航道网维主体的干支直达、通江达海、结构合理的内河航道网建设，加强航道养护管理，充分发挥了内河航运的比较优势。五是组织开展"公交都市"建设示范工程。西安、北京、南京等两批共30多个城市批准为"公交都市"建设示范工程创建城市，充分发挥城市公交在城市规划布局中的引领作用；各省(自治区、直辖市)努力推进以公共交通为导向的城市模式，加快了城市轨道交通、公交专用道、快速公交系统(BRT)等大容量公共交通基础设施建设。六是高效节能型港口建设方面，在不断提升港口泊位大型化、专业化水平的同时，大力继续推进轮胎式集装箱门式起重机"油改电"技术和港口机械节能运行控制技术应用，采用信息化技术优化港口组织调度，开展原油码头油气回收试点等。

(2)节能环保型交通运输装备体系逐步完善。《规划》实施以来，一是调整优化车船运力结构方面，高能效、低碳化、环保型交通运输装备体系建设正逐步推进，运输装备、船舶、港口机械、交通工程机械等逐步向大型化、专业化、标准化、低碳化方向发展，车船运力结构取得初步成效。二是引导营运车船向大型化、专业化、标准化、低碳化方向发展方面，继续严格实行营运车辆燃料消耗量准入制度，甩挂运输试点工作取得明显进展，引导营运车辆向大型化、专业化、标准化、低碳化方向发展。加快淘汰了一批高耗能、高排放的老旧工程机械和工程船舶等，发布了《关于内河运输船舶标准船型指标体系的公告》、营运船舶燃料消耗量和CO_2排放限值标准，要求新建船舶须满足标准要求，加大了对以天然气为动力的船舶试点工作的支持力度。三是高效、节能型港口建设方面，继续推进轮胎式集装箱门式起重机"油改电"技术和港口机械节能运行控制技术应用，采用信息化技术优化港口组织调度，开展原油码头油气回收试点等。港口泊位大型化水平不断提升。港口泊位专业化程度明显提高。

(3)节能高效运输组织体系建设积极推进。一是优化货运组织管理方面，积极优化货运组织管理，促进水运发展，提升水路货物运输承运比例。积极发展甩挂运输、海铁联运等现代运输方式，推进江海直达运输，并继续加大公路甩挂运输试点工作推进力度，引导货运企业规模化发展。全国首批实施的26个试点项目、40个甩挂运输场站全部动工。通过试点，甩挂运输模式单位运输周转量能耗下降了15%～20%。运输组织得到优化，企业正向规模化、集约化发展，运输组织化程度正逐步提高。二是加强公路客运运力调控方面，严格实施客运运力调控政策,加强公路客运运力调控。对于年平均实载率低于70%的县际以上客运班线,一律不新增运力。对一类客运班线、与高速铁路和城际轨道交通平行的客运班线,原则上不审批新增运力。对与现有班线重复里程在70%以上的二类以上客运班线,继续严格控制新增班线和运力。开展道路客运实载率调查与测算技术规范研究,形成《道路客运实载率调查与测算技术规范》。

综上,《规划》"三大体系"的实施进展情况评估结论见表6-2。

规划"三大体系"实施进展情况评估 表6-2

主要任务		具体任务/措施	评价结论
三大体系建设	节能型交通运输基础网络体系建设	(1)积极推进现代综合交通运输体系建设	进展正常
		(2)促进公交优先战略的全面落实	进展正常
		(3)公路交通基础设施结构	进展良好
		(4)水路交通基础设施结构	进展正常
		(5)"公交都市"示范城市建设	进展正常
	节能环保型交通运输装备体系建设	(1)调整优化车船运力结构	进展正常
		(2)引导营运车船向大型化、专业化、标准化、低碳化方向发展	进展正常
		(3)高效、节能型港口建设	进展良好
	节能高效运输组织体系建设	(1)优化货运组织管理	进展正常
		(2)加强公路客运运力调控	进展良好

注:采用数据的截止时点为2013年。

2)两项专项行动实施情况

(1)节能减排科技专项行动实施稳步推进。一是全面组织开展节能减排科技专项行动。二是技术创新服务体系和人才队伍建设方面,技术研发中心、技术服务中心等技术创新和服务体系建设不断加强,交通运输节能减排与低碳交通实验室建设滞后。节能减排专业人才队伍总量不断增加,人才队伍素质不断提高。三是重点科研项目与科技创新方面,重大科技专项攻关项目持续推进,重点领域关键技术研发能力不断加强。在部统一部署下,开展"建设低碳交通运输体系研究"等部重大科研课题,推进"公路甩挂运输关键技术与示范"等部重大科技专项。大力推进交通运输信息化和智能交通建设,推广应用不停车收费系统、智能交通系统、公众出行信息服务系统、基于物联网的智能交通应用等现代信息技术。各地加强节能减排科技研究,大力推进节能减排成熟适用技术应用,取得了明显成效。四是科技成果推广与重点工程示范方面,部组织实施了云南昆龙高速运营节能科技示范工程、城市智能交通和内河智能航运等一批节能减排科技示范工程。配合国家发展改革委,继续组织推进隧道半导体照明产品应用示范工程,通过加强指导和监督,推进示范工程稳步实施。组织开展交通运输建设科技成果推广目录发布工作。五是节能减排标准化和计量检测体系建设方面,颁布《建设低碳交通运输体系指导意见》,出台营运车辆燃料消耗量和CO_2排放限值及测量方法、港口船舶岸电设施建设技术规范等20项公路水路相关标准和规范,通过这些标准和规范的制订与实施,对规范开展交通运输节能减排工作起到了重要的指导作用。六是开展宣传培训,实施国际科技合作,广泛组织开展节能减排宣传、交流、教育、培训等活动。积极参与国际应对气候变化等国际合作。

(2)重点企业节能低碳行动进一步深化,交通运输企业主体作用充分发挥。一是继续扩大千企行动范围方面,“车、船、路、港”千家企业低碳交通运输专项行动范围不断扩大。从2010年5月开始,共有1126家交通运输企业报名参加专项行动。二是深入开展交通运输行业重点企业节能减排示范活动,专项行动稳步实施,在增强企业节能减排意识、提高企业节能减排水平、发挥先进企业在行业节能减排工作中的示范效应等方面,发挥了重要作用,企业在节能减排工作中的主体地位得到强化,专项行动取得阶段性成效。三是加强重点用能企业节能减排监督与考核,强化其节能减排监管。《规划》实施以来,山东省、江苏省、北京市等地方交通运输主管部门开展了交通运输节能减排考核试点,对所辖的重点用能企业进行了指导、监督和考核。4个省(直辖市)交通运输主管部门、27家道路运输企业、14家水运企业和42家港口企业开展了交通运输能耗统计监测试点工作,初步建立了部级公路水路交通运输能耗统计监测网络和分析系统,获取了典型公路、水路运输和港口企业能源消耗数据,初步建立了行业节能减排监测考核体系。

综上可知,《规划》中“两大专项行动”的实施进展情况评估结论见表6-3。

专项行动实施进展情况评估　　表6-3

专项行动	具体任务/措施	评价结论
节能减排科技专项行动	(1)组织开展节能减排科技专项行动	进展良好
	(2)技术创新服务体系和人才队伍建设	总体进展正常,但低碳交通实验室建设进展较差
	(3)重点科研项目与科技创新	进展良好
	(4)科技成果推广与重点工程示范	进展良好
	(5)节能减排标准化和计量检测体系建设	进展正常
	(6)开展宣传培训,实施国际科技合作	进展良好
重点企业节能减排专项行动	(1)继续扩大千企行动范围	进展良好
	(2)深入开展交通运输行业重点企业节能减排示范活动	进展良好
	(3)加强重点用能企业节能减排监督、考核,强化其节能减排监管	进展正常

注:采用数据的截止时点为2013年。

3)十大重点工程实施情况

(1)营运车船燃料消耗量准入与退出工程。《规划》实施以来,继续加强政策引导,突出抓好交通运输节能减排关键环节,在营运车船燃料消耗量准入与退出重点工程方面取得了明显成效:一是严格实施营运车辆燃料消耗量限值标准。截至2012年底,交通运输部累计审查、发布21批《道路运输车辆燃料消耗量达标车型表》,发布达标车型2万余个。2012年全国新进入营运市场的达标车辆共276万辆,节约燃油156万吨,减少二氧化碳排放504万吨。二是内河船型标准化方面,发布《关于内河运输船舶标准船型指标体系的公告》、营运船舶燃料消耗量和CO_2排放限值标准,要求新建船舶须满足标准要求,并配有能效管理手册,继续推进以天然气为燃料的内河运输船舶试点,现有船型比选以及落后船型(单壳油轮等)淘汰等工作正逐步推进,引导内河船舶运力结构优化,提升内河航运竞争力,充分发挥内河航运节能环保比较优势。

(2)节能与新能源车辆示范推广工程。一是推广使用节能与新能源车辆方面,《规划》实施以来,在“十城千辆”的基础上,继续推进混合动力和纯电动等节能与新能源车辆,各地积极推进清洁能源车辆在道路客货运、城市公交、城市出租汽车等领域的推广应用,能源消费结构不断优化。在低碳交通运输体系建设试点城市的两批26个城市中,优先支持领域中重点包括天然气车在道路运输中的应用。其中,深圳市作为新能源汽车应用规模最大的示范城市,在新能源车技术管理、运行管理和设施保障工作方面积累了丰富的经验。截至2012年底,深圳市公交行业累计推广新能源汽车3850辆,其中混合动力公交车1771辆,纯电动公交车1279辆,纯电动出租车800辆。二是推广使用天然气车辆方面取得了明显成效。2012年,组织召开了城际客货运输推广天然气汽车试点工作座谈会,批复同意在江苏、山东、山西、广东等地开展天然气汽车应用试点,以新购置天然气车辆代替淘汰的老旧车辆。

(3)甩挂运输节能减排推广工程。《规划》实施以来,由交通运输部运输服务司牵头,积极推进运输管理组织化,启动开展甩挂运输三批试点工作,带动和推进甩挂运输在全国范围内的发展,构建甩挂运输发展长效机制,实现公路货运业能耗和排放水平持续下降。一是组织开展甩挂运输节能减排试点工作。规划实施以来,启动甩挂运输首批试点工作,确定26个项目为甩挂运输首批试点项目,发布第一批甩挂运输推荐车型,10个半挂牵引车车型和6个半挂车车型,确立“十二五”期甩挂运输试点工作的范围、总体规模及实施安排。二是加大公路甩挂运输试点工作推进力度。截至2012年底,全国首批实施的26个试点项目、40个甩挂运输场站全部动工,通过试点,甩挂运输模式单位运输周转量能耗下降了15%~20%。在首批试点的基础上,2012年交通运输部联合财政部、国家发展改革委启动了第二批甩挂运输试点工作,共确定69个试点项目,遴选发布第二批甩挂运输推荐车型,试点效益初步显现,2013年开始启动第三批试点工作。

(4)绿色驾驶与维修工程。一是《规划》实施以来,积极宣传“安全驾驶、绿色驾驶、人文驾驶”理念,2011年成功举办第二届“宇通杯”机动车驾驶人节能技能竞赛活动,推广先进节能技术和经验,提高机动车驾驶人的节能意识和水平。二是大力推广车船驾驶培训模拟装置,逐步推广一批车船驾驶培训模拟装置,开展汽车驾驶人绿色驾驶技能培训与竞赛,加强船员航行操作与管理节能减排培训,逐步建立一支节能减排意识强、驾驶技能好、业务素质高的汽车驾驶人和船员队伍。三是深入开展绿色汽车维修工程。交通运输部运输服务司大力推广江苏等地绿色汽车维修工作经验,组织开展绿色维修技术体系研究,组织中国汽车维修行业协会筹备举办绿色汽车维修工作论坛。

(5)智能交通节能减排工程。《规划》实施以来,各省(自治区、直辖市)以高速公路不停车收费、物流公共信息平台、内河船舶免停靠报港信息服务系统、公众出行信息服务系统为重点,大力推进智能交通技术、现代物流技术、现代信息技术等开发和应用,智能交通节能减排工作取得初步进展。一是进一步推进ETC联网工程,逐步推广电子不停车收费技术。截至2012年底,全国已开通ETC省份达24个,建成ETC专用车道3708条,ETC用户460万。此外,RFID技术已在吉林推广使用,吉林省内现有1850公里高速公路的77个收费站建成了160个不停车收费车道,形成了全省高速公路不停车收费管理体系。二是深入推进节能减排科技示范工程,推进物流公共信息平台建设。深入推进节能减排科技示范工程,推进物流公共信息平台建设。2012年,交通运输部科技司组织实施了城市智能交通和长三角航道网及京杭运河水系智能航运服务国家物联网应用示范工程，以引导传统货运产业向现代物流转型，促进了货运实载率和节能减排水平的提高。三是继续推广内河船舶免停靠报港信息服务系统，提高管理效能。四是各地纷纷加强公众出行和物流公共信息服务系统建设。如河南省以“八挂来网”为基础建立的“河南省公共物流信息平台”，已覆盖全国 31 个省（自治区、直辖市），签约用户已达 7.2 万户，日均有效信息 600 万条，每年可减少空驶里程 4.2 亿公里，节约燃油费用 9 亿元，社会和经济效益显著。

（6）公路建设和运营节能减排技术推广工程。《规划》实施以来，在公路基础设施建设和运营领域，积极组织开展了一系列先进适用的节能减排技术和产品，以降低能耗与排放水平，推动交通运输技术性节能减排，公路建设和运营节能减排技术推广工程取得初步成效。一是温拌沥青铺路技术应用方面，在《关于加快推进路面材料循环利用的指导意见》及《交通运输节能减排专项资金申请指南》中，重点对温拌沥青技术和沥青路面冷再生技术应用领域优先支持。2012 年，交通运输部启动了“温拌沥青技术在寒区公路建设中的推广应用”科技成果推广项目。二是交通建设材料循环利用技术应用方面，2012 年，交通运输部印发《关于加快推进路面材料循环利用的指导意见》，启动“低碳环保技术在农村公路建设中的推广应用”等科技成果推广项目。云南省在养护中使用沥青再生技术，冷再生利用率达到 90%，热再生达到 30%。湖南省开展了就地沥青温拌热再生技术研发应用以及生物酶土壤固化筑路关键技术研究与示范。三是公路隧道节能减排技术改造与应用方面，积极开展公路隧道节能减排技术改造与应用。根据国家半导体产业发展规划，发布“隧道照明综合节能技术应用”等 20 个交通运输行业第五批节能减排示范项目。配合国家发展改革委，继续组织推进隧道半导体照明产品应用示范工程。积极推进 LED 灯具推广应用。四是加快高速公路服务区和公路收费站节能减排技术改造，该项工作进展较为缓慢。

（7）绿色港航建设工程。《规划》实施以来，交通运输行业以发展绿色水运为主线，以开展绿色港口、航道创建为载体，大力推进港口码头、航运工程节能设计，优化交通运输装备技术，绿色港航建设工程取得阶段性成效。一是加快推进水铁联运节能减排示范工作。为进一步发挥铁水联运的优势和潜力，促进综合运输体系建设和现代物流发展，2011 年 10 月，交通运输部与原铁道部共同制订印发了《关于加快铁水联运发展的指导意见》（交水发〔2011〕544 号）。二是积极开展绿色循环低碳港口主题性试点工作，深入推广靠港船舶使用岸电和港口装卸机械“油改电”技术。2013 年，交通运输部选取连云港港、天津港、青岛港、招商国际蛇口集装箱港 4 个港口作为绿色循环低碳主题性试点港口。三是探索可再生能源在港口中应用。利用港口地区风能、太阳能、水能、地热能、海洋能等可再生能源丰富的优势，提高港口可再生能源使用比例，探索风能、太阳能、核能在运输船舶中的应用。四是探索开展绿色循环低碳航道建设试点。江苏省作为全国首个绿色循环低碳交通运输试点省份，江苏省交通运输厅结合水运大省的实际，在既有内河航运工程勘察设计新理念、生态航道的基础上，率先开展了绿色航道的自主探索实践，此外，还在全国范围内开展水上 ETC 建设项目。

（8）合同能源管理推广工程。尽管国家和行业节能减排规划均将合同能源管理推广工程列为重点工程，将其作为强化市场机制的抓手寄予厚望，但是不可否认的是，在实际推进过程中，合同能源管理推广并不顺利。一是启动实施了一批合同能源管理的示范项目，加快培育专业节能服务公司。2012 年以来，各省（自治区、直辖市）主要在公路隧道节能改造、城市轨道交通节能改造、道路和场站 LED 照明、港口 LED 照明与 RTG“油改电”、靠港船舶使用岸电、公共机构大型建筑等主要用电的领域组织开展了一些合同能源管理的项目探索实践。但交通运输行业是以油品消费为主的行业，推广覆盖面显然远远不够。特别是天然气动力船舶的购置与技术改造、节能与新能源车辆等领域以融资租赁、合同能源管理等方式有待进一步推广。二是努力促进合同能源管理成为交通运输行业节能技术服务市场的重要机制。在专业化节能服务公司培育方面，目前来看主要还是中国节能环保集团等大型、通用型节能环保企业占市场主导地位；从近年来财政部和各省（自治区、直辖市）财政厅公布的通过备案的合同能源管理节能服务公司，鲜有一些大型交通运输企业、科研咨询机构、行业协会等组建专业化节能减排服务公司的成功案例，合同能源管理这种重要的市场化推进机制应用范围还十分有限，交通运输行业节能技术服务市场发育程度还很低。

（9）船舶能效管理体系与数据库建设工程。《规划》实施以来，继续完善交通运输能耗统计监测工作，推进船舶能源利用状况远程监测。组织开展长江流域内河船舶能耗统计监测状况调研，组织开发内河船舶能耗远程监测设备。一是船舶能效管理体系建设方面，近年来交通运输部发布《关于内河运输船舶标准船型指标体系的公告》、营运船舶燃料消耗量和 CO_2 排放限值标准，要求新建船舶须满足标准要求，并配有能效管理手册。基于 IMO 框架谈判压力，交通运输部法制司、海事局、中国船级社等组织开展船舶能效领域的专题研究。二是船舶能效数据库建设方面，2011 年交通运输部组织中远、中海、河北远洋等 12 家远洋公司开展船舶能效水平调研，初步掌握我国远洋船舶的能耗总量、单位能耗及能效管理水平等基础数据，并与国际具有代表性的船舶能效水平进行比对，积极建立覆盖全面、数据统一、分类科学的船舶能效设计指数和营运指数数据库。

（10）节能减排监管能力建设工程。《规划》实施以来，围绕节能减排战略规划体系、法规标准体系、统计监测考核体系、监管组织体系等 4 大体系建设，着力提升行业节能减排监管能力。一是节能减排战略规划体系逐步完善。交通运输部发布规划和各年度节能减排工作要点；制订《交通运输行业应对气候变化行动方案》《交通运输行业“十二五”控制温室气体排放工作方案》等指导文件。二是节能减排法规标准体系逐步健全。法规方面，严格贯彻《节约能源法》和行业实施办法，相继出台《公路、水路交通实施〈中华人民共和国节约能源法〉办法》《道路运输车辆燃料消耗量检测和监督管理办法》等部门规章，为交通运输节能减排工作逐步走上科学化、法制化、规范化提供有力的制度保障；标准建设方面，近年来发布制订《营运客车燃料消耗量限值及测量方法》《营运货车燃料消耗量限值及测量方法》等一批重要标准规范。三是统计监测考核体系初步建立。统计方面，公路运输、水路运输和港口生产能源统计指标已初步纳入国家统计指标体系中，每年都公布交通运输仓储和邮政业能源统计数据；监测方面，开展《交通运输行业重点用能单位能耗监测体系建设》（一期、二期）、《长江干线内河船舶在线监测》项目；在重点用能单位的监测方面，优化扩充了能耗监测重点企业范围，逐步将 36 个中心城市的重点公交企业纳入节能减排监测范围，探索实践了普通营运货车和内河船舶能源利用状况的远程监测，在山东、浙江等地开展节能减排在线监测试点；考核体系建设方面，目前山东、浙江等少数省份制订交通运输节能减排考核办法并开始执行，大部分省份并未开展考核工作，通过试点发现考核支撑基础较差，统计基础薄弱，难以支撑定量化考核。四是监管组织体系逐步完善。《规划》实施以来，进一步加强交通运输节能减排项目管理制度建设，发布《交通运输节能减排第三方审核机构认定暂行办法》《交通运输节能减排专项资金支持区域性、主题性项目实施细则（试行）》《交通运输节能减排能力建设项目管理办法（试行）》等配套文件。

综上可知，《规划》“十大重点工程”的实施进展情况评估结论见表6-4。

规划十大重点工程实施进展情况　　表6-4

重点工程	具体任务/措施	评价结论
一、营运车船燃料消耗量准入与退出工程	1.营运车船燃料消耗量准入与退出	进展良好
	2.内河船型标准化	进展正常
二、节能与新能源车辆示范推广工程	1.推广使用节能与新能源车辆	进展正常
	2.推广使用天然气车辆	进展正常
三、甩挂运输节能减排推广工程	1.组织开展甩挂运输节能减排试点工作	进展良好
	2.加大公路甩挂运输试点工作推进力度	进展良好
四、绿色驾驶与维修工程	1.大力推广绿色驾驶	进展正常
	2.大力推广车船驾驶培训模拟装置	进展正常
	3.组织实施绿色维修工程	进展正常
五、智能交通节能减排工程	1.电子不停车收费技术推广	进展良好
	2.物流公共信息平台建设	进展正常
	3.内河船舶免停靠报港信息服务系统推广	进展良好
	4.公众出行信息服务系统建设	进展正常
六、公路建设和运营节能减排技术推广工程	1.温拌沥青铺路技术应用	进展良好
	2.交通建设材料循环利用技术应用	进展正常
	3.公路隧道节能减排技术改造与应用	进展良好
	4.高速公路服务区和公路收费站节能减排技术改造	进展较差
七、绿色港航建设工程	1.水铁联运节能减排示范	进展正常
	2.港口装卸机械“油改电”	进展良好
	3.推广靠港船舶使用岸电	进展良好
	4.推广应用可再生能源	进展正常
八、合同能源管理推广工程	1.启动实施合同能源管理的示范项目，加快培育专业节能服务公司	进展较差
	2.促进合同能源管理成为交通运输行业节能技术服务市场的重要机制	进展较差
九、船舶能效管理体系与数据库建设工程	1.船舶能效管理体系建设	进展正常
	2.船舶能效数据库建设	进展正常
十、节能减排监管能力建设工程	1.完善节能减排战略规划体系	进展良好
	2.完善节能减排法规标准体系	进展良好
	3.完善节能减排统计监测考核体系	总体进展较差
	4.完善节能减排监管组织体系	进展正常

注：采用数据的截止时点为2013年。

6.3.3 保障措施中期评估

为保障《规划》落实，各级交通运输主管部门在组织领导、激励政策、交流合作、宣传引导等方面出台了配套政策，采取了一系列有力的行动举措，总体进展良好。

(1)组织领导体系落实情况。一是加强组织领导与综合协调。交通运输部成立了节能减排处，确立了交通运输行业节能减排工作领导小组、交通运输行业节能减排与应对气候变化工作办公室，并对节能减排专题召开会议审议重大事项。各级交通运输主管部门成立了节能减排处负责日常管理工作，设立了相应的工作机构、管理部门或岗位，初步形成了节能减排组织保障体系。二是建立了较健全的目标责任和问责制。各地纷纷出台相关规划，加强节能减排顶层设计，将规划的重点任务逐级分解到各年度，建立了较为健全的节能减排目标责任制和问责制。

(2)节能减排激励政策实施情况。《规划》实施以来，制订了一系列促进节能减排的交通运输产业政策，逐步建立健全节能减排激励政策，通过交通运输产业政策和节能减排激励政策的持续创新，对企业开展节能减排工作产生了良好的引导作用。一是制订和实施节能减排的交通运输产业政策。首先，调整交通运输投资结构，加大对城市公共交通和内河航运的投资倾斜，自 2012 年起，中央财政设立公路甩挂运输试点专项资金，制订《公路甩挂运输试点专项资金管理暂行办法》，统筹安排专项资金，规范使用。二是逐步健全节能减排激励政策。2013 年交通运输节能减排专项资金支持项目进一步拓展为常规项目、绿色低碳城市区域性项目、绿色低碳公路和港口主题性项目和节能减排能力建设项目。目前来看，区域性主题性项目缺少项目调整机制和完善的实施细则，使得实施单位对节能减排专项资金的使用无从下手。三是积极探索部省协同推进机制。2013 年 4 月，交通运输部、江苏省人民政府签署了《共同推进绿色循环低碳交通运输发展框架协议》，明确携手打造全国首个绿色循环低碳示范省份，在积极探索部省协同推进机制上迈出了第一步。

(3)国际国内交流合作落实情况。《规划》实施以来，组织开展了一系列交通运输行业应对气候变化工作相关研究，深入分析探讨交通运输行业减缓和适应气候变化的基本路径，积极参与气候变化谈判工作，加强国际国内技术交流和合作。一是加强国内交流合作。为总结交流区域性试点工作进展情况，交通运输部召开绿色低碳交通运输体系建设区域性试点工作会，各区域型试点单位总结交流了试点工作思路与经验。二是加强国际交流合作。首先，参与政府间气候变化专门委员会(IPCC)第五次评估报告第一工作组报告的政府评审工作。其次，继续组织开展国际海运温室气体减排市场机制等研究，提出下一步工作安排和谈判对策。此外，交通运输部组团出席国际海事组织(IMO)第 63、64 届海上环境保护委员会会议，向 IMO 单独或联合其他国家共同提交了 6 份政策和技术提案。

(4)加强宣传引导落实情况。《规划》实施以来，节能减排规划中宣传引导保障措施实施成效显著，进展正常。一是加强节能减排宣传培训。开展“绿色低碳交通伴我行”等主题宣传活动，举办“2012 中国交通发展论坛”低碳交通分论坛和“2012 中国节能与低碳发展论坛”交通节能分论坛。二是发挥公共机构节能减排示范带动作用。地方各级交通运输主管部门也围绕“节能宣传周”主题，组织开展了各具特色的宣传活动，充分发挥了政府部门节能减排的表率作用。《规划》保障措施落实情况见表 6-5。

保障措施落实情况　　表 6-5

保障措施	具体措施	评价结论
一、组织领导体系	1. 加强组织领导与综合协调	进展正常
	2. 建立较健全的目标责任和问责制	进展较差
二、节能减排激励政策	1. 制订和实施促进节能减排的交通运输产业政策	进展正常
	2. 逐步健全节能减排激励政策	进展正常
	3. 积极探索部省协同推进机制	进展正常
三、国际国内交流合作	1. 加强国内交流合作	进展良好
	2. 加强国际交流合作	进展良好
四、宣传引导	1. 加强节能减排宣传培训	进展正常
	2. 发挥公共机构节能减排示范带动作用	进展正常

注：采用数据的截止时点为 2013 年。

6.3.4　存在问题

在《规划》实施取得初步成效的同时，也要认识到，《规划》实施过程中也存在一些问题，主要体现在以下 4 个方面：

(1)基础设施结构性矛盾尚未根本解决，综合运输体系建设进展不理想。各种运输方式的政策框架、法律法规、标准规范自成体系，相互不配套，综合运输网络还不完善，现代综合交通运输体系建设仍需努力，交通布局、运输大通道和综合交通枢纽建设仍需优化；内河航运比较优势尚未充分发挥，综合交通枢纽建设滞后，综合运输组合效率尚未充分显现。

(2)交通运输节能低碳技术创新和推广体系仍需健全。《规划》实施过程中，节能减排科技研发投入仍欠缺，节能减排技术、产品推广应用进展较为缓慢；现代信息技术应用推广还比较滞后；交通运输节能减排技术服务体系尚未建立，节能减排技术产品和服务市场还有待进一步规范。

(3)节能减排统计监测考核评价等基础能力薄弱。交通运输节能减排与环境统计计量、检测监测与评价考核等基础性工作十分薄弱，已成为低碳交通运输发展的重要障碍和关键制约因素，迫切需要集全行业之力努力予以破解。第一，交通运输能耗统计方面，目前能耗统计精细水平还不能满足交通运输行业节能减排和应对气候变化管理工作对数据的需求，并且，行业内仍存在认识不足，管理制度不完善，计量水平较低及统计工作薄弱等问题。第二，交通运输能耗监测方面，缺乏在线监测组织方案和技术规范研究；千家企业能耗统计分析中公路货运和内河船舶能耗统计监测方面力度有待加强，监测技术方法和技术方案编制等支持工作薄弱。第三，考核方面，目前还未开展行业的节能减排考核工作。第四，评价方面，评价工作还未启动，尚未明确低碳指标建设的评价工作如何开展，评价工作的顶层设计、总体规划和整体方案研究工作进展缓慢。

(4)市场机制在交通运输行业节能减排潜力仍需挖潜。交通运输行业市场调节工具和节能减排手段仍需补充，可结合自愿减排协议、合同能源管理、碳排放交易等市场机制，研究探讨设计绿色低碳交通的市场准入、市场交易、市场退出机制，发挥企业主体作用，发掘出市场机制在交通运输行业的节能减排潜力。

6.4 本章小结

本章采用“规划蓝图-实施情况”一致性评估方法，对《规划》开展了中期评估研究，对《规划》总体目标、重点任务、保障措施的进展情况进行全面系统评估，总结《规划》实施中存在的主要问题，并提出相关政策建议，主要结论和政策启示如下：

(1)绝大多数能源强度指标和碳排放强度指标实现了《规划》中规定的下降值，进展情况良好。其中，营运车辆、营运客车、营运船舶、内河营运船舶单位运输周转量单耗和二氧化碳排放强度、港口单位吞吐量单耗和二氧化碳排放强度实现了“十二五”规划指标；营运货车、海洋营运船舶单位运输单耗的二氧化碳排放强度离规划目标还有一定距离，但如果未来两年按照历年单耗值下降率的趋势，2015 年会超额完成规划目标。

(2)三大体系推进过程中，节能型基础设施网络体系建设成效更为显著，节能环保型运输装备领域中进展参差不齐，城市公交、出租汽车清洁化、低碳化趋势，营运客车次之，而道路货运进展缓慢；从横向比较来看，集约高效型运输组织体系相对滞后，特别是降低道路货运空驶率、发展多式联运、现代物流发展更加任重道远。

(3)《规划》实施以来，节能减排科技专项行动总体推进效果尚可，但缺乏顶层设计，使得行业在科技推动节能减排的摸索中前行；重点企业节能减排专项行动中部“车船路港”千家企业低碳交通运输行动、国家发展改革委万家企业节能低碳行动总体进展正常，但千企行动参与企业集中度低、对行业节能减排总量贡献率有限，缺乏能源审计、碳盘查、评价考核等约束性动作。此外，与国家发展改革委万家企业节能低碳行动的深度融合有待加强，地方行业层面自行选定的“百家企业”“千家企业”少有成功案例，传递放大效应未充分显现。

(4)重点工程的推进中，合同能源管理工程、节能减排监管能力建设工程(主要是节能减排统计监测考核体系基础能力、规划体系等)进展仍较慢。尽管有国家和行业节能减排规划均将合同能源管理推广工程列为重点工程，将其作为强化市场机制的抓手寄予厚望，但是不可否认的是，在实际推进过程中，合同能源管理推广并不顺利。节能减排统计监测考核评价等基础能力仍然十分薄弱，目前已成为低碳交通运输发展的重要障碍和关键制约因素，迫切需要集全行业之力努力予以破解。

《规划》的实施对于统筹指导和不断深化交通运输行业节能减排工作，有序推进低碳交通运输发展，加快转变交通运输发展方式发挥了重要的基础性指导作用。但面对低碳交通运输发展存在的新形势、新挑战，仍然存在诸多问题与不足，迫切需要有针对性采取有效措施予以重点破解和调整完善。通过《规划》评估，交通运输行业应加大节能减排产品和技术的推广应用，健全节能减排法规制度与标准规范体系，加强行业的节能减排统计监测考核体系建设，充分发挥市场机制推进交通运输节能减排能力，推进行业节能减排政策的可操作性，以确保交通运输“十二五”节能减排规划的顺利完成。

第 7 章　低碳交通运输规划目标与指标体系研究

7.1　引言

低碳交通运输规划目标是低碳交通运输规划的核心内容，是对规划对象（如国家、省区、城市等）未来某一阶段低碳交通运输发展方向和发展水平所做的规定。低碳交通运输规划目标应体现低碳交通运输规划的根本宗旨，即要保障交通运输的持续发展，促进经济效益、社会效益、生态环境效益的协调统一。低碳交通运输规划目标除了具有时空约束性、可测度计量、客观性等一般发展规划目标的共性要求之外，还应满足先进性、可达性、时空可分解性以及“可监测、可报告、可核证”（MRV）等要求。因此，本章重点探讨低碳交通运输规划的指标体系，具体采用“自下向上”和“自上向下”两种思路研究分析低碳交通运输规划目标的测算方法，并测算确定各指标的标准值。

7.2　低碳交通运输规划指标体系构建研究

7.2.1　指标体系构建原则

低碳交通运输是涉及众多因素和变量相互作用、相互制约的复杂系统。构建低碳交通运输规划指标体系就是要建立起全面、准确、系统、科学地反映各种低碳发展特征和内容的一系列低碳交通运输规划目标，因此应遵循如下原则：

(1)科学性原则。指标体系应建立在科学基础上，采用科学的方法，指标概念必须明确，指标与目标必须一致，各指标应协调一致并保持相对独立性，体现低碳交通运输发展状况的本质内涵，突出低碳交通运输发展状况的系统目标。

(2)系统性原则。应将低碳交通运输作为一个相对独立的整体，置身于社会经济大系统中，并从这个大系统中研究低碳交通运输与经济发展、社会进步、气候环境等因素之间的关系。不能孤立地研究低碳交通运输发展目标，应通过指标体系，系统全面地反映内在的本质。

(3)简明性原则。指标的选择宜少而精，要紧紧围绕规划目标，有针对性地选择具有现实性、独立性和必要性的关键性指标，以全面准确地反映整体目标。同时，在满足全面性和独立性的前提下，指标体系尽可能简洁明晰，避免给评价、分析比较造成困难。

(4)可比性原则。规划指标的设置应尽可能采用通用的名称、概念和计算方法，使各相关指标具有可比性。同时，也要考虑时间序列和地区之间的可比性问题，以利于进行横向、纵向对比分析。

(5)适应性原则。指标体系既要适应低碳交通运输规划的要求，也要适应低碳交通运输既有统计等工作基础的要求。所选指标不仅要有明确的内在含义，而且要有一定的外在表达形式，能够直接计算测量或观察得到，以便在实际工作中得到有效应用，具有可操作性,尽可能利用已有的或常用的统计数据和调查方法加以确定,以保证指标的适用性和有效性。

(6)可行性原则。应尽可能考虑规划指标体系的实用性,主要从指标数据可得性、指标范围可界定、操作成本不高、指标体系符合行业实际、规划编制过程中尽可能少给相关单位增加负担等方面进行设计,从而使规划结果准确可信、便于推广,逐步形成评价长效机制。

7.2.2 体系框架及指标选择

规划指标体系构建必须首先确定指标体系框架,这个框架就是用于描述特定对象特征的解释系统,是建立规划指标体系的关键环节。构建体系框架的重点是选取合适的规划指标,指标的选取直接影响到规划的导向性。规划指标的选取并非越多越好,太多容易引起相关性较强的指标间互相干扰,太少容易导致由于所选指标缺乏足够代表性而使规划结果具有片面性。每一项指标都是从一个方面反映规划对象的某些信息,如何正确、科学地使用这种信息,就是综合评价要解决的问题。

1)指标体系纵向结构

(1)指标类型。为了实现低碳交通运输发展的目的,分别由对应的指标组成专题分类指标体系,在该研究框架中起着对大量有关信息进行分类和综合集成作用,从而形成一个有明确意义的分类别指数。

(2)规划内容。主要反映各类别需要考虑哪些方面要素,发掘和寻找合适的内容来全面和具体的反映低碳交通运输发展的属性特征,作为一个连接规划内容与下一层的原始指标的作用层。

(3)规划指标。主要用来反映各要素层的具体内容,它是由各单项原始指标组成。原始指标的构建需要统筹全面又要重点突出,因此在指标选择上更多的选用相对指标,这样使得指标体系不仅能够反映单个交通运输自身各方面情况,还可以对不同交通运输方式之间低碳发展状况进行对比。

2)指标体系横向结构

主要包括指标类型层次划分、指标名称及含义、计算方法、指标权重和评价标准。主要基于综合性指标、结构性指标、技术性指标、管理性指标 4 大类指标,每一类型指标都各自反映交通运输低碳化某一特定方面。

7.2.3 选择方法及标准

1)指标遴选的总体思路

按照目标明确、责任落实、措施到位、奖惩分明的基本要求,坚持以科学发展为主题、以加快转变交通运输发展方式为主线,坚持政府推动、政策引领、示范带动、重点推进的原则,建立健全低碳交通运输规划制度,强化政府和企业责任,充分发挥低碳发展规划指挥棒作用,保障低碳交通运输发展目标的实现。

2)指标遴选的范围

主要包括交通运输能耗与碳排放强度等主要节能减排综合性指标完成情况;低碳交通运输体系建设的主要途径与任务型指标两大类指标;组织、资金、制度等管理性指标。此外,各地区还需结合自身特点，设定相关特色性指标。因此，指标体系由综合性指标（交通运输单位运输周转量综合能耗及 CO_2 排放强度指标）、结构性指标（包括基础设施、运输装备和运输组织等层面的指标）、技术性指标（科技创新、低碳技术产品应用、智能交通等层面的指标）、管理性指标（制度机制、试点创建、政策措施等层面的指标）4 个类别指标组成。

3）指标遴选依据及标准

指标的基础数据来源主要包括：交通运输部历年发布的《中国交通运输统计年鉴》《全国交通统计资料汇编》；典型省份、城市的交通运输统计资料数据；重点企业监测和典型调查数据等。

7.2.4　低碳交通运输规划指标体系

综上分析可知，低碳交通运输规划指标体系见表 7-1。

低碳交通运输规划指标体系　　表 7-1

指标类型			序号	指标名称	单位	指标属性
综合性指标	总量指标	能源消费总量	1	交通运输能源消费总量	万吨标准煤	预期性指标
		碳排放总量	2	交通运输碳排放总量	万吨 CO_2	预期性指标
	强度指标	能源消耗强度	3	铁路运输单位运输周转量能耗下降率	%	约束性指标
			4	民航运输单位运输周转量能耗下降率	%	约束性指标
			5	营运车辆单位运输周转量能耗下降率	%	约束性指标
			6	营运船舶单位运输周转量能耗下降率	%	约束性指标
			7	港口生产单位吞吐量综合能耗下降率	%	约束性指标
			8	城市客运单位客运量能耗下降率	%	约束性指标
		碳排放强度	9	铁路运输单位运输周转量 CO_2 下降率	%	约束性指标
			10	民航运输单位运输周转量 CO_2 下降率	%	约束性指标
			11	营运车辆单位运输周转量 CO_2 下降率	%	约束性指标
			12	营运船舶单位运输周转量 CO_2 下降率	%	约束性指标
			13	港口生产单位吞吐量 CO_2 排放下降率	%	约束性指标
			14	城市客运单位客运量 CO_2 排放下降率	%	约束性指标
结构性指标		基础设施	15	交通基础设施布局及结构优化情况	—	预期性指标
			16	每万人城市轨道交通与公交专用道里程	公里	预期性指标
		运输装备	17	节能环保型营运车辆占比 其中：城市公交车 出租汽车 营运客货车	%	约束性指标
			18	节能环保型营运船舶占比	%	约束性指标
			19	铁路机车电气化比重	%	约束性指标
		能源结构	20	清洁能源占交通运输能耗总量比重	%	约束性指标
		运输组织	21	区域交通运输一体化推进情况	%	预期性指标
			22	多式联运货运周转率	%	预期性指标

续上表

指标类型		序号	指标名称	单位	指标属性
技术性指标	低碳科技创新	23	低碳交通科技创新研发	—	预期性指标
	节能低碳交通技术产品应用	24	新能源在公路工程中应用情况	—	预期性指标
		25	新能源在水路工程中应用情况	—	预期性指标
		26	港口新能源使用情况	—	预期性指标
	智能交通	27	公路和水上 ETC 覆盖率	%	预期性指标
		28	公众出行服务系统覆盖率	%	预期性指标
		29	物流公共信息平台覆盖率	%	预期性指标
管理性指标	制度机制指标	30	低碳组织机构及工作机制建设	—	约束性指标
		31	能源与碳排放管理体系建设		
		32	碳排放统计监测体系建设	—	约束性指标
		33	节能减排市场机制推进	—	约束性指标
	试点创建指标	34	低碳交通试点示范推进	—	约束性指标
	政策措施指标	35	节能低碳宣传培训	—	约束性指标

注:1. 主要依据交通运输节能减排项目管理中心《绿色循环低碳交通运输省份、城市、公路和港口评价考核指标体系(试行)》设定。

2. 表中规划目标基年为2010年。

3. 指标属性:预期性指标是政府期望的发展目标,主要依靠市场主体的自主行为来实现。约束性指标就是政府在公共服务和涉及公共利益领域对有关部门提出的工作要求,政府要通过合理配置公共资源和有效运用行政力量,确保有关指标的实现。

7.3 低碳交通运输规划目标研究测算方法

为积极应对气候变化,2009年我国政府向全世界庄严宣告,到2020年我国单位国内生产总值二氧化碳排放比2005年下降40%~45%,作为约束性指标纳入国民经济和社会发展中长期规划,并制定相应的国内统计、监测、考核办法。2014年4月21日在第十二届全国人民代表大会常务委员会第八次会议上,国家发展和改革委员会徐绍史主任受国务院委托作了《国务院关于节能减排工作情况的报告》,方案和报告中都明确提出总量控制目标。这也意味着我国正在加快推进能源强度与总量的"双控"制度,并将目标任务分配到各省市和重点行业之中。将目标任务分解到各行业甚至各子行业,不仅可以为各行业的能源消费与碳排放总量和增量进行合理的调控和引导,同时也为各行业参与到碳排放交易以及节能量交易提供依据。

低碳交通运输规划目标特别是约束性指标对交通运输行业节能减排与低碳建设工作具有统领性,也具有很强的敏感性。因此,如何根据"十二五"以来交通运输节能减排工作的现状基础、"十三五"发展趋势判断和情景分析,客观公正、科学合理地确定并分解低碳交通运输规划目标和指标,是规划编制工作的重点和难点所在。

规划中将根据"十二五"以来交通运输节能减排工作现状基础与形势要求,采取定性与定量相结合的方式,研究提出2020年交通运输行业节能减排的总体目标及具体目标。规划的具体指标方面,参照交通运输部绿色循环低碳交通运输省份、城市、公路、港口、航道、场站等已经发布的考核评价指标或相关研究成果，研究提出到 2020 年交通运输行业以能源强度和二氧化碳排放强度约束性指标、能源消费和碳排放增量控制性指标为核心，其他分项任务性指标为配套的规划指标体系。

因此，本章采用定性与定量相结合的方式，研究提出 2020 年低碳交通运输发展的总体目标。充分吸收借鉴交通运输部绿色循环低碳交通运输省份、城市、公路、港口、航道、场站等已经发布的考核评价指标或相关研究成果，以 2005 为基年，研究提出 2020 年交通运输行业能源强度和二氧化碳排放强度约束性指标、能源消费新增总量控制性指标为核心，具体任务性分项指标为配套的规划指标体系。

在规划目标的确定过程中，主要有两种思路。当总量、强度目标明确给定时，一般采用“自上而下”的分配思路，从总量和强度目标出发，自上向下逐级进行分解。但如何合理确定总量及强度目标是规划的难点也是重点，因此，可采用“自下而上”的整合思路，利用情景分析的方法，首先对规划目标进行合理的情景设置，并在不同的情景下自下向上推演确定出总量及强度目标。本章分别对两种思路的规划目标的研究测算方法进行阐述。

7.3.1　“自上向下”目标分配方法研究

在分配目标的时候，遵循公平性原则，选取了行业增加值、行业历史能耗量和行业单位增加值能耗分别作为减排能力、责任和潜力的指标，用来量化不同行业应承担的减排义务。其中，行业增加值体现了垂直的公平性原则，具备不同规模的行业的减排责任不同，规模越大，减排责任也越大。为了体现历史能耗引起的污染和碳排放对环境造成的影响，增加了行业历史能耗量这一指标。而由于各行业生产规模、能耗模式以及行业属性的差异，节能潜力选用行业单位增加值能耗表示。

1）有关模型的假设

（1）假设一：能力（行业增加值）

行业增加值是度量某一行业减排能力水平的有效标准，反映了一种水平层面的公平原则。通常，行业增加值越大，需要消耗的能源资源越多，也就意味着需要承担更多的责任。产值高的行业，具有更大的能力去减少排放，应该承担更多的二氧化碳强度减排责任。

（2）假设二：责任（各行业历年能源消耗量，2005—2012 年）

由于各行业的耗能强度和耗能模式不同，历史上能源使用情况及相应带来的二氧化碳排放也有较大差别。根据“谁排放谁负责”的原则，节能减排压力应与能源消耗量和排放量成正比。根据各行业终端能源的消费情况，计算了 2005—2012 年间能源累计消耗量，作为责任的指标。累计能耗量越大，应承担的节能减排责任越大。

（3）假设三：潜力（行业单位增加值能耗）

不同行业的能源消耗存在很大的差异性，仅仅采用行业规模和行业能源消耗量不能完全反映行业背景下的减排原则。行业的能源强度能够很好的平衡行业规模和行业能源消耗量之间的关系，因此在潜力这一指标上，选取了行业单位增加值能耗，反映各行业的节能潜力。通过调整产业结构、提高行业能源效率、提高可再生能源的使用都可以降低行业的单位增加值能耗。

在上述 3 种能力、责任和潜力指标的基础上，构建了节能减排目标分配的综合性指标 R_i，该综合性指标可以综合以上 3 个指标的优势，比单独一种指标更能反映公平原则。某行业的综合性指标越大,则该行业需要承担更多的碳减排义务。我们给每个指标都赋一个权重,然后讨论赋不同权重时,节能减排目标在各行业之间分配的变化,讨论各个指标对于最终节能减排目标在行业间分配的影响。具体的计算公式如下:

$$R_i = W_A A_i + W_B B_i + W_C C_i \tag{7-1}$$

式中: R_i——i 行业的综合性指标;

A_i——i 行业增加值占全行业增加值的比重;

B_i——i 行业历史能源消耗量占总行业历史能源消耗量的比例;

C_i——i 行业的单位增加值能耗与全行业平均的单位增加值能耗的比例;

i——责任要分配的 n 个行业($i=1,2,3\cdots n$);

W_A、W_B、W_C——上述 3 个指标的权重,权重之和为 1。权重设置的具体情况见表 7-2。

四种决策者偏好下指标的权重设置 表 7-2

权　重	Case 1 无偏好	Case 2 偏好能力	Case 3 偏好责任	Case 4 偏好潜力
W_A(行业增加值)	0.33	0.6	0.2	0.2
W_B(行业历史能耗量)	0.33	0.2	0.6	0.2
W_C(行业能源强度)	0.33	0.2	0.2	0.6
$W_A + W_B + W_C$	1.00	1.00	1.00	1.00

Case 1 无偏好是指决策者对于能力、责任和潜力三维的指标没有过多的侧重其中一个,认为三者具有同等重要的地位,所以在决策过程中对 3 个指标赋予同样大小的权重。

Case 2 偏好能力是指决策者对于能力指标有更多的侧重,对行业增加值的权重设置为 0.6,为 3 个指标中权重最大者。这种情景下意味着较高产值的行业具有较强的节能减排能力,所以应该分担更多的节能减排义务。其他两个指标的权重值相等,均为 0.2,意味着在义务分担过程中不受侧重。

Case 3 偏好责任是指决策者对于责任指标有更多的侧重,对行业的历史能耗量的权重设置为 0.6,为 3 个指标中权重最大者。根据“谁污染谁负责”的原则,节能减排压力应该与能耗量成正比。

Case 4 偏好潜力是指决策者对于潜力指标有更多的侧重,对行业能源强度的权重设置为 0.6,为 3 个指标中权重最大者。这种情景下能耗密集型产业应该承担更多的节能减排义务。

2)总量指标分配方法

这里的总量指标分配具体包括两个层面的分解:首先是国家层面,将总量指标具体分解到各个行业之中;其次,将交通运输行业层面的总量指标具体分配到子行业之中。由于两者分配的思路和方式具有一致性,本章仅对国家层面的总量指标分解的理论方式进行阐述。

在以上构建的综合性指标的基础上,建立了分配模型,进而对节能减排目标在各行业进行分配。

$$E' = E - D \tag{7-2}$$

式中:D——节能量目标;

E'——2020 年我国总能耗量;

E——2005 年我国交通运输能耗量。

$$E_i' = E_i - D_i \tag{7-3}$$

对于各个行业来说，D_i 分别为其节能量目标，同样存在；E'_i 和 E_i 分别为各行业的 2020 年和 2005 年的能源消耗量，即 2020 年各行业的能源消耗量相比 2005 年减少了 D_i。

其次，各行业的综合性指标越大，应承担强度节能减排义务越大，未来强度应降低到更低的值，即 D_i 的值应该越大。同时，根据节能减排边际成本递增的原则，每增加一单位的节能减排付出的成本递增，所以节能减排义务边际递减，取自然对数可以很好的表现这一趋势。

故 D_i 的函数形式可设为：

$$D_i = f(R_i) = a \times \mathrm{Ln}(R_i) \tag{7-4}$$

另外，我国 2020 能源消耗总量可以用式(7-5)表示：

$$E_{2020} = \sum_{i=1}^{n} E_{i2005} - D_i \tag{7-5}$$

则可以得到 a 的数学表达式为：

$$a = \frac{\sum_{i=1}^{n} E_{i2005} - (E_{2005} - D)}{\sum_{i=1}^{n} \mathrm{Ln}(R_i)} = \frac{D}{\sum_{i=1}^{n} \mathrm{Ln}(R_i)} \tag{7-6}$$

根据 a 的值，可以得到各行业的 D_i 值，即各行业 2020 年节能量目标。

3）强度指标分解方法

该研究基于“到 2020 年我国单位国内生产总值二氧化碳排放比 2005 年下降 40% ~ 45%”进行强度目标分配。

$$I_{2020} = C \times I_{2005} \tag{7-7}$$

式中：C——剩余系数，数值上等于 1 减去单耗下降目标，即 0.55 ~ 0.6；

I_{2020}——2020 年我国单位国内生产总值二氧化碳排放；

I_{2005}——2005 年我国单位国内生产总值二氧化碳排放。

$$I_{i2020} = C_i \times I_{i2005} \tag{7-8}$$

对于各行业来说，C_i 分别为其剩余系数，同样存在；I_{i2020} 和 I_{i2005} 分别为各行业的 2020 年和 2005 年的单位产值能耗，即 2020 年各行业的单位产值能耗是 2005 年的 C_i 倍。

其次，各行业的综合性指标越大，应承担强度节能减排义务越大，未来强度应降低到更低的值，即 C_i 的值应该越小。同时，根据节能减排边际成本递增的原则，每增加一单位的节能减排付出的成本递增，所以节能减排义务边际递减，取自然对数可以很好的表现这一趋势。

故 C_i 的函数形式可设为：

$$C_i = f(R_i) = b \times \mathrm{Ln}(R_i^{-1}) \tag{7-9}$$

我国 2020 年能源消耗总量可以用式(7-10)和式(7-11)表示：

$$E_{2020} = \sum_{i=1}^{n} I_{i2005} \times C_i \times T_{i2020} \tag{7-10}$$

$$E_{2020} = T_{2020} \times I_{2020} \tag{7-11}$$

式中：　b——待估参数；

E_{2020}——2020 年全国能源消耗总量；

T_{2020}、I_{2020}——2020 年我国国内生产总值和单位国内生产总值二氧化碳排放。

根据式(7-8)~式(7-11),可以得到 b 的数学表达式:

$$b=\frac{T_{2020}\times C\times I_{2005}}{\sum_{i=1}^{n}\mathrm{Ln}(R_i^{-1})\times I_{i2005}\times T_{i2020}} \tag{7-12}$$

根据 b 值,可以得到各行业的 C_i 剩余系数值,即各行业 2020 年能源强度是 2005 年的倍数,由此可以得到各行业 2020 年能源强度值,也即 2020 年各行业应将能源强度降低到什么水平,才能保证全国 2020 年能源强度目标的实现。这一行业的能源强度值就是基于我国 2020 年能源强度减排目标的行业间分配结果。

7.3.2 "自下向上"情景分析方法研究

在不能明确确定能耗与碳排放总量以及强度目标的背景下,可采用"自下而上"的思路,即考虑碳排放和能源消耗的影响因素,在不同的情景分析下,设定各个规划指标的目标值,对能源消耗和碳排放进行模拟预测,继而确定总量及强度目标。同时,结合情景设置,确定各个规划指标的目标值。通常来说,至少需要考虑两种情景:一般趋势情景和节能(减排)情景。国际经验表明,碳排放强度变化趋势有其内在规律,即使没有低碳发展规划的干预,到工业化后期尤其是后工业化阶段,随着产业技术水平提高和知识密集型产业发展,也会使单位 GDP 能耗和碳排放强度自然趋于降低,这是一般趋势情景。低碳发展规划的减排目标是建立在一般趋势情景基础上的节能情景指标,通过采取多种"减碳"措施,使得碳排放进一步下降到低于一般趋势情景值。

随着经济社会的快速发展,工业化和城镇化进程加快,我国交通运输行业需求将呈快速增长趋势,未来影响我国交通运输部门能耗和碳排放量的因素包括外部因素和内部因素。外部因素是指交通运输行业发展的外部环境,包括人口、经济水平、产业布局、煤炭、钢铁、水泥等大宗货物发展情况、城市模式、出行方式等。内部因素则包括了交通基础设施建设、运输装备升级、智能交通与信息化发展、运输组织水平提升、科技创新(油品质量,替代燃料如天然气车、混合动力汽车、电动汽车的普及)、管理能力建设等。在结合规划指标以及影响因素的基础上,通过 LEAP 模型情景分析的方法,设计 3 种情景,研究确定未来我国交通运输行业能耗与碳排放可能出现的结果。

基准情景下,对交通运输行业节能减排方面的发展政策与国家其他相关政策保持一致,在交通基础设施建设、交通运输服务方面保持现行的相关政策。各种交通运输方式都得到充分发展,运输能力和运输效率得到较大提高,交通运输需求在不同运输方式之间选择的灵活度较高,主要取决于不同运输方式的经济技术特征。

低碳情景下,对交通运输行业节能减排方面的要求进一步提高,在交通基础设施建设、运营方面给予资金和政策倾斜。采用市场化手段推动节能环保型运输装备的使用。同时,加强综合交通运输体系建设,运输结构进一步优化,尤其是公路与铁路、水运等干线运输方式间的衔接运行组织水平有所提升,提升铁路、水运等运输比重。

强化低碳情景下,政府在对交通运输行业节能减排方面的要求更高,在交通基础设施建设、运营方面给予更大程度的资金和政策的倾斜。强化市场化手段的使用,通过进一步提高使用成本或惩罚性的手段,加强对相关的交通需求的抑制,引导和激励此类需求向低碳环保型运输方式转移。同时,能源结构更加清洁化。综合交通运输体系的初步建成,各种运输方式间衔接运行组织水平进一步提升,大幅度提升铁路、水运等运输比重。

根据以上情景,以 2005 年为基准年,通过研究分析不同情景下的碳排放趋势,就可以确定未来二氧化碳排放总量和强度的目标。通过不同的情景分析,就可以在确定总量控制目标的同时,结合情景设置,确定各个规划指标的目标。在情景设置时,各情景下,外部影响因素的主要参数见表 7-3。

各情景的主要参数与特征　　表 7-3

参数	基准情景	低碳情景	强化低碳情景
GDP	实现国家经济"三步走"战略目标,2010—2015 年年均增长速度为 8%,依次每五年的增长率为 7.7%、7.2%、6.6%、5.9%、5.1%、4.2% 和 3.2%	同基准情景	同基准情景
人口	2040 年达到高峰,在 14.7 亿左右,2050 年为 14.6 亿	同基准情景	同基准情景
人均 GDP	2050 年达到 4.5 万美元左右(以 2010 年不变价计算)	与基准情景类似	与基准情景类似
产业结构	经济结构有一定优化,2030 年后第三产业成为占据经济结构的主要成分,第二产业社会发展显示高物质消耗特点,重工业仍旧占重要位置	经济结构进一步优化,与目前发达国家的格局类似;新兴工业和第三产业发展快速,信息产业占据重要位置	经济结构进一步优化,与目前发达国家的格局类似;新兴工业和第三产业发展快速,信息产业占据重要位置
城镇化率	2030 年为 70%,2050 年为 80%	与基准情景类似	与基准情景类似
国内环境问题	得到较好治理,但是仍然为先污染后治理,体现环境 KUZNETZ 曲线效果	得到较好治理,KUZNETZ 曲线的峰值和波谷有所缩小,从"∩"转向"⌒"	2020 年得到治理,但前期仍没有完全摆脱先污染后治理,KUZNETZ 曲线的峰值和波谷有所缩小,从"∩"转向"⌒"

同时,对 2020 年客货运输周转量的情景设置见表 7-4。

不同情景下 2020 年交通运输旅客、货物周转量预测　　表 7-4

项目	货物周转量(万亿吨公里)		旅客周转量(万亿人公里)		城市客运量(亿人次)	
年份	2015	2020	2015	2020	3554	5281
基准情景	20.1	28	3.89	5.3	3376	4911
低碳情景	19.7	26.9	3.81	5.09	3376	4858
强化低碳情景	19.1	25.8	3.7	4.88	3554	5281

7.4　2020 年中国低碳交通运输规划目标研究

7.4.1　发展方针

低碳交通运输发展,就是要推进基础设施畅通成网、配套衔接,运输装备先进适用、节能环保,运输组织集约高效、经济便捷,运输服务快捷便民、公平优质。在价值取向上,倡导绿色运输、低碳出行;在指导方针上,坚持节约优先、保护为本;在实现路径上,贯穿建管养运、因地制宜;在推进方式上,强化创新驱动、示范推广;在目标追求上,实现"三低三高"(低消耗、低排放、低污染、高效能、高效率、高效益)、永续发展。

加快推进低碳交通运输发展,必须深入贯彻落实党的十八大和十八届三中、四中、五中和六中全会精神,以科学发展为主题,以加快转变交通运输发展方式为主线,按照"五位一体"总体布局的要求,按照"四个全面"战略布局,践行五大发展理念,将生态文明建设融入交通运输发展的各方面和全过程,以降低碳排放强度、合理控制碳排放总量的双控机制为核心,以加快推进低碳生态交通基础设施建设、节能环保运输装备应用、集约高效运输组织体系建设、低碳科技创新与信息化建设、低碳治理能力提升为主要任务,以试点示范和专项行动为主要推进方式,转变发展方式,调整交通结构,推动低碳转型,深化改革创新,加强协调联动,倡导全民行动,加快建设以综合交通、公交优先、绿色出行、创新驱动、智慧管理为主要特征的低碳交通运输体系,为实现交通运输现代化、建设美丽中国提供有力支撑。

7.4.2 基本原则

(1)统筹协调、科学发展。

统筹谋划综合运输体系与资源节约型环境友好型行业建设,统筹各种运输方式、区域、城乡交通运输协调发展,统筹近期发展与长远发展,充分挖掘结构、技术、管理节能减碳潜力,科学有序推进低碳交通运输体系建设。

(2)政府引导、全民行动。

政府主动作为,综合运用经济、法律、行政、技术等手段,注重完善工作机制和配套政策,切实强化政府监管约束和激励引导作用。充分发挥市场对资源配置的决定性作用,广泛调动企业作为绿色低碳发展主体的积极性和创造性,引导社会公众广泛参与,倡导绿色交通消费模式和出行方式,形成政府有效推动、企业自觉行动、社会共同行动的工作格局。

(3)创新驱动、长效发展。

把改革创新贯穿到交通运输发展的各个环节,大力推进理念创新、科技创新、体制机制创新和管理服务创新,充分发挥创新驱动在低碳交通运输发展中的支撑引领作用,从源头上破解深层次矛盾和问题,构建低碳发展长效机制,促进交通运输发展方式的根本性转变。

(4)分类指导、典型示范。

根据区域、城乡发展的不同特征,各种运输方式、各领域的不同要求,因地制宜,区别对待,分别确定发展思路、目标、重点和任务,强化分类指导,实施差别化政策。以试点示范、专项行动为抓手,培育一批行业典型,全面带动全国交通运输行业低碳发展。

7.4.3 总体目标

到 2020 年,现代综合运输体系建设取得显著成效,各种运输方式的比较优势得到充分发挥,交通运输基础设施、运输装备结构和运输服务结构进一步优化,现代化和集约化水平明显提高;全行业低碳发展意识明显增强,低碳交通运输战略规划体系、法规标准体系、组织保障体系、统计监测考核体系基本建立,体制机制更加完善,低碳监管能力和水平明显提升;政产学研用的低碳交通科技创新体系基本建成,低碳技术与产品得到广泛推广,智能协同的交通运输管理和信息服务体系基本建成,创新驱动能力明显提高;低碳交通运输科技研发取得重大进展,先进适用成果得到广泛推广应用,创新驱动能力明显提高。全行业能源利用效率明显提高,温室气体排放得到有效控制,基本建成适应全面小康社会和美丽中国建设要求的低碳交通运输体系。

(1)低碳生态交通网络体系基本建成。布局合理、功能完善、衔接畅通、安全高效、低碳生态的现代综合交通运输网络基本形成,对城市空间拓展和布局优化的调整引导明显增强。轨道交通、水运承运比重明显提高,国家级综合交通通道内客货运输有三种以上方式可供自由选择,国家级、省级枢纽的国际、国内转换能力显著增强,综合客运枢纽省辖市覆盖率明显提高,公路、航道养护水平明显提升。交通基础设施结构进一步优化,集约化水平明显提高,绿色低碳设计、施工、管理、养护、运营水平明显提高,对土地、能源、材料、水等资源节约循环利用水平明显提高,生态环境影响明显降低。

(2)节能环保运输装备体系基本形成。客货运输车辆与现代运输组织的适应性明显增强,厢式车、集装箱车及各类专用车比率达到30%以上,新增进入道路运输市场的车辆100%达到燃油消耗量限值标准;运输船舶与航道、港口发展的适应性明显增强,全国内河货运船舶船型标准化率达到40%以上;卫星定位等先进技术、产品在运输车船得到广泛应用,运输装备大型化、专业化、标准化和现代化水平明显提高;施工机械、施工船舶和港口装卸设备等结构调整优化取得显著成效;节能环保型运输车辆、船舶、装备、设备得到广泛推广,LNG、电力等清洁能源、新能源应用比例明显提高,太阳能、风能等可再生能源逐步得到推广,交通运输能源消费结构明显优化。

(3)集约高效运输组织体系基本形成。区域交通一体化、综合交通一体化、城乡交通一体化基本实现,轨道交通、水运的比较优势得到充分发挥,综合运输的整体优势和组合效率明显提升,结构性节能减碳潜力得到充分挖掘;运输生产组织管理能力明显增强,组织化水平明显提升;运输组织结构和经营结构更趋合理,运输企业规模化、集约化水平明显提升,物流社会化、专业化水平明显提高,三级交通物流基地基本形成,多式联运、甩挂运输等先进运输组织方式应用广泛,水铁货运周转量占比达到70%,道路甩挂运输拖挂比达到1:2以上,城市物流配送体系规模化程度明显提高,中心城内物流配送系统承担城市正常运行货运量的20%左右;公交优先战略得到全面落实,中远距离城际客运初步实现多方式多选择,都市圈内局部开行城际公交,基本形成以城市公交、城镇客运班线和镇村公交为框架的三级城乡客运体系,城市居民公共交通出行分担率达到30%以上。

(4)绿色低碳交通运输科技创新能力显著增强。绿色低碳交通运输科技创新体系基本建成,创新能力明显增强,形成一批符合全国绿色循环低碳交通运输发展需求的重大关键技术,行业科技进步贡献率达到55%以上;绿色循环低碳交通运输的科学素养显著提升,技术标准规范体系基本健全,技术服务和保障能力显著提升;绿色循环、节能低碳技术与产品推广应用水平明显提高,科技支撑保障作用显著增强;基本建立以交通运行协调指挥中心为核心的新一代智能交通管理与服务体系,基本实现行业信息的整合与共享以及决策功能,现代信息技术、物联网技术等在交通运输全领域广泛应用、深度融合,交通运输管理和服务的智能化水平显著提升。公众出行信息服务、公交一卡通覆盖率、干线公路ETC、干线航道水上ETC、沿海主要港口EDI平均覆盖率明显提高。交通运行监测网络更加全面、高效,重点营运车辆卫星导航系统入网率达到100%。

(5)绿色低碳交通治理能力显著增强。绿色低碳交通试点示范取得重大进展,建成一批在全国达到领先水平、具有典型示范意义的绿色交通示范区(省区、城市群、城市、区县、城镇等）、示范工程（公路、航道、铁路、港口、机场、客运枢纽、物流园区等）、示范企业（建设、施工、运营、客运、货运、港口、物流等企业），形成一批绿色交通示范技术和产品。绿色低碳交通运输发展战略规划体系、法规制度体系、标准规范体系和组织保障体系进一步完善，体制机制与制度环境建设成效显著；全行业绿色低碳意识和素质显著提高；交通运输节能减排与低碳发展统计监测考核体系进一步完善，低碳交通运输监管能力和支撑保障水平显著增强；低碳交通运输人才队伍建设及其管理体制、运行机制基本适应低碳交通运输体系建设的需要。

7.4.4 规划主要指标

1）已有规划指标回顾

《国务院关于印发节能减排"十二五"规划的通知》（国发〔2012〕40号）明确提出："到2015年，单位工业增加值（规模以上）能耗比2010年下降21%左右，建筑、交通运输、公共机构等重点领域能耗增幅得到有效控制……"，并首次明确提出了量化指标："到2015年铁路、营运车辆、营运船舶、民航业单位运输周转量能耗分别同比2010年下降5%、5%、10%和5%"，详见表7-5。

"十二五"期我国交通运输节能减排主要规划指标 表7-5

主要规划指标	单　　位	2010年	2015年	变化幅度/变化率
铁路单位运输工作量综合能耗	吨标准煤/百万换算吨公里	5.01	4.76	[-5%]
营运车辆单位运输周转量能耗	千克标准煤/百吨公里	7.9	7.5	[-5%]
营运船舶单位运输周转量能耗	千克标准煤/千吨公里	6.99	6.29	[-10%]
民航业单位运输周转量能耗	千克标准煤/吨公里	0.450	0.428	[-5%]

注：数据来源于《国务院关于印发节能减排"十二五"规划的通知》（国发〔2012〕40号）。

交通运输部《公路水路交通节能中长期规划纲要》《公路水路交通运输节能减排"十二五"规划》《建设低碳交通运输体系指导意见》《交通运输"十二五"发展规划》等文件提出了2015年、2020年全国公路、水路交通运输及城市客运的能耗及CO_2排放强度目标，相应可以测算出年均降幅，见表7-6。

2015年全国公路水路交通运输能源强度、碳排放强度降幅指标 表7-6

运输方式	指　标	能源强度目标（同比2005年）			碳排放强度目标（同比2005年）		
		单位	总降幅（%）	年均降幅（%）	单位	总降幅（%）	年均降幅（%）
公路交通运输	营运车辆	千克标准煤/百吨公里	10	1.05	千克CO_2/百吨公里	11	1.16
	营运客车	千克标准煤/千人公里	6	0.62	千克CO_2/千人公里	7	0.72
	营运货车	千克标准煤/百吨公里	12	1.27	千克CO_2/百吨公里	13	1.38
水路交通运输	营运船舶	千克标准煤/千吨公里	15	1.61	千克CO_2/千吨公里	16	1.73
	内河船舶	千克标准煤/千吨公里	14	1.50	千克CO_2/千吨公里	15	1.61
	海运船舶	千克标准煤/千吨公里	16	1.73	千克CO_2/千吨公里	17	1.85
	港口生产	吨标准煤/万吨	8	0.83	吨CO_2/万吨	10	1.05

续上表

运输方式	指　标	能源强度目标(同比 2005 年)			碳排放强度目标(同比 2005 年)		
		单位	总降幅(%)	年均降幅(%)	单位	总降幅(%)	年均降幅(%)
城市客运	城市客运	吨标准煤/万人次	18	1.96	吨 CO_2/万人次	20	2.21
	城市公交	吨标准煤/万人次	14	1.50	吨 CO_2/万人次	17	1.85
	出租汽车	吨标准煤/万人次	23	2.58	吨 CO_2/万人次	26	2.97

2)“十三五”期规划指标设定

“自上向下”目标分配方法需要大量的数据作为支撑,同时首先需要设定明确的总量和强度目标,但目前,国家对总量和强度目标并未有明确的设定。因此,在数据限制和目标未设定的背景下,采用“自下向上”情景分析方法,对各个规划指标目标值进行具体测算,同时,结合交通运输各行业的发展规划的定性研究,具体研究提出了 2020 年低碳交通运输规划的发展目标。

从能源需求看,3 种情景下,全社会交通运输需求总量呈现增长趋势,但由于技术进步和能源效率提高,低碳情景、强化低碳情景相对于基准情景,能耗总量相对减少。2020 年基准情景下我国交通运输行业能源需求将达到 7.0 亿吨标准煤;低碳情景下,使用高效的交通工具、考虑一定的运输结构改进和运输工具燃料结构的改进、经济结构调整带来相当活动水平降低的条件下,交通运输行业能源需求将达到 5.5 亿吨标准煤,节能量可达 1.5 亿吨左右;强化低碳情景下,寻求一种大中小城市均衡发展的城市化模式,以降低出行需求和货运运输需求,考虑更为激进的电动车等新能源车辆的渗透率,运输结构和运输工具燃料结构进一步改进,IT 技术融入到生产生活的各个方面,活动水平得到更多削减,交通运输行业能源需求将达到 5 亿吨标准煤,节能量达 2 亿吨。我国 2050 年交通运输行业能源需求情景如图 7-1所示。

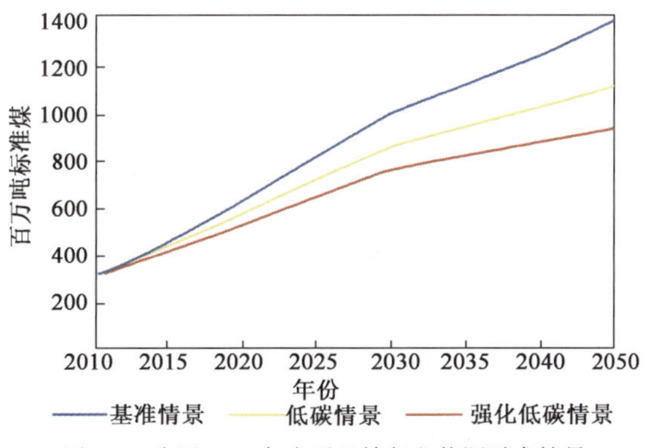

图 7-1　我国 2050 年交通运输行业能源需求情景

情景分析表明,我国交通运输的碳排放同样呈现快速增长的趋势,特别是在基准情景和低碳情景下。在基准情景下,交通运输行业的 CO_2 排放约为 15 亿吨左右;低碳情景下,CO_2 排放约为 11 亿吨左右;强化低碳情景下,CO_2 排放仅为 9 亿吨,同比低碳情景下降 26%,比基准情景下降 40%。我国 2050 年交通运输行业碳排放情景如图 7-2 所示。

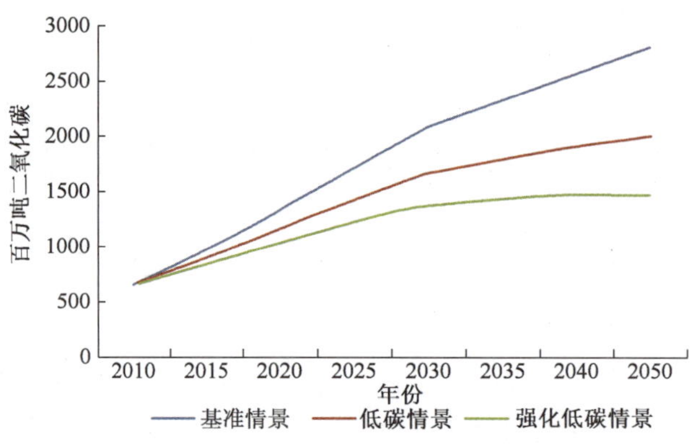

图 7-2　我国 2050 年交通运输行业碳排放情景

由于强化低碳情景具有更高的技术与条件约束,因此我们结合低碳情景下的分析结果,以及《国家应对气候变化规划(2014—2020 年)》《中国公路水路交通运输节能减排中长期规划研究》《中国交通运输低碳发展战略研究》等研究成果,初步给出了核心的规划指标目标值,具体见表 7-7。

"十三五"期我国低碳交通运输规划的核心指标体系　　表 7-7

指标类型			序号	指标名称	发展目标	单位	指标属性
综合性指标	总量指标	能源消费总量	1	交通运输能源消费总量	5.5	亿吨标准煤	预期性指标
		碳排放总量	2	交通运输碳排放总量	11	亿吨 CO_2	预期性指标
	强度指标	能源消耗强度	3	铁路运输单位运输周转量能耗下降率	5	%	约束性指标
			4	民航运输单位运输周转量能耗下降率	15	%	约束性指标
			5	营运车辆单位运输周转量能耗下降率	6.5	%	约束性指标
			6	营运船舶单位运输周转量能耗下降率	6	%	约束性指标
			7	港口生产单位吞吐量综合能耗下降率	2	%	约束性指标
			8	城市客运单位客运量能耗下降率	10	%	约束性指标
		碳排放强度	9	铁路运输单位运输周转量 CO_2 下降率	5	%	约束性指标
			10	民航运输单位运输周转量 CO_2 下降率	15	%	约束性指标
			11	营运车辆单位运输周转量 CO_2 排放下降率	8	%	约束性指标
			12	营运船舶单位运输周转量 CO_2 排放下降率	7	%	约束性指标
			13	港口生产单位吞吐量综合 CO_2 排放下降率	2	%	约束性指标
			14	城市客运单位客运量 CO_2 排放下降率	12.5	%	约束性指标

注:表中发展目标量化值是与 2015 年相比下降率。

7.5　本章小结

低碳交通运输规划目标是低碳交通运输规划的核心内容,本章首先构建了低碳交通运输规划指标体系,在此基础上,采用"自上向下"和"自下向上"两种思路对低碳交通运输规划指标目标值的测算方法进行研究，但由于数据支撑力度不够，以及国家关于碳排放总量减排目标设置尚未明确等因素，本章具体采用“自下向上”情景分析方法对 2020 年交通运输能源消耗和碳排放进行预测分析，并结合综合交通运输以及各子行业发展规划的定性研究，具体给出了“十三五”核心规划指标的目标值。结果表明，“十三五”期间交通运输行业的总量目标应控制在 5.5 亿吨标准煤，CO_2 排放量目标控制在 11 亿吨。

第 8 章　基于 ASIF 方法的低碳交通运输发展重点分析

8.1　引言

如何围绕低碳交通运输发展思路与目标指标，设计未来发展的战略路径，确定重点任务和主要抓手，使之具有前瞻性、可操作性，这是低碳交通运输规划编制的主要内容之一。本章以低碳交通运输系统分析、影响因素等基本理论为指导，特别是运用世界银行推荐的 ASIF 方法学的思想和原理，构建了低碳交通运输发展战略路径选择的概念性分析框架，同时坚持目标导向和问题导向，紧紧围绕破解发展难题、保障规划目标实现，研究提出我国低碳交通运输中长期发展的战略取向，并将“十三五”期需着力实施的重点任务，以低碳治理体系建设、低碳专项行动、低碳重点工程等为载体进行层层分解，细化落实。

8.2　研究方法与分析框架

8.2.1　ASIF 方法学

世界银行在其出版的《Flexing the link between Transport and Greenhouse Gas Emissions：a path for the World Bank》（IEA，2000）一书中建立了 ASIF 方法学用于分析研究交通运输部门的温室气体排放，具体而言，交通运输部门的 GHG 可以分解为四个组成部分，即活动水平（transport Activity）、交通方式构成（modal Split）、各种运输方式的能源强度（energy Intensity）以及不同燃料组成（Fuel mix）。用数学公式可以直观的表述为：

$$\text{交通运输 GHG 排放量} = \text{活动水平} \times \text{交通运输结构} \times \text{能源强度} \times \text{燃料类型} \times \text{碳排放因子} \tag{8-1}$$

8.2.2　研究分析框架

参考世界银行提出的用于研究分析交通运输系统 GHG 排放的 ASIF 方法学，同时充分借鉴国内外关于低碳交通运输发展战略、路线图、实现途径等相关研究成果，构建了一个适用于低碳交通运输战略路径选择的概念性分析框架，如图 8-1 所示。

从图 8-1 可以看出，围绕 ASIF 方程式（8-1）中 4 个核心变量，针对低碳交通运输发展的需求因素、结构因素、技术因素和管理因素 4 大类影响因素，需求引导、结构优化、技术变动、制度创新无疑就是核心的战略途径，结合交通运输行业特点，特别是针对当前存在的突出问题以及确保要实现的规划目标，分别确定未来低碳交通运输发展的战略取向。

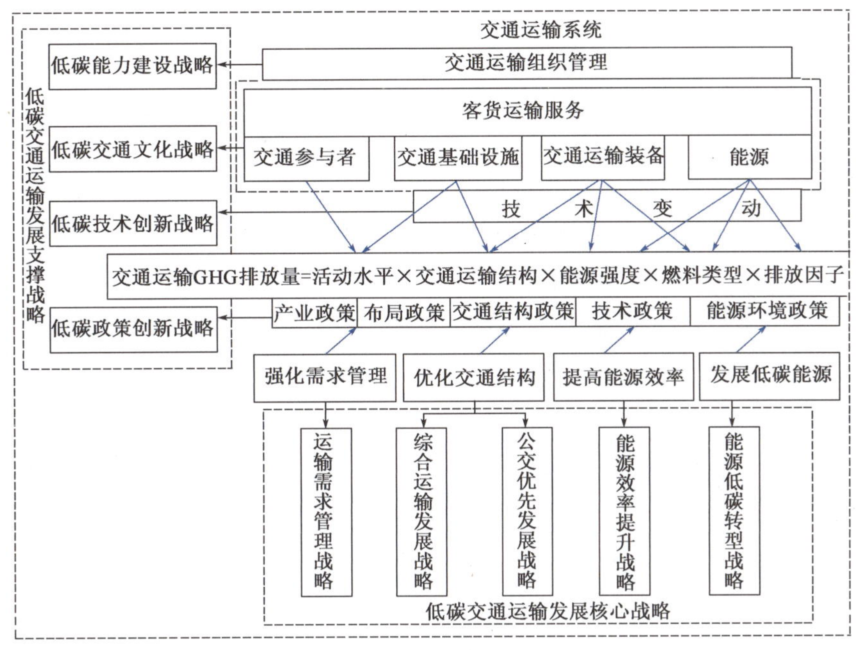

图 8-1　低碳交通运输战略路径选择的研究分析框架

8.3　战略取向

低碳交通运输发展是一项复杂的系统工程，必须统筹谋划、重点突破。基于上文提出的研究分析框架，针对当前制约低碳交通运输发展的突出问题，迫切需要在运输需求管理、综合运输发展、公交优先发展、能源效率提升、能源低碳转型、低碳技术创新、低碳政策创新、低碳能力建设、低碳文化培育等方面取得突破性进展，如图 8-2 所示。

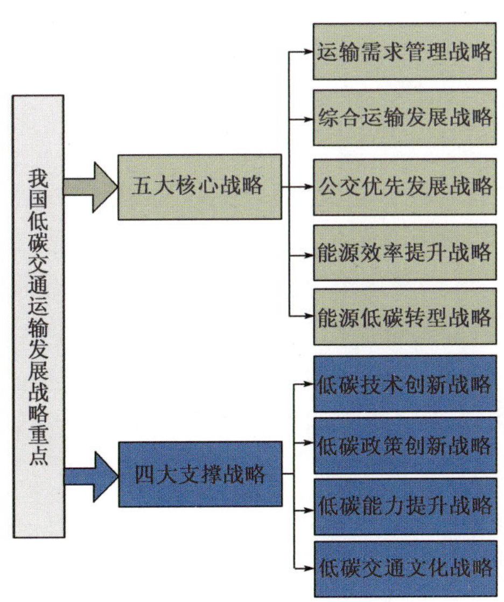

图 8-2　我国低碳交通运输发展战略重点体系构架

8.3.1 运输需求管理战略

交通运输是国民经济和社会发展的基础性、先导性产业和服务性行业,交通运输需求是经济社会发展的派生性需求。低碳交通运输发展,不仅要不断提升对经济社会发展的保障能力和服务水平,而且还要合理引导经济社会对交通运输的需求强度,强化运输需求的源头控制,变被动适应为主动服务、变支撑保障为先行引领。

(1)加快优化三次产业结构,降低单位 GDP 运输需求强度。加快调整优化三次产业结构,降低高耗能的重工业比重,大力提高轻工业、服务业比重,不仅可以降低单位 GDP 综合能耗和碳排放强度水平,而且也将促进交通运输货种结构的调整优化。能源、原材料等低附加值、大宗商品的运输需求比重将逐步降低,高附加值的工业商品比重不断提升,煤炭、油品、矿石、粮食等大宗货物的比重将持续下降,集装箱运输比重不断提高,从而有助于源头上削减运输服务需求的总量,降低单位 GDP 运输能源强度和碳排放需求强度水平,实现交通运输发展速度和结构质量效益相统一。

(2)充分发挥交通运输对产业布局、城镇化发展的引领作用。以交通运输网络布局支撑和引领产业的合理布局和战略性调整,通过发展适合的区域间干线交通运输模式,开展灵活的区域配送运输网络建设,合理规划和建设交通运输网络体系,带动产业布局和空间结构的合理化,实现都市圈同城化、城镇布局紧凑化等能够发挥交通运输结构优化和集约效应的发展模式;通过公共交通引导城市发展(TOD),尽可能减少无效运输需求,缩短客货运输距离,从整体上降低交通运输活动水平,降低能耗和碳排放总量。

8.3.2 综合运输发展战略

目前,我国各种运输方式之间分头规划、建设与运营各自的线路和基础设施,执行各自的运输管理规则,缺乏有效协调与高效整合。低碳交通运输发展必须坚持以发展综合运输为战略统领,优化运输结构,着力构建节能低碳型综合交通运输体系。

(1)调整优化运输结构,加快构建节能低碳型综合交通运输体系。按照“宜水则水、宜陆则陆、宜空则空”的原则,充分发挥各种运输方式的比较优势和组合效率。近期重点是要加快发展水运、铁路等绿色低碳运输方式,不断提高其承运比重,充分发挥其运能大、能耗低、排放少的比较优势。

(2)加快推进综合交通运输枢纽建设,强化衔接协调。加快推进综合客运枢纽和物流园区建设,实现客运零换乘货物和无缝衔接,加强区域、城乡交通一体化,提升交通运行效率。

(3)积极发展甩挂运输、多式联运等先进运输方式,大力发展现代物流。推动货运企业向现代物流企业转型,培育一批具备供应链统筹能力的龙头企业,提高货运实载率。

(4)加快优化交通运输装备结构。加快发展大吨位车辆、大型化船舶,提高车辆、船舶平均载重吨位。积极推进节能与清洁能源道路客货运车辆、公交车、出租车、城市物流配送车辆、营运船舶的应用。

8.3.3 公交优先发展战略

目前,我国城市公交系统的建设仍处于粗放型发展状态,城市交通拥堵状况日趋严重,要全面落实城市共公交通优先发展战略,多措并举加大城市交通拥堵治理,优先发展城市公共交通与慢行交通,提升城市交通系统低碳化水平。

(1)发展大运量公共交通系统。结合行业内开展的"公交都市"创建示范工程,从补贴机制、服务水平、信息化建设等方面采取措施,实现公共交通的规划优先、用地优先、资金优先和路权优先,加快快速公交(BRT)、公交专用道、轨道交通建设,自行车道、行人道等慢行系统的建设,着重发展地铁、BRT 等。

(2)提高城市公共交通运行效率和服务质量,提高绿色出行比例。不断提高城市公共交通的服务质量,落实票价优惠政策,提高公交出行分担率,使公共交通成为民众出行的优先选择。加强城市慢行系统和公共自行车服务网络建设,着力提高自行车、步行等绿色出行比例。

8.3.4　能源效率提升战略

低碳交通运输发展,不仅要注重交通基础设施、运输技术装备的低碳化,而且也要注重加强运输组织管理,提高运输系统效率。效率提升也是低碳交通运输发展的重要实现途径。例如,在提高运输效率方面,通过有效的组织管理尽可能发展直达运输,在不超载的前提下,根据客货量合理配置车型,尽可能提高客货运输车辆的实载率,降低空驶率;在港口作业方面,通过尽量减少装卸与输送机械空转时间,优化作业流程、缩短输送距离、减少倒载次数等,提高装卸生产效率,节能减排效果明显;在城市交通方面,通过完善城市慢行系统、落实公交优先,吸引公众多选择绿色出行方式,减少私家车出行,改善交通流管理,加强城市交通信号的智能化管理,缓解城市交通拥堵,可以大大降低城市交通的能源消耗和温室气体排放;在物流管理方面,通过加强物流公共信息平台建设,可以实现物流链各环节、各参与方的信息共享,提高运输组织效率,降低碳排放;在各种运输方式的衔接上,通过加强综合客货运枢纽建设、统一运输装备标准,实现各种运输方式的"无缝衔接",减少换装、换乘和无效运输,实现节能减排。

8.3.5　能源低碳转型战略

能源的低碳化、清洁化发展是低碳交通运输发展的重要途径。然而当前,我国交通运输能源消费仍然过度依赖于石油制品,且与欧美发达国家相比有不小的差距。因此,必须大力发展替代能源、清洁能源和可再生能源,加快推动交通用能的绿色低碳转型。

2020 年之前,应重点大力推广天然气车船和纯电动汽车、插电式混合动力汽车;加快推进轮胎式集装箱龙门起重机(RTG)等港口装卸机械的"油改电"工作;深入开展铁路电气化改造;高度重视可再生能源的开发和使用,因地制宜地利用风能、太阳能、水能、地热能、海洋能等可再生能源,不断提高港口、民航机场、铁路和公路站场、沿线设施等附属设施中可再生能源的使用比例;开展清洁燃料专项行动,着力提高燃油品质。此外,坚持实事求是、循序渐进、稳步推进,大力支持推广油电、气电等混合动力汽车,同时积极试点应用纯电动、氢燃料电池等新能源车辆。2020 年之后,应在道路运输领域大力推广新能源车辆,因地制宜研发推广第三代生物质燃料;积极探索风能、太阳能、核能等在运输船舶中的应用;积极研究探索应用生物质燃料替代航空煤油等。

8.3.6　低碳科技创新战略

要坚持实施创新驱动战略,组织实施低碳交通科技专项行动,加强物联网等信息化重大关键技术研发和推广应用,加快节能低碳先进适用技术和产品的推广应用,着力提升科技创新对低碳交通运输发展的驱动力和支撑力。

(1)增强低碳交通科技创新能力。加强低碳交通科技投入稳定增长机制,努力实现从政府供给导向转至市场需求导向的彻底转变,逐步形成以政府为引导、企业为主体、社会和中介机构积极参与的低碳交通科技投入体系。构建以企业为创新主体、科研单位和大学作为创新骨干的组织体系。集中优势资源开展低碳交通重大关键技术攻关,着力突破制约低碳交通运输发展的技术瓶颈。

(2)加快低碳交通科技成果转化与推广。加强先进适用的节能低碳技术、产品的研发与推广,尤其是集装箱车辆、大飞机、高铁、电动机车、专业运输船舶、电动汽车、混合动力汽车、燃料电池汽车等运载装备。建立低碳交通关键技术与产品推广应用的信息沟通和共享平台、鼓励性政策和管理机制。

(3)加强营运组织智能化。加强现代高新技术应用研究工作,为交通运输现代化提供技术准备。交通运输管理部门注重从直接、经验式管理向间接、调控式管理转变。未来一段时期应大力推广智慧交通技术,如物联网、车联网、船联网、智能交通系统(ITS)、智慧公路、感知航道,公路和水上 ETC、公众出行服务系统、公共物流信息平台、公交、出租车和港口智能调度系统等。

8.3.7 低碳政策创新战略

切实强化政策创新,建立健全有利于低碳交通运输发展的相关政策、法规、标准等制度体系,充分发挥政府对低碳交通运输发展的调控和引导作用。

(1)加大低碳交通资金投入力度,加强研究绿色交通财税等政策。研究建立符合地方实际的低碳交通经费投入政策和激励机制,研究探索节能低碳投资担保机制,拓宽交通运输低碳融资渠道;研究完善促进低碳交通运输发展的财税金融等激励政策,积极探索差异化的车船使用税、通行费等政策,密切跟踪研究碳税、燃油消费税、资源环境税、能源资源价格改革等对交通运输领域影响及对策。

(2)探索和制定市场调节政策。积极推进交通运输节能减排的市场化运作。如合同能源管理、领跑者制度、绿色标识、碳排放交易等;按照"高耗高排高税、低耗低排低税"原则制订汽车购置和使用环节的税收减免、贷款优惠政策;对低碳燃料采取差别税率,积极促进碳税、环境税等绿色税制改革。推进营运车辆碳排放准入与退出政策改革。进一步推进能源价格机制改革,如出台阶梯价格等来加快推进港口岸电、天然气、混合动力、燃料电池、纯电动装备的使用推广。

(3)加强交通需求管理(TDM)政策创新。研究实施恰当的交通需求管理政策,其主要包括限行限购政策、差别化停车收费、智能停车管理、交通拥堵收费、单双号限行、错时上下班措施等。研究制订新能源车辆的购置、使用优惠政策。如政府优先采购新能源汽车,为新能源汽车提供道路行驶优先权、停车优先权;减免道路附加费(如交通拥堵费、过路过桥费、养路费、停车费等)等。

8.3.8 低碳能力建设战略

目前,低碳交通运输相关法规标准、能耗统计监测均处于起步阶段,迫切需要加强低碳交通基础能力建设。

(1)完善低碳交通运输战略规划体系。由交通运输部牵头负责组织编制并实施综合交通运输体系规划,统筹布局、合理规划,推进各种运输方式的优化组合,加快推进综合交通运输体系建设。注重低碳发展的顶层设计,加快研究制订低碳交通与综合交通、绿色交通和智慧交通有机结合、相互促进的宏观战略和长远规划。

(2)完善低碳交通运输法规标准体系。研究制订《交通运输节约能源条例》等法规,建立健全相关配套规章、标准和制度体系。重点加紧完善营运车船燃料消耗和碳排放的市场准入和退出、重点企业节能减排监管、交通固定资产投资节能评估和审查等制度;研究制订节能减排标准体系建设专项行动计划,抓紧制订港口装卸机械、交通施工机械等燃料消耗和碳排放限值标准,完善公路桥梁工程节能设计、绿色施工等技术规范,不断提高交通运输节能减排管理的法制化、规范化和标准化水平。

(3)建立健全统计监测考核体系。完善交通运输能耗统计监测和环境统计监测报表制度,稳步推进公路客货运、城市客运、沿海和内河船舶、港口能耗在线监测工作及数据库平台建设,加强交通环境统计平台和监测网络建设,建立标准统一的行业能耗及碳排放统计数据库。研究开展交通运输重点用能单位能源审计工作,逐步建立交通运输行业能源管理师职业制度。建立交通运输绿色低碳发展指标体系、考核办法、奖惩机制。

8.3.9　低碳文化培育战略

构建低碳交通运输发展的长效机制,就必须积极培育并大力传播低碳交通文化。推动低碳交通发展与行业文化建设有机融合,大力推进低碳交通文化理论创新,丰富低碳交通文化内涵,积极培育具有时代特征、行业特色的低碳交通文化,将其融入行业核心价值体系加以推广和弘扬。积极培育低碳交通文化新载体,结合低碳交通运输发展最新成果,探索建设一批交流推广科普展示平台,推动低碳交通文化传播。广泛、深入、持久地开展形式多样的低碳交通宣传活动,组织开展经常性的绿色低碳交通培训教育、技术和经验交流工作,普及低碳交通的科学知识、实用技术、操作技能,全面提升全行业人员低碳理念与业务素质。完善公众参与机制,推动全民行动,充分发挥舆论引导和监督作用,发挥新型媒体在低碳交通宣传中的作用,大力宣传低碳交通建设先进典型及成功经验,做好“全国低碳日”“无车日”等宣传活动,加强对社会公众的引导,倡导低碳交通出行方式和消费模式,鼓励选择公共交通出行,鼓励购买和使用节能环保型交通运输工具。将低碳理念全面融入交通运输发展的各方面、各环节,大力推广普及低碳驾驶、绿色维修、节能操作、生态设计、绿色施工等理念与技术,使绿色低碳成为全行业乃至全社会的自觉行动。

8.4　重点任务

紧紧围绕上文提出的低碳交通运输发展战略途径,按照突出重点、分解任务、落实抓手的要求,以加快推进低碳交通治理体系建设、组织开展低碳交通专项行动、大力实施低碳交通重点工程三大任务为核心载体,提出重点任务的体系框架,如图 8-3 所示。

8.4.1　低碳治理体系建设

1)低碳交通运输制度体系建设

十八届三中全会明确要求建立系统完整的生态文明制度体系,完善环境治理和生态修复制度，用制度保护生态环境。“十三五”期，应加快建立一套管用够用的低碳交通制度体系，为低碳交通运输发展提供长效持久的制度约束。

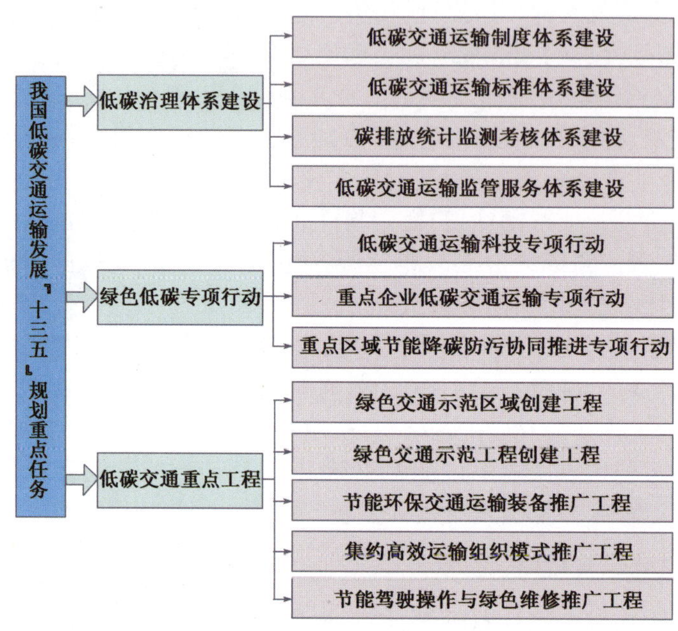

图 8-3　我国低碳交通运输发展规划的重点任务体系框架

(1)完善低碳交通运输战略规划体系。

加紧研究制订适宜我国国情特点的低碳交通运输发展宏观战略，完善规划体系，系统性、科学性、前瞻性地研究提出到 2020 年、2030 年和 2050 年低碳交通运输发展的总体思路、战略目标、重点任务和路线图。建立健全规划审批备案、定期评估考核、动态通报和及时制(修)订机制，加强对规划执行情况的督促和检查。做好低碳交通运输规划与主体功能区规划、土地利用规划、城市总体规划、综合交通运输发展规划等相关规划的衔接协调，将综合交通路网布局、综合交通枢纽与物流园区规划与建设、轨道交通及公交场站建设与线网调整、自行车服务网络、加油加气站、充换电站等配套设施布局等纳入总体规划中，争取在项目审批、用地、资金等方面得到保障。

(2)加强低碳交通运输法治体系建设。

积极研究制订促进交通运输节能减排与低碳发展的地方性法规、规章，建立健全相关配套规章、标准和制度体系。进一步完善落实公交优先发展战略、机动车污染防治等相关配套法规规章、标准和制度体系。结合当前温室气体减排、氮氧化物总量控制、PM2.5 治理等工作部署，进一步完善交通运输能源消耗监测、统计考核等方面的规章、制度和标准。完善低碳交通发展的管理制度和运行机制，重点加紧完善营运车船燃料消耗限值市场准入和退出、在用车的检测和维护制度(I/M 制度)、交通固定资产投资节能评估与碳排放评估和审查、重点企业节能减排监管、能源审计、能源管理体系建设、绿色低碳认证等制度。健全交通运输固定资产投资项目节能评估与审查制度，完善节能评估导则和审查指南，严格执行规划与建设项目环境影响评价制度，大力推进能评、碳评、环评“三评合一”制度，将节能低碳与环保要求作为项目立项、初步设计、施工及验收中的刚性指标。全面提升低碳交通运输发展的法制化和规范化水平。

积极跟踪国家应对气候变化法律法规建设动态，抓紧研究制订交通运输节能减排与应对气候变化的部门规章和地方法规，建立低碳交通运输总体政策框架和制度安排，明确各方权利义务关系，为相关低碳交通发展提供法制基础。积极跟踪国家节能、环境保护、可再生能源、循环经济等相关领域法律法规的制（修）订动态，发挥相关法律法规对推动低碳交通运输的保障作用，保持各领域政策与行动的一致性，形成协同效应。

（3）大力推广低碳交通运输市场机制。

将探索建立市场化减排机制作为低碳交通运输发展改革创新的突破口，积极开展碳排放权交易、节能量交易、节能减排自愿协议、合同能源管理、能效领跑者制度、能效标识与节能低碳产品认证等机制。

①大力推广合同能源管理机制。逐步培育绿色循环低碳交通运输服务机构，积极引导大型交通用能单位与专业节能环保服务公司加强合作，为企业实施节能低碳改造提供第三方审计、诊断、设计、融资、改造、运行、管理等服务。重点在城市轨道交通节能改造、营运车船先进成熟节能产品（技术）应用、靠港船舶使用岸电、绿色照明、公共机构大型建筑等领域组织启动一批合同能源管理的示范项目，带动全行业发展，使合同能源管理成为推进交通运输绿色低碳转型的重要机制。

②探索建立碳交易制度。交通运输行业开展碳交易要根据各地区实际情况，综合考虑交通运输企业的活动特点和温室排放监测难易程度，制订交通运输温室气体排放核算与报告指南、核查指南，研究确定重点排放单位范围和时序，稳步推进交通运输企业参与碳排放交易。积极引导和推动交通运输企业根据《温室气体自愿减排交易管理办法》，探索开展自愿减排交易活动。同时，结合正在开展的北京、天津、上海、重庆、湖北、广东、深圳等碳排放权交易试点，加强与有关部门的沟通协调，特别是在总结深圳、上海两地探索将公共汽车、出租汽车、港站等纳入试点工作的经验基础上，不断扩大深化交通运输行业的参与面，并制订相关配套政策。此外，还要密切跟踪全国碳排放交易管理办法、全国碳排放交易市场建设总体方案研究制订的动态，紧紧围绕全国碳排放交易市场建设的战略目标、工作思路、实施步骤和配套措施，做好交通运输领域碳排放权分配、核算核证、交易规则、奖惩机制、监管体系等方面制度设计的研究储备工作。加紧部署开展交通运输行业碳排放交易支撑体系建设，加快交通运输领域碳排放交易专业人才培养，组织开展交通运输行业减排项目的减排量核证方法研究，低碳交通认证认可制度以及其他相关配套政策及监管制度方面的研究，开展低碳交通第三方核证机构认可。

③建立低碳交通认证制度。研究低碳交通产品、服务、组织、项目、活动等层面碳排放核算方法和评价体系。加快建立完整的交通运输行业碳排放基础数据库。建立低碳交通产品认证制度，制订相应技术规范、评价标准、认证模式、认证程序和认证监管方式。推进各种低碳交通标准、标识与国家层面的衔接协调。推广低碳交通产品认证。选择汽车、机车、船舶、工程机械、装卸机械等交通运输行业重点用能产品，开展低碳交通产品认证。选择部分地区开展低碳交通产品推广试点，开展低碳交通认证宣传活动。加强低碳交通认证能力建设，强化认证机构能力建设和资质管理，规范第三方认证机构服务市场。在交通产品、服务、组织、

项目、活动等层面建立低碳交通荣誉制度。

2)低碳交通运输标准体系建设

加紧制订发布交通运输节能减排标准体系,提高标准化推进工作的系统性、前瞻性和科学性。制订实施《交通运输节能减排标准体系建设专项行动计划(2015—2020年)》,有序推进交通运输节能减排降碳标准体系建设,力争到2020年完成100项左右标准的制(修)订工作,重点支持交通运输用能设备、设施、企业能效和碳排放强度标准,节能减排降碳项目的节能减排量核算标准,低碳交通产品、技术、区域、工程和企业评价认证标准,交通基础设施绿色设计与施工标准,重点补充完善有关交通运输重点耗能产品能效限定值及能效等级标准、碳排放限值、碳排放检测等减排方面的标准,形成行业重点耗能产品能效、技术装备能耗限额、碳排放管理等重要标准体系。

(1)着力提升低碳交通运输技术标准化水平。加大基础性研究力度,因地制宜完善相关地方标准和企业标准体系,重点建立交通运输行业能耗计量与统计标准体系。规范新技术、新产品的节能减排效果测试评价流程,制订新技术选型标准。编制营运车船合理用能指南。研究制订企业能源审计地方性标准。研究制订营运船舶、港口装卸机械、交通施工机械等燃料消耗、碳排放和主要污染物排放分级限值标准,完善公路桥梁与港航航道工程节能设计、绿色施工等技术规范或技术指南。鼓励地方开展相关低碳交通标准化探索,制订国家标准、行业标准时,积极吸纳地方标准相关内容。加大对低碳交通标准化建设的投入,加强标准与科技研发的有机结合,着力增强标准质量和实施效果,做好标准的宣传贯彻,加大对标准执行情况的监督检查工作力度,提升国际标准化活动的参与度与话语权,充分发挥标准化对低碳交通发展的支撑和保障作用。

(2)大力推动低碳交通运输管理标准化建设。在交通运输部标准化管理委员会、交通运输部节能减排工作领导小组的统筹指导下,由交通运输部科技司、综合规划司具体组织牵头协调,联合交通运输部公路局、水运局、运输司等相关司局,以及国家铁路局、中国民航局、国家邮政局,基本建成政府、企业、社会组织各司其职的交通运输节能减排标准化管理体系。充分发挥企业在交通运输节能减排标准体系建设中的主体作用。鼓励企业制订和采用先进标准,通过提升企业节能减排标准化工作水平,提高企业竞争力。鼓励企业参与或承担国家和行业节能减排标准制(修)订工作。积极推进企业成立交通运输节能减排标准制(修)订联盟,制订联盟标准。支持社会组织开展交通运输节能减排标准化工作。积极鼓励社会组织在市场化程度高、技术创新活跃的专业领域,探索社会组织标准制(修)订模式和体制,稳步推进社会组织标准化工作健康发展,并逐步通过社会组织标准的增量带动政府推荐性标准的改革,全面提升全国交通运输行业低碳管理的标准化水平。

3)碳排放统计监测考核体系建设

建立健全与交通运输行业节能减排评价考核工作相适应的节能减排监测体系,运用信息化手段进一步加强行业节能减排统计、监测业务能力建设,提高数据来源可靠性和可信度,强化节能减排监测指标的调查、分析和发布工作。在现有的统计监测考核制度设计的基础上,加强人员培训,畅通数据采集渠道,公正客观地判断交通运输行业节能减排工作成效。建立交通运输领域节能减排统计与监测平台和能耗排放监测与评价系统,包括公路客货运输、城市客运、水路运输、港口、铁路、民航等领域节能减排能耗远程在线监测、统计与评价系统建设，制订《交通运输行业控制温室气体排放工作考核办法》。全面落实《交通运输行业节能减排工作考核办法》，切实将节能减排降碳工作纳入各级交通运输部门的职责和日常管理、工作考核之中。通过科学的统计监测和严格的考核奖惩机制，促进行业节能减排降碳工作常态化、制度化。

健全交通运输行业温室气体统计核算体系。建立健全行业温室气体排放基础统计制度，将交通运输温室气体排放基础统计指标纳入政府和行业统计指标体系，建立健全涵盖公路、水运、铁路、民航、管道、城市客运、社会车辆等领域、适应温室气体排放核算要求的基础统计体系。根据温室气体排放统计需要，扩大能源统计调查范围，细化能源统计品种和指标分类。行业重点用能单位和排放单位要健全能源消费和温室气体排放原始记录和统计台账。实行重点企业温室气体排放数据报告制度。完善温室气体排放计量体系，加强排放因子测算和数据质量监测，确保数据真实准确。

加强温室气体排放核算工作。尽快制订发布省级、城市交通运输行业温室气体清单编制指南，规范清单编制方法和数据来源。制订重点交通运输企业温室气体排放核算与报告指南。研究建立全国交通运输行业温室气体排放数据信息系统。定期编制国家和省级交通运输行业温室气体清单。加强对各地区、各领域交通运输温室气体排放核算工作的统筹指导，做好年度核算工作。构建国家、地方、企业三级交通运输温室气体排放基础统计和核算工作体系。鼓励和指导地方交通运输主管部门和交通运输企业探索建立温室气体排放核算系统。

4）低碳交通运输监管服务体系建设

（1）加快完善低碳交通运输监管网络。加强各级交通运输主管部门节能减排与应对气候变化机构和能力建设，完善工作机制，建立交通运输行业节能减排与气候变化专家咨询机构，并积极发挥其决策智囊的作用。适应低碳交通运输发展新形势，着力转变职能、理顺关系、提高效能，尽快建立健全权责明确、决策科学、执行顺畅、运转高效、监督有力的交通运输节能减排监管体制，形成以交通运输主管部门为主导、企业为主体、全行业齐抓共管的工作格局。积极协调有关政府部门，强化部门间合作，形成低碳交通监管合力。加强低碳监管队伍建设，着力提升各级交通运输部门监管能力，切实加大交通运输节能减排工作的监督检查力度。加快推进交通运输行业能源监测体系建设，充分发挥交通运输行业各级节能减排监测机构作用，在已有的行业能源监测（技术服务）体系的基础上，调整布局，增设站点，进一步完善网络，着力提升监管能力。鼓励重点企业建立节能减排专职机构，配备专职人员，逐步形成权责明确、协调顺畅、运行高效、保障有力的低碳交通监管网络。

（2）加强低碳交通运输人才队伍建设。研究制订低碳交通运输人才体系建设方案，建立规范化、制度化的低碳交通人才培养、技能认定机制，完善相关配套政策，以高层次人才、高技能人才发展和紧缺人才引进培训为重点，统筹推进交通运输行业低碳管理人才、专业技术人才、技能型人才等各类人才队伍建设。建立与国际组织、国外政府机构、交通运输企业、研究咨询机构等交流、培训等合作机制，搭建与国际先进科研力量的技术和管理经验交流平台，鼓励我国低碳交通领域科学家和研究人员参与国际研究计划。加强低碳交通学科建设和人才培养基地建设，加强低碳交通技术研发及战略政策研究基地建设，健全长期研究支撑机制，加强低碳交通科研项目的财政支持力度。积极培养、引入与交通运输行业节能减排与低碳发展密切相关的科技力量和人才,重点加强低碳交通战略与政策、统计核算、新闻宣传、国际谈判等领域专家的培养,逐步建立一支数量充足、结构合理、业务精湛、实践经验丰富的专业化人才队伍。建立和完善低碳交通人才培养激励机制,重视人才的专业优势和工作效能。实施低碳交通科普行动计划与从业人员素质提升工程,开展形式多样、内容丰富的专项培训、技术和经验交流,将低碳交通知识纳入职业教育和培训体系,全面提高从业人员的低碳素质、管理能力、业务水平和操作技能,为低碳交通运输发展提供坚实的人才保障和智力支持。

(3)加快推进低碳交通运输服务体系建设。健全低碳交通运输相关支撑和服务机构。加快发展低碳交通运输服务产业,积极培育交通运输节能低碳技术服务市场。促进交通运输节能低碳技术服务机构转换机制、创新模式和拓宽领域,组织开展节能低碳技术交流推广、咨询服务、信息发布、宣传培训等活动,多渠道、多形式推广节能低碳技术与产品。充分发挥交通科研机构和行业学会协会等在行业低碳交通规划、技术政策与标准规范的制订和实施,低碳交通技术推广、能源消耗统计、低碳宣传培训和信息咨询等方面的积极作用。加强社会中介组织的功能建设,大力发展市场中介组织,鼓励低碳交通资质管理和培训机构、金融、检测、评级、核查、技术成果转化等专业服务机构发展,规范中介服务市场秩序。建立交通运输行业能效中心,传播先进的节能低碳技术和管理经验,发布国内外交通运输能耗和能效信息,推进交通运输能效检测体系和节能减排先进技术研发创新平台建设,促进形成全国交通运输行业低碳交通技术研发与示范中心。

(4)加强低碳交通运输展示科普交流推广平台建设。加快推进低碳交通省区、低碳交通城市、低碳公路、低碳铁路、低碳机场、低碳港口、低碳航道、低碳场站、低碳物流园区等技术交流推广科普展示平台,分领域、分主题精心筛选一批典型先进适用低碳技术原理、工程应用和管理实践经验进行集中陈列展示,为用户和参观者提供低碳理念概念、技术应用、工程设计、工程实施、运营监控等全方位的视觉听觉感觉体验。扩大科普对象,组织青少年开展参观活动,拓展展示平台功能,充分发挥其交流传播、科学普及、宣传推广和示范引领作用。

8.4.2 绿色低碳专项行动

1)低碳交通运输科技专项行动

加大对低碳交通关键技术与产品的研究开发的支持力度,增加研发经费投入,引导企业及科研院所等社会力量开发低碳交通技术与产品。重点推进新能源汽车关键零部件、高效内燃机、大涵道比涡扇发动机、航空动力综合能量管理、高效通用航空器发动机、航空生物燃料、节能船型、轨道交通等方面的技术研发。加快低碳交通技术与产品推广应用。研究制订并及时发布交通运输行业重点节能低碳技术和产品推广目录,实施一批低碳交通技术和产品应用示范工程。重点推广高效内燃机、混合动力汽车、纯电动汽车、替代燃料汽车、智能交通技术、绿色照明技术、路面再生技术、节能控制技术、先进材料技术等先进适用技术,加快推进低碳交通技术产业化发展,在交通领域组织开展低碳技术创新和产业化示范工程。健全相关支撑机制。形成低碳交通技术遴选、示范和推广的动态管理机制。加快建立政产学研用有效结合机制,引导交通运输企业、高校、科研院所等根据自身优势建立低碳交通技术创新联盟,形成低碳交通技术研发、示范应用和产业化联动机制。强化低碳交通技术产业化环境建设,增强行业重点实验室、研发中心等对低碳交通技术产业化的支持力度,推动技术转移体系的完善和发展。

2)重点企业低碳交通运输专项行动

密切配合国家发展改革委万家企业节能低碳专项行动,继续深入开展“车、船、路、港”千家企业低碳交通运输企业专项行动,鼓励和支持各级交通运输主管部门,结合地方实际,研究部署启动重点交通运输企业节能低碳专项行动,力争培育打造1000家不同类型绿色交通示范企业。加紧制订交通运输行业重点用能单位、排放单位节能减排管理办法,强化对重点企业的节能减排监管,与重点用能单位签订节能减排目标责任书,切实加强跟踪、指导、监督和考核,组织对重点用能单位能源利用状况的监督检查和主要耗能设备、工艺系统的检测。建立交通运输行业重点企业用能状况动态监测信息平台,定期公布重点用能单位的能源利用状况。积极引导重点用能单位改进用能管理和技术,督促企业建立严格的节能减排管理制度和有效的激励机制,制订并实施节能减排规划和计划,开展能源审计与碳盘查,加强能源与碳排放管理体系建设的认证与评价工作,改进用能管理,开展节能减排技术创新与应用。通过强化对重点企业的节能减排监管,充分发挥重点企业节能减排的示范效应,充分调动各类交通运输企业的积极性,促进交通运输企业节能减排管理的规范化、常态化,推动交通运输行业节能减排工作向纵深发展。

3)重点区域节能降碳防污协同推进专项行动

车船尾气排放是城市大气污染的重要来源,节能减排与大气污染防治同根同源,必须加强协同治理。根据国务院发布《大气污染防治行动计划》要求,在京津冀、长三角、珠三角等大气污染防治的重点区域,以及绿色交通试点省份(江苏等)、试点城市等试点区域,深入开展交通运输降碳防污协同专项行动,优先发展城市公共交通,大力发展慢行交通,着力推广节能与新能源汽车,提升交通运输清洁能源比重,大力推广低碳交通运输建养技术、港口清洁生产技术等,使交通运输温室气体和主要污染物排放强度和总量逐步降低,减少交通运输对区域大气污染的贡献率,打造成为理念创新、科技创新、制度创新、管理创新的绿色交通先行示范区。

8.4.3　低碳交通重点工程

1)绿色交通示范区域创建工程

组织实施绿色交通示范区域创建“十百千”工程,即到2020年,力争打造一批绿色交通省和绿色交通城市(区县),形成一批区域辐射带动作用明显甚至国际影响力的交通运输生态文明建设先导区、绿色交通示范区,带动全国低碳交通运输体系建设。

(1)绿色交通示范省创建工程。

参照交通运输部、江苏省人民政府携手打造绿色交通示范省份的推进模式,继续深入积极探索部省合作推进绿色交通示范省区建设的新机制,到2020年力争打造一批绿色交通示范省,形成一批区域辐射带动作用明显的交通运输生态文明建设先导区、绿色交通示范区。编制并落实绿色低碳交通省区专项发展规划和创建实施方案,并在各绿色交通示范创建省区灵活开展全方位、立体化的试点示范工作体系,分别开展若干省级低碳交通城市、绿色低碳公路、铁路、机场、港口、航道、装备等行动。加大财政投入和政策支持力度,鼓励体制机制创新,率先形成低碳交通运输发展模式。2020年试点省区的交通运输能源与碳强度下降幅度超过全国平均水平。积极利用国家低碳省区试点、生态文明建设先导区、“两型”社会建设试验区、可持续发展实验区等,协同开展低碳交通试点示范工作。

(2)绿色交通示范城市(区县)创建工程。

在全国范围内深入开展绿色交通城市创建活动,认真研究制订各城市的低碳交通运输发展路线图和时间表。紧紧围绕加快建立城市现代综合交通基础设施体系、节能环保交通运输装备体系、集约高效运输组织体系、绿色低碳科技创新与智能交通体系、绿色低碳交通治理体系等,在各试点城市重点开展节能与清洁能源天然气应用、温拌沥青和厂拌热再生、公路养护技术、公路改扩建、车辆更新与结构改造升级、生态护岸、靠港船舶使用岸电、客运站建设、绿色公交、绿色汽修、绿色驾培、综合交通枢纽、绿色低碳场站、客货运输、运输组织、公共自行车出行规划、城市公交调度信息管理与发布系统、出租汽车管理信息系统(含电召)、智能交通系统、公众出行服务信息系统等低碳建设相关工作,加快各试点城市的低碳交通运输体系建设。积极利用国家发展改革委低碳城市试点、重点小城镇试点示范、财政部节能减排财政综合性示范城市、交通运输部公交都市示范工程创建城市等工作,协同开展低碳交通城市试点示范工作,倡导形成绿色低碳的交通运输发展方式、运输服务方式和出行消费模式。探索开展绿色交通城市(区县)试点,从规划、建设、运营、管理全过程探索低碳交通发展与低碳城市建设相融合的新模式,为全国新型城镇化和低碳交通运输发展提供有益经验。

大力推进“公交都市”和绿色出行示范工程。全面落实公交优先发展战略,加快城市轨道交通、城市公交专用道、快速公交系统(BRT)等大容量公共交通基础设施建设,加强自行车专用道和行人步道等城市慢行系统建设。建立以城市轨道交通、大容量公交为主的城市公共交通客运体系,不断提高公交服务的深度和广度。以“公交都市”示范工程建设为契机,加快全国公交优先示范城市、示范省区建设。加快推进大型、特大型城市轨道交通发展,建成以轨道交通为骨干、常规公交为主体的城市公共交通服务网络。大力推进公交线网新辟和优化调整,提高公交线网密度,不同交通方式线网有效衔接,构建结构合理、便捷高效的运营网络体系,全国城市建成区公交实现全覆盖。加快公共交通场站、城市公交专用道等基础设施建设,构建供给充分、路权优先的基础设施保障体系,改善公共交通通达性和便捷性,提高公交车辆平均运营速度和换乘效率,提升公交服务质量和满意度,增强公交吸引力。鼓励发展共乘交通,扶持和鼓励提供班车、校车服务。在符合条件的城市研究实施出租汽车合乘政策,推广出租汽车电召服务和约租服务。大力推广城市公共自行车,减少公众机动化出行。综合运用法律、经济、行政等交通需求管理措施,加大拥堵治理力度。加强静态交通管理,推动实施差别化停车收费,引导公众低碳出行。

2)绿色交通示范工程创建工程

组织开展低碳交通示范工程创建行动“双百”工程,即到2020年,依托重大基本建设项目或重要交通基础设施为载体,力争打造一批绿色公路、绿色交通示范枢纽(场站)、绿色铁路、绿色机场、绿色港口和绿色航道示范工程等。

(1)绿色公路示范创建工程。

加紧组织绿色公路示范创建工作。在公路基础设施建设、养护和运营领域,积极组织开展先进适用节能低碳技术的推广应用工作,分别从路面工程、桥梁工程、交安设施、管理服务系统等方面全面落实低碳发展理念,全面降低能源资源消耗与排放水平。重点是:①大力推进沥青和水泥混凝土路面材料再生利用、废旧轮胎胶粉改性沥青筑路应用以及粉煤灰、矿渣、煤矸石等工业废料在公路建设中的应用；②积极组织实施公路隧道绿色照明工程，推广 LED 灯等节能灯具，组织开展隧道通风照明控制技术、智能联动控制技术和联网控制系统等的示范和推广，大力推进太阳能、风能等可再生能源应用；③大力推进电子不停车收费（ETC）全国联网工程，扩大 ETC 车道覆盖率，加紧研究制订对公务车、私家车购买 ETC 装置进行费用优惠、补助政策，迅速扩大用户群；④大力推行绿色低碳设计与施工，组织编制并推广绿色低碳设计、施工和管理指南，推行标准化管理，重点加强对工程施工设备能耗与排放管理的准入退出和过程监管，积极开展环保治理和环保标志管理，推进柴油施工设备加装尾气后处理装置，降低施工过程节能减排；⑤对全国高速公路服务区、收费站实施节能照明改造，并积极推进太阳能风光互补方式供电，加快建成一批绿色低碳服务区和收费站；⑥加大公路“碳汇林”建设力度，加强生态防护、植被恢复与路侧绿化建设，增加碳汇能力。

（2）绿色枢纽示范创建工程。

①加快构建综合客运枢纽体系。加快综合客运枢纽建设，扩大枢纽辐射范围，基本形成以枢纽机场、高速及城际铁路站为主体的重点突出、规模适中、衔接高效、运转协调的综合客运枢纽体系，促进客运“零换乘”。建设完善特大型、大型和小型层次分明、结构合理、配套衔接的综合客运枢纽体系。完善客运枢纽集疏运体系，提升特大型和大型综合客运枢纽对相邻城市的服务能力。构建三级换乘体系。加强城市换乘中心、县城客运站和乡镇公交站建设，实现居民出行便捷高效换乘。

②绿色低碳货运物流场站建设。重点推进国家级枢纽城市的综合交通枢纽建设，加快推进一批省级综合交通枢纽建设，同步配套建设枢纽集疏运设施。优化公路货运站场布局，建设衔接顺畅、高效便捷的公路站场服务体系。加强物流集聚地区的货运站场建设，做好铁路、民航枢纽场站与城市交通有机衔接、协同运转，推进产业节点与运输网络的衔接，推进港口疏港铁路、疏港高速公路建设，减少中转换乘和迂回运输，提高运输效率，促进货运的“无缝衔接”。

（3）绿色铁路示范创建工程。

加紧组织绿色铁路示范创建工作。在铁路基础设施建设、养护和运营领域，积极组织开展先进适用节能低碳技术的推广应用工作，分别从铁路选线、铁路轨道、路基和铁路站场及枢纽、桥梁隧道、机车工程、车辆工程、信号工程、交安设施、管理服务系统等方面全面落实低碳发展理念，全面降低能源资源消耗与排放水平。

（4）绿色机场示范创建工程。

①全面组织开展绿色机场评价活动。在新建机场和既有机场改扩建中，积极推进节能低碳新技术应用，优先采用高效率、低能耗的设计方案。加快建立和推行绿色机场建设标准，在机场建设审批中研究增加节能减排评估内容，逐步建立绿色机场评价指标体系和考核体系。

②加大机场设施设备改造和更新力度。支持机场加快节能低碳新技术、新装备的推广应用，为航空公司提高运行效率、降低能耗提供条件。积极引导机场通过技术改造和更新换代加快淘汰高耗能老旧设施设备，减少场内设备运行耗能和排放。建立机场设施设备的节能技术标准，提高新增设施设备的耗能准入门槛。规范计量器具的配备和使用，严格执行计量标准。

③着力提高机场运行管理效率。建立民航主管部门之间的协调沟通机制，加强机场、航空公司和空管部门的协作，优化地面运行组织和飞机停靠方案，缩短滑行距离，减少地面运行排放。

(5)绿色港口示范创建工程。

在全国范围内全面开展绿色港口评价与示范创建活动。重点开展RTG"油改电"靠港船舶使用岸电、港区堆场等LED灯新建及改造，以及电力驱动集装箱门式起重机、皮带机运输机智能节电系统应用、装卸机械应用天然气、地源热泵能源站、LED照明、光伏发电及风光互补照明工程，码头储罐、到港船舶和加气站的油气回收，能效监测与管理平台建设、物流集配电子商务系统、港口智能运营管理系统等低碳建设相关工作，将港口打造成为交通运输行业低碳发展的窗口。

①大力推进港口结构调整。着力完善沿海和内河港口布局，加快建成煤炭、原油、铁矿石、集装箱等海运直达、江海河转运和中转联运的专业化、集约化运输系统布局。完善港口集疏运体系，提高集疏运效率。加强沿海港口结构调整、资源整合力度，促进港口群之间的功能互补和有效协作，着力实现品质与内涵的提升，提高港口的集约利用效率。推进内河港口向等级标准化、布置集中化、作业机械化方向发展，以高等级内河航道建设为契机，打造内河水运枢纽，构建高效综合服务、畅通平安绿色的内河航运体系。加强老码头改造升级和货主码头公用化，提升既有码头设施的专业化和现代化水平，提高港口通过能力和生产效率，降低港口生产能耗和排放水平。

②优化港口装卸设备结构。加快港口装卸机械技术升级改造，大力推进港口集装箱轮胎式起重机(RTG)"油改电"工作，实现沿江沿海港口集装箱码头全面完成"油改电"。积极推进件杂货码头轮胎吊和汽车吊"油改电"以及港区水平运输车辆(集卡)的"油改气"技术改造，加快淘汰高耗能、低效率的老旧设备，引导轻型、高效、电能驱动和变频控制的港口装卸设备发展，提高港口装备的整体技术水平。大力提高港口码头作业效率和设备利用效率。

③推进码头绿色照明改造。在港区内码头灯塔、库房等地实施节能照明改造，推广使用LED灯替代传统的高压钠灯。

④加快推进港口智能化进程。建立港口能源消耗自动化管理系统，实现对港口油、电的实时动态监控管理，全面掌握能源消耗的分布情况，提升节能减排工作水平。建立港口物流公共信息系统，解决港口物流跨部门间的信息互动、单证流转、货物跟踪，支持互动操作和多式联运协同作业，在完成流程的设计、技术标准的制订等基础上建立一个跨系统、多元异构、实时联动的共享集成服务平台，提供无缝式全程物流信息一体化服务，并在此基础上，逐步集成实现港口物流电子商务功能。

(6)绿色航道示范创建工程。

深入开展绿色航道示范创建工程，在全国航道中重点开展设计施工和管理标准化、江海河联运、生态护岸整治、节能航标、航道工程土方综合利用、LED航标灯使用，以及水上ETC、多船闸智能调度、航道移动执法和巡航系统、航道水文、气象和货运信息综合发布系统、船舶交通量观测系统和GIS电子航道业务综合指挥调度平台建设等低碳交通建设相关工作，全面提升航道建设、运营与管理的绿色低碳化水平。

3) 节能环保交通运输装备推广工程

(1) 提升运输装备大型化、专业化、标准化水平。大力调整优化车辆运力结构。加快淘汰高能耗、低效率的老旧车辆。加快发展适合高等级公路的大吨位多轴重型车辆、汽车列车，以及短途集散用的轻型低耗货车，引导货运车辆向重型化、厢式化、专业化、标准化方向发展。鼓励发展低能耗、低排放的大中型高档客车，大力发展大容量的城市公共交通工具，优化轨道交通运力投放，积极发展大运力 BRT 公交车、现代化有轨电车，进一步发挥大运量、高效率公共交通工具的运输优势。大力调整船舶运力结构，加快淘汰能耗高、污染大的老旧船舶与落后船型。优化船队吨位结构，推动海运船舶向大型化、专业化方向发展，扩大顶推船队规模，发展与航道技术标准相适应的大型化、标准化船舶。以促进船舶技术进步和提高航运竞争力为目标，综合运用技术、经济、法律、行政等手段，加快全国内河船型标准化推进力度，引导内河船舶运力结构优化，提升内河航运竞争力，促进内河航运节能环保比较优势的充分发挥。

(2) 推广应用新能源和清洁能源车船，逐步优化用能结构。全面落实《国务院办公厅关于加快新能源汽车推广应用的指导意见》的要求，积极开展节能与新能源汽车示范推广试点。稳步推进公共汽车、出租汽车、公务车等新能源车辆的应用试点，逐步提高城市客运领域 LNG 车辆、混合动力车的比重。鼓励替代燃料在公路运输、城市公共汽车和出租汽车中的应用，加大混合动力、纯电动汽车在交通行业的示范与推广。大力加强加气、充换电等配套设施的规划与建设。积极推进清洁能源船舶试点应用。重点推广新建 LNG 动力船舶以及在用船舶的 LNG 动力改造，总结 LNG 船舶试点经验，加快完善 LNG 船舶技术标准和管理规定，进一步扩大 LNG 船舶应用。加快老旧船舶的更新换代，通过船舶技术升级、能源选型改善船舶用能结构，减少碳排放。

(3) 严格执行营运车船燃料消耗限值及机动车排放标准。严格营运车船燃料消耗限值准入管理。根据《道路运输车辆燃料消耗量检测和监督管理办法》要求，严格实行营运车辆燃料消耗量准入制度，对企业新增、报废更新的车辆严格按照燃料消耗量限值标准进行核查，从源头上严把业务办理的审核关，不符合标准的车型不得投入营运，确保新增进入道路运输市场的车辆 100% 达到燃料消耗限值标准。按照交通运输部统一部署，适时推进实施营运船舶燃料消耗量准入制度，严把营运船舶能耗准入关。严格执行机动车排放标准，加快淘汰黄标车。研究缩短公交车、出租车强制报废年限。加快提升车、船用燃油品质，机动车严格执行国Ⅳ标准，船舶使用低硫燃油。探索调控机动车保有总量，扩大高污染机动车限行范围。全面推行机动车环保标志管理，鼓励购买节能环保型汽车。

(4) 推广绿色低碳工程机械设备。调整优化交通施工机械装备、工程船舶结构。加快淘汰高能耗、高排放、老旧工程机械、工程船舶等，提高交通建设用能设备的整体技术效率。严格对道路养护车辆进行维护保养，加快淘汰黄标养护工程车辆。

4) 集约高效运输组织模式推广工程

(1) 加快调整优化运输结构。积极促进公路、水路、铁路、民航和城市交通等不同运输方式的高效衔接。依托水运优势和干线铁路网络，研究编制多式联运发展规划，大力发展全国江海河联运、公铁水联运、海铁联运。加快发展水路运输，按照“宜水则水、宜陆则陆”的原则，积极引导大宗散货物资选择水运方式运输，提高水运在综合运输中的承运比重。优先发展城市公共交通,建立以“城市公共交通+自行车/步行”为主体,出租汽车为补充的绿色出行系统,大幅提高公共交通出行分担比例。

(2)加快优化客货运输组织管理模式。优化公路客运组织管理模式。加强客运运力调控,提高道路客运企业规模化、集约化水平,推广滚动发班等先进客运组织模式,提高客运实载率。形成集约化程度高、大型客运集团公司和品牌运输为主导,中小型客运企业为辅的客运市场分工格局,满足全社会对道路旅客运输服务的需求。加快推进城乡客运一体化,积极鼓励和引导城市公交向城市周边延伸覆盖。在城区范围内优先发展公共交通,推进公共交通换乘枢纽建设,改善公交与步行、自行车、小汽车等不同交通方式之间衔接换乘条件。优化公路主枢纽布局,以优质高效的集约化运输网络与管理模式,全面提高客运效益与效率。引导货运企业规模化发展,提高物流组织化程度。以“大力建设信息化基础平台、整合各种物流资源、培育大型第三方物流企业、完善集疏运系统”为主线,从系统工程角度综合考虑,通过多部门共同努力,全方位、多层次、多模式形成合力推动全国物流体系建设。培育现代物流龙头企业,重点扶持一批大中型典型第三方物流企业,培育一批规模化、专业化、网络化的现代物流企业群体,打造物流集聚发展区,提高物流社会化、专业化水平。

(3)大力开展甩挂运输节能减排推广工程。将加快发展甩挂运输作为转变道路运输发展方式、调整公路运力结构、提高货运实载率的突破口。认真落实《关于促进甩挂运输发展的通知》《甩挂运输试点工作实施方案》精神,在全国范围内筛选典型区域和典型公路运输企业在适当地区和线路上组织开展甩挂运输节能减排试点工作。在试点的基础上,进一步完善促进甩挂运输发展的相关政策、法规和标准,带动和推进甩挂运输在全国范围内的快速发展,构建甩挂运输发展长效机制,提高公路货运业运输生产效率和能源利用效率,降低能耗和排放水平。

5)节能驾驶操作与绿色维修推广工程

(1)大力推广绿色驾驶与节能操作。总结和推广汽车、火车、飞机、船舶、港口装卸机械、工程机械等绿色节能驾驶操作与管理经验、技术,组织编写机动车驾驶员、船员绿色驾驶操作手册和培训教材,将绿色低碳意识和技能作为机动车船驾驶培训教练员、汽车船舶驾驶员从业资格资质考核认定的重要内容和依据。开展汽车驾驶员绿色驾驶、装卸机械和工程机械的操作技能培训与竞赛,加强船员航行操作与管理节能减排培训,逐步建立一支节能环保意识强、驾驶技能好、业务素质高的机动车和列车驾驶员、船员、飞行员和机械操作人员队伍。

(2)大力推广车船驾驶培训模拟装置。出台机动车、运输与工程船舶、驾驶模拟器资金补助管理办法,加快建设全国驾培管理平台,实现驾培模拟器教学与IC卡计时联网。力争到“十三五”末,基本建成较完善的机动车驾培行业节能减排体系,使全国使用机动车模拟器教学的驾培机构覆盖面达到75%以上。

(3)组织实施绿色维修工程。针对目前全国机动车维修业的节能环保状况,从机动车维修业的管理要求、维修作业和废弃物处理等方面加强机动车维修的节能减排。运用新技术、新材料在汽车维修业中推广实施绿色机电、绿色钣金、绿色涂漆以及绿色废弃物处理工艺。组织实施在用车检测维护(I/M)制度,启动机动车排气污染监测I/M制度试点工作,研究在用车尾气排放相关维护技术规范,提升汽车尾气排放不达标车辆维护水平。鼓励在洗车环节的废水循环再利用，节约水资源。实施对汽车维修人员的节能培训，提高汽车维修行业相关技术、操作规程等的宣贯力度，加强学员的实地操作培训，组织开展机动车检测维修技能竞赛，提高机动车检测维修从业人员的业务素质和服务水平。研究制订绿色汽修地方标准。深入组织全国开展“绿色维修”创建示范活动，挖掘和总结“绿色维修”示范企业节能减排方面的先进经验和先进技术，通过典型示范，以点带面，逐步扩大绿色维修创建范围，促进绿色维修创建长效化、规范化、标准化开展。

8.5　本章小结

本章以 ASIF 方法学等理论为指导，提出了低碳交通运输发展的战略途径—重点任务的研究分析框架，立足于我国国情，提出运输需求管理、综合运输发展、公交优先发展、能源效率提升、能源低碳转型、低碳科技创新、低碳政策创新、低碳能力建设、低碳文化培育 9 个方面的战略途径，并提出了“435 计划”的重点任务，即低碳交通制度体系、标准体系、统计监测考核体系、监管服务体系 4 大低碳治理体系建设；低碳交通科技、重点企业、重点区域协同治理 3 大绿色低碳专项行动；绿色交通示范区域、绿色交通示范工程创建，节能环保运输装备、集约高效运输模式、绿色驾驶操作与维修推广 5 项低碳交通重点工程，可为科学谋划中国特色的低碳交通运输发展道路、保障低碳交通运输规划目标实现提供决策参考。

第 9 章　低碳交通运输技术规划研究

9.1　引言

低碳交通运输技术是指能减少交通运输温室气体排放或者增加碳汇、减缓气候变化的技术。低碳交通运输技术通常可以通过可量化的碳减排量与减排成本等核心指标予以表征,以确定不同技术发展的优先顺序,便于不同部门之间的横向对比。另外,与气候变化适应技术评估相比,有关气候变化减缓技术或低碳技术评估的研究基础更好,因此也更全面、更可靠,在应对气候变化和低碳发展中具有举足轻重的作用。

低碳交通运输技术是实现低碳交通运输发展的重要途径和必然要求,是低碳交通运输规划的重点领域之一,而低碳交通技术评估是低碳交通技术规划的最为核心的内容。通过开展低碳交通技术评估,一方面可以有效地推动低碳交通技术开发与转让,支持各个国家技术发展战略和规划的制订,降低技术获取成本,提高应对气候变化能力。另一方面,通过技术评估能够深入了解我国交通运输业低碳技术的发展现状、减排潜力与减排成本,识别关键的低碳交通运输技术,明确低碳交通技术发展的重点方向和领域,从而加快转变交通运输发展方式、推动行业绿色转型和结构升级。因此,本章在低碳交通运输发展战略路径的基础上,重点开展低碳交通运输技术评估,筛选优先技术,具体保障规划目标和重点任务实现所需的技术。

9.2　低碳交通运输技术规划方法

9.2.1　概述

低碳交通运输技术规划方法主要有德尔菲法、情景分析法、趋势外推法、头脑风暴法、关联树法、技术路线图。技术路线图综合应用了前几种方法,成为新兴的组合式技术管理和技术规划的方法。

(1)德尔菲法。对一组专家多次发放问卷,并进行反馈,使专家意见趋于一致与有效。该方法适用于预见未来各种技术发展概率,为政府制订规划服务。

(2)情景分析法。列出未来发展的多种可能性,并设置技术“路标”,倒推哪一种可能性更加逼近真实情况。该方法适用于情形复杂、不确定性高的预测规划。

(3)趋势外推法。采用历史数据和数学模型拟合技术系统的运行,从而推断未来技术发展方向。该方法适用于技术呈渐进性发展的情形。趋势外推法首先由赖恩(Rhyne)用于科技预测。他认为,应用趋势外推法进行预测,主要包括以下 6 个步骤:选择预测参数,收集必要的数据,拟合曲线,趋势外推,预测说明,研究预测结果在制订规划和决策中的应用。

(4)头脑风暴法。一种设定了规则的专家会议,规则包括在每个人发表意见时,其他人不许相互评判等,让创造性思维尽可能地迸发。该方法适用于获取关键技术集合。

(5)关联树法。用树状结构,将需要研究开发技术的目标分解成低水平的目标,确定技术进步层级和概率。该方法适用于技术目标清晰、目标易于分解的情况。

(6)技术路线图。利用视图工具反映技术及其相关因素(如科学、产品、市场等)的发展,综合运用各种方法,是各利益相关者对未来技术发展的一致看法。适用于需要综合考虑各方利益的复杂情况下使用,兼顾市场拉动和技术推动。技术路线图发展初期,最大的特点就是采用图示的方法,设置具体技术节点,便于产业对关键技术进行识别。但随着该技术不断完善,逐步将其他技术规划方法也收纳其中,用来解决技术路线图绘制中的具体细节问题,成为一种集成战略管理工具与技术规划工具,为相关政策的制定提供依据。

9.2.2　基于技术预见和路线图的低碳交通运输技术规划

低碳交通运输技术规划的内容通常包括技术需求分析、技术发展现状和趋势分析,重点领域和关键技术的清单,开展技术评估,进行技术选择和技术发展路径研究。基于技术预见和路线图的低碳交通运输技术规划流程如图 9-1 所示。

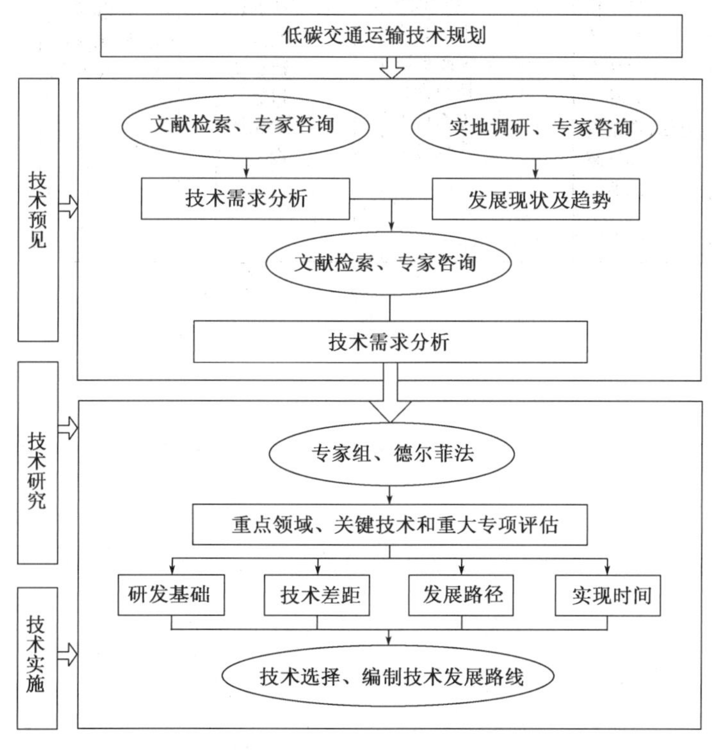

图 9-1　基于技术预见和路线图的低碳交通运输技术规划流程

关键技术选择是通过产业界、学术界和官方的密切结合,制订具有前瞻性、实用性、复合性的具有较大市场潜力和能充分推动产业升级的一系列关键技术。关键技术的选择是一个复杂的、较为长期的并且加以不断调整的过程,包括技术的调查、预见、评价、选择等一系列活动。要对现有的行业技术状况、未来的技术进行大量的调研,并与有关产业部门进行反复协商,公布确定结果,每隔一两年重新进行评价和调整。

9.3 关键技术评估方法

交通运输行业关键低碳技术选择的研究方法有：一是进行文献调研，从已有的文献、报告、论文和数据库中收集已有的技术。二是实地调研，收集目前交通运输业实际运用中的减排技术。三是汇总分析，形成交通运输业减排技术清单。四是开展评估，通过建立减排潜力—减排成本曲线，给出减排技术清单优先序，如图 9-2 所示。

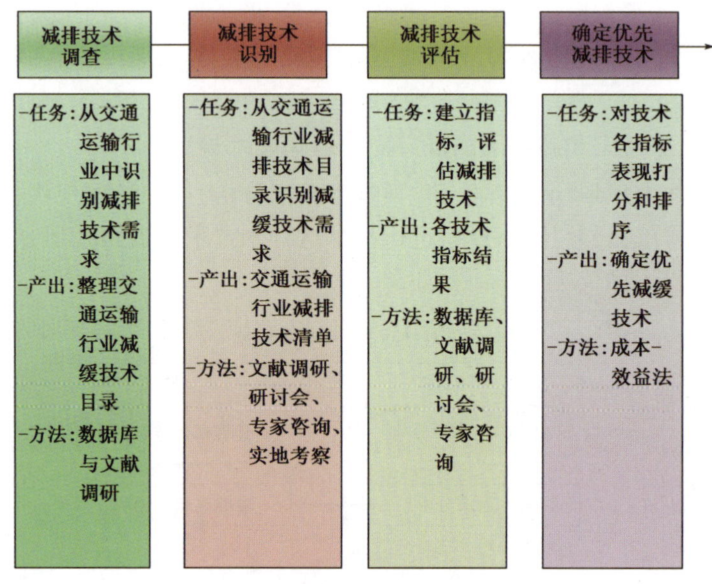

图 9-2　低碳交通运输关键技术评估步骤

9.3.1 国内外文献综述

根据技术需求评估方法学研究内容，一是对国内外交通运输行业减缓技术进行归纳总结，得到基于现有文献的技术清单；二是总结现有文献关于技术需求评估方法如效益—成本理论、边际减排成本曲线、层次分析法（AHP）、多指标决策分析法（MCDA）等，形成方法储备。

9.3.2 函调和实地调研相结合

结合国务院《综合运输体系“十二五”发展规划》《节能减排“十二五”规划》《“十二五”控制温室气体排放工作方案》《应对气候变化国家方案》《国家应对气候变化规划（2014—2020 年）》，交通运输部《交通运输节能减排专项资金管理暂行办法》《交通运输节能减排专项资金申报指南（2013 年度）》《公路水路交通节能长期规划纲要》《公路水路交通运输节能减排“十二五”规划》《绿色循环低碳交通运输发展指导意见》《公路水路交通运输科技“十二五”发展规划》《公路水路交通运输主要技术政策》，原铁道部《铁路“十二五”节能规划》《铁路主要技术政策》《铁路节能技术政策》，中国民用航空局《民航行业节能减排规划》《民航局关于加快推进行业节能减排工作的指导意见》《民航节能减排专项资金管理暂行办法》《民航节能减排专项资金申报指南（2015 年度）》，科技部《应对气候变化技术“十二五”专项规划》《2014—2015 年节能减排科技专项行动方案》《中国应对气候变化技术专项行动》《中国节能技术政策大纲(2006 年版)》等战略规划和管理政策中优先发展的交通运输行业减缓技术,以及对典型交通运输企业和有关行业协会进行函调和实地调研,确定交通运输行业减缓技术,形成技术总清单。

9.3.3　成本—效益评估

对技术评估,采用定量测算,通过减排潜力和减排成本两个核心指标对技术的指标表现排序得到优选技术序,减排成本和减排潜力目标年均为 2020 年。

9.4　关键技术识别

9.4.1　低碳交通运输技术的重点领域

从交通运输能耗和 CO_2 排放量结构来看,交通运输业减排技术要重点关注以下几个方面:

(1)基础设施建设中的减排技术。我国交通运输业的增长速度较快,其建设施工、运营和养护中的减排技术,如温拌沥青技术、冷再生和热再生技术、综合运输枢纽运营和设计技术、港口节能减排技术等,均是当前及今后一段时间我国交通运输业重点需要优先考虑的领域。

(2)交通运输装备的减排技术。如车、船、飞机、火车的节能节油技术、替代燃油技术等,在这 4 种交通运输方式中,公路运输的二氧化碳排放占比最大,2012 年占比 35% 左右,公路是减排的重点领域。

(3)运输服务管理中的减排技术。包括多式联运技术、甩挂运输组织技术、智能交通系统(ITS)、公众出行服务信息系统、物流公共信息平台等。

我国目前已出台的战略与政策文件有《能源发展“十二五”规划》《“十二五”国家应对气候变化科技发展专项规划》《中国节能技术政策大纲》等,根据已出台的这些战略政策文件,整理文件中的相关技术。从我国的交通运输实际发展情况来看,交通运输部《交通运输节能减排专项资金申请指南(2012 年度)》《交通运输节能减排专项资金申请指南(2013 年)》明确了公路水路交通运输行业减排技术的示范项目。财政部、民航局制订了《民航节能减排专项资金管理暂行办法》,原铁道部《铁路“十二五”节能规划》也制订了铁路节能减排的优先发展领域。综合起来,目前我国交通运输业优先发展领域包括:

(1)对于交通运输基础设施建设与运营领域,包括公路及沿线设施、桥梁、隧道、运输站场节能照明技术应用,清洁能源、可再生能源在公路交通运输基础设施建设与运营中的应用,温拌沥青技术和沥青路面冷再生技术应用。对于港航基础设施建设与运营领域,包括清洁能源、可再生能源在港航领域的应用、靠港船舶使用岸电技术应用、集装箱码头 RTG“油改电”技术应用、港口机械节能技术应用,铁路建筑节能工程等。

(2)运输装备领域。包括天然气车辆在道路运输中的应用、绿色汽车维修技术应用、机动车驾驶培训模拟装置应用;营运船舶和施工船舶节能减排改造技术应用和天然气船舶在内河运输中的应用;旅客列车节能减排技术推广工程。

(3)交通运输管理与服务能力建设领域。包括营运车辆和港口智能化运营管理系统应用、治理公路运输车辆超限超载不停车预检系统应用、内河船舶免停靠报港信息服务系统应用、公众出行和物流公共信息服务系统应用和交通运输节能减排统计监测考核体系建设；铁路节能减排能力建设工程、铁路合同能源管理推进工程等。民航节能减排标准、统计、监测考核体系建设。

9.4.2 低碳交通运输发展实际运用中的减排技术

1）低碳交通运输实际发展的减排技术

《国家重点节能技术推广目录》（第1批～第6批）、《国家重点低碳技术推广目录》等都对交通运输行业相关节能减排技术做了明确的规定；《铁路"十二五"节能规划》《民航局关于加快推进行业节能减排工作的指导意见》《公路水路交通运输节能减排"十二五"规划》《关于公路水路交通运输行业落实国务院"十二五"节能减排综合性工作方案的实施意见》《民航行业节能减排规划》等行业规划与政策文件对交通运输实际发展的减排技术做了明确的规划。

2）低碳交通运输示范项目中的减排技术

从2011年开始，财政部、交通运输部联合发布了《交通运输节能减排专项资金管理暂行办法》（财建〔2011〕374号），明确了相关的节能减排技术。截至2014年底，这些技术已在北京、广州等两批26个低碳交通运输体系建设试点城市，江苏省绿色循环低碳交通试点省份，以及重庆、厦门等两批17个绿色循环低碳交通城市，天津港、青岛港等两批8个绿色循环低碳港口，广东广中江高速公路、云南麻昭高速公路等两批12个绿色循环低碳公路中得到实际运用。交通运输节能减排专项资金申请项目节能减排量或投资额核算技术细则共两部分，减排技术见表9-1。《民航节能减排专项资金项目指南（2015年）》是民航节能减排示范项目的指导性文件，其节能减排技术见表9-2。

交通运输节能减排专项资金支持的节能减排技术　　表9-1

节能减排技术	批　次
节能照明技术	第一部分
地源热泵系统	第一部分
温拌沥青混合料技术	第一部分
沥青路面冷再生技术	第一部分
集装箱码头RTG码头"油改电"技术	第一部分
港口带式输送机节能技术	第一部分
靠港船舶使用岸电技术	第一部分
天然气车辆应用	第一部分
绿色汽车维修技术	第一部分
机动车驾驶培训模拟装置	第一部分
天然气船舶应用	第一部分
营运船舶节能技术	第一部分
施工船舶节能技术	第一部分
营运车辆智能化运营管理系统	第一部分
车辆超限超载不停车（高速）预检管理系统	第一部分

续上表

节能减排技术	批　　次
港口智能化运营管理系统	第一部分
内河船舶免停靠报港信息服务系统	第一部分
公众出行信息服务系统	第一部分
物流公共信息平台	第一部分
公共自行车服务系统	第一部分
港口供电设施节能技术	第二部分
港口生产工艺优化	第二部分
港口机械自动控制系统节能技术	第二部分
电子不停车收费系统(ETC)	第二部分
公路隧道通风智能控制系统	第二部分
高速公路公众服务及低碳运行指示系统	第二部分
公路沿线设施建筑节能技术	第二部分
公路建设施工期集中供电技术	第二部分
能耗统计监测管理信息系统	第二部分
太阳能在交通运输基础设施中的应用	第二部分

民航节能减排专项资金项目支持的节能减排技术　　表 9-2

减 排 领 域	减 排 技 术
民航节能技术改造类	飞机加(选)装翼尖小翼
	飞机发动机节能改造
	飞机减重
	飞机发动机清洗
	机场地面电源/空调设备替代飞机辅助动力装置(APU)运行
民航管理节能类	飞行运行节油优化
	基于快速存储记录器(QAR)数据的机队节能管理应用
	楼宇能源监控系统建设
节能产品及新能源应用类	节能照明改造
	供热/制冷改造及管网敷设改造
	供热/制冷新技术应用
	机场区域供电质量优化
	建筑新材料、新技术节能应用
	太阳能应用
	可持续航空生物燃料试验推广
新能源及节能地面保障车辆购置及改造类	保障航班运行的新能源和节能地面保障车辆购置及改造项目
	电动汽车充/换电站(桩)建设项目

续上表

减排领域	减排技术
航路优化项目建设类	临时航线数据自动发布系统建设
	气象、航管雷达信号融合服务系统建设
机场废弃物、污水处理及中水回用设施改造类	污水处理/中水(雨水)回用设施升级改造项目
	飞机除冰液回收

9.4.3 根据数据库和研究报告识别相关技术

国际组织和研究机构就低碳交通运输技术做了大量的研究,从燃油效率、新能源交通运输装备、生物燃料技术等方面提出了低碳技术。如国际能源署(IEA)、UNFCCC、麦肯锡等。

国际组织方面:IEA在《世界能源技术展望2012》中,研究了交通运输行业节能低碳技术,IEA对交通运输节能低碳技术主要集中在运输工具的燃料性能改进上。联合国环境规划署《迈向绿色经济:实现可持续发展和消除贫困的各种途径》研究报告中,从限制或减少出行的次数、转向更为环保的交通方式和改进更为环保的车辆和燃料技术等3个方面建立健康的可持续发展模式。

国外研究机构:麦肯锡在《中国的绿色革命:实现能源与环境可持续发展的技术选择》研究报告中,对20多项道路运输的节能减排技术进行了分析,研究发现到2030年,这些技术将产生约6亿吨的减排潜力,降低2亿~3亿吨的柴油和汽油需求,详见表9-3。

国内外相关机构对低碳交通运输技术的展望 表9-3

机构	报告	减排技术	技术说明	
IEA	《世界能源技术展望2012》	天然气车辆(NGV)	商业化技术	
		液化石油气车辆(LPG)	商业化技术	
		全混合动力车(Full hybrid)	商业化技术	
		灵活燃料车(FFVs)	商业化技术	
		电动汽车(BEV)	2050技术	
		燃料电池电动汽车(FCEV)	2050技术	
		内燃机(ICE)	2050技术	
		插入式混合动力电动汽车(PHEV)	2050技术	
		混合动力电动汽车(HEV)	2050技术	
联合国环境规划署	《迈向绿色经济:实现可持续发展和消除贫困的各种途径》	改进内燃机(ICEs)	+ +*	+**
		改进车辆技术(如置换材料,空气动力性能)	+ + +	+ + +
		翻新技术	+ + +	+
		混合动力或电动车辆	+ + +	+ +
		纯电动汽车	+ + +	+ +
		太阳能电动车	+	+
		燃料电池汽车	+	+ + +

续上表

机　　构	报　　告	减排技术	技术说明	
联合国环境规划署	《迈向绿色经济：实现可持续发展和消除贫困的各种途径》	灵活燃料汽车	+ + +	+ + +
		可替代能源技术:生物燃料,CNG,LNG,LPG1 和燃料	+ + +	+ + +
		非机动车辆	+ + +	+ + +
		公交系统	+ + +	+ + +
		智能交通系统	+ + +	+ + +
		交通管理中的信息技术(智能设施)	+ + +	+ + +
		电子/远程技术以减少交通需求	+ + +	+ + +
		集中售票	+ + +	+ + +
		经济驾驶和速度控制	+ + +	+ + +
国外研究机构	麦肯锡	高效内燃机技术,轻型车,汽油		
		高效内燃机技术,轻型车,柴油		
		木质素纤维素乙醇		
		高效内燃机技术,重型车,柴油		
		充电式混合动力车,轻型车,汽油		
		高效内燃机技术,中型车,汽油		
		高效内燃机技术,中型车,柴油		
		混合动力车,中型车		
		纯电动汽车,轻型车		

注:* 表示2020年重要程度;
** 表示2050年重要程度。

国内研究机构:国家发展改革委能源研究所出版了《中国二氧化碳减排技术潜力和成本研究》,将我国交通运输行业减排技术主要分为两类:结构性节能减排措施和技术性节能减排措施。其中结构性节能减排措施主要包括:

(1)调整运输能源结构。新能源的合理推广使用,包括电动汽车(含插电式电动汽车和增程式混合动力汽车)、替代燃料汽车(天然气汽车、甲醇燃料、乙醇燃料、二代生物柴油等)。

(2)调整运输需求结构。引导节能的承运方式。在公路运输中,大力发展公共交通,提高公交出行分担率。同时不断提高铁路在货运中的比例,降低水运比例,严格控制航空旅客承载比例。

(3)调整运输消费结构。各部门内承载方式的优化。在铁路子部门中,提高电气化率铁路的比例;在水运子部门中,提高内河航运的承运比例。

9.5　关键技术清单

根据对国内外有关政策、研究报告和数据库的综述研究,以及各项减缓技术及其关键子技术和该技术发展阶段,制订了中国交通运输行业减缓关键技术清单,见表9-4。

低碳交通运输关键技术清单 表 9-4

部门	子部门	减缓技术	关键子技术	发展阶段
交通运输	基础设施	公路路面技术	温拌沥青混合料技术	推广/应用
			沥青路面冷再生技术	推广/应用
		管道设施节能技术	管道等节能改造技术	推广/示范
		节能照明技术	LED 灯改造技术	推广/示范
	道路运输	汽车燃油经济性	高效汽油(货车)	推广/应用
			高效汽油(客车)	推广/应用
			高效柴油(货车)	推广/应用
			高效柴油(客车)	推广/应用
			均值压燃技术(汽油车)	研究/开发
			均值压燃技术(柴油车)	研究/开发
		电动汽车及混动汽车	纯电动汽车	研发/试点
			插电式混合电动汽车	研究/开发
			非插电式混合电动汽车	研究/开发
		替代燃料技术	先进生物燃料纤维素乙醇	研究/开发
			生物质燃料技术(生物燃油)	研究/开发
		天然气汽车	天然气汽车	推广/示范
		公路运输结构优化	提高公交出行率	推广/应用
	水路运输	天然气船舶	天然气船舶	推广/示范
		水路运输结构优化	提高内河航运承载比例	推广/应用
	港口	港口降低单耗改造技术	靠港船舶使用岸电技术	推广/示范
			集装箱码头 RTG“油改电”技术	推广/示范
	民航运输	民航节能技术	飞机发动机节能改造	推广/示范
			飞机减重技术	推广/示范
			飞机发动机清洗	推广/示范
		桥载设备替代辅助动力单元(APU)	机场地面电源/空调设备替代飞机辅助动力装置	推广/示范
	铁路运输	铁路运输结构优化	提高电气化率	推广/应用

9.6 关键技术评估

选择确定减排成本最小化的关键技术是对技术的定量分析,所依据的最重要信息是技术的减排成本与减排潜力,可供使用的评估方法主要有两类:自下向上的技术优化模型和减排成本曲线。前者适用于数据充足和拥有建模人员时使用,要求较高,后者对数据、建模能力要求较低,容易掌握和使用。当前,在交通运输行业主要使用减排成本曲线方法。

减排成本曲线是基于技术发展趋势假设、技术减排成本和减排潜力，通过按照减排成本从小到大排序，得到一定减排总量目标下的最优技术组合。该方法容易操作、数据要求低，是最常用的技术筛选工具之一。其主要步骤如下：

(1)步骤一：收集各项减排技术的减排效果与减排成本

减排技术成本包括长期边界成本和短期边界成本。长期边界成本包括固定资产投资、运行及维护成本。对于单项技术，长期边界成本等同于其平均成本，因此，其中减少单位二氧化碳排放的边界成本也等同于其平均成本，而短期边界成本只包括特定固定资产投资的运行及维护成本。

根据各项技术的性能、未来渗透率等假设，利用情景分析计算出相对基准情景的减排潜力。各项技术的费用信息可以来自一手的交通行业调研、专家访谈，或参考相关研究报告、文献和数据库，如 LEAP 的技术与环境数据库等，尽可能保证全面、准确，是一项重要的数据收集工作，目标年均为 2020 年。

交通运输减排量测算是一个重点和难点，本章以天然气汽车技术为例，分析该项技术应用的减排量计算：

①天然气车辆气耗的测算

根据天然气车辆的数量和每辆天然气车辆月度平均气耗量(单位：m^3)，计算年度(12 个月)车辆天然气总气耗(单位：m^3)，其计算公式如下：

$$总气耗 = (\sum 第\ i\ 辆车月度平均气耗量) \times 12 \tag{9-1}$$

其中，第 i 辆车月度平均气耗量需根据每辆天然气车辆在实际运营期(不超过 12 个月)内的气耗量(单位：m^3)统计数据求得。

天然气均指 1 个大气压下，20℃时的天然气；1kg 液化天然气(LNG)按气化为 1.4m^3 天然气计算。如果项目中全部天然气车辆的运行期均满 1 年，可按以下计算公式计算项目总气耗。

$$总气耗 = \sum_{i=1}^{n}\sum_{j=1}^{12} 第\ i\ 辆天然气车辆第\ j\ 月气耗量 \tag{9-2}$$

其中，n 为项目中包含的天然气车辆数。

②替代能源当量比的确定

替代能源当量比，是指在相同路况条件下，天然气车辆与燃油车辆完成相同运输量的能耗量之比。项目的当量比应依据车辆实际运行情况，经测算后确定。一般按固定当量比(取值 1.2 m^3/kg)进行核算，即 1.2m^3 天然气相当于 1kg 柴油(按燃料热当量取值)。

③替代燃料量的确定

将总气耗除以当量比，即可计算出替代柴油量(单位：kg)，其计算公式如下：

$$项目替代柴油量 = \frac{总气耗}{当量比} \tag{9-3}$$

将项目的替代柴油量折算为替代燃料量(单位：toe)，其计算公式如下：

$$项目替代燃料量 = 项目替代柴油量 \times 柴油折标油系数 \times 10^{-3} \tag{9-4}$$

④减排量的确定

测算天然气车辆的总气耗量产生的碳减排量为：

$$天然气车辆的碳排放量 = 总气耗量 \times 天燃气碳排放因子 \tag{9-5}$$

测算替代柴油量产生的碳排放量为：

$$替代柴油量碳排放量 = 替代柴油消耗量 \times 柴油碳排放因子 \tag{9-6}$$

天然气车辆技术减排量为：

$$碳减排量 = 测试替代柴油量碳排放量天然气车辆的碳排放量 \tag{9-7}$$

在实际清单测算过程中，根据减缓技术的不同采用合适的计算方法。

(2)步骤二：按照长期边际减排成本由低到高的顺序排列技术

基于已有的技术在情景研究时间范围内的减排潜力与减排成本数据，根据下式计算低碳技术的减排成本。

$$减排成本 = \frac{减排技术的全部成本 - 基准情景下的全部成本}{基准情景下的\ CO_2\ 减排量 - 采用减排技术的\ CO_2\ 减排量} \tag{9-8}$$

按照以最小费用寻求最佳减排效果的原则，依次挑选各项技术，并绘制在坐标轴上，横、纵坐标轴分别代表污染物削减量即减排量，单位削减费用即边际减排成本。首先选择那些长期边际减排成本最低的技术方案，用长方形画出，使长方形在横坐标轴上的长代表能实现的最大减排潜力，长方形的高在纵坐标轴上代表平均减排成本；再从其余技术备选方案中选取长期边际费用最低的方案，依次进行下去，直到所达到的减排水平满足减排目标。最后，根据需要实现的温室气体排放控制目标，在减排成本曲线横坐标上对应排放点画一条竖线，竖线左侧的技术即为实现减排目标的成本最小化技术组合，如图 9-3 所示。

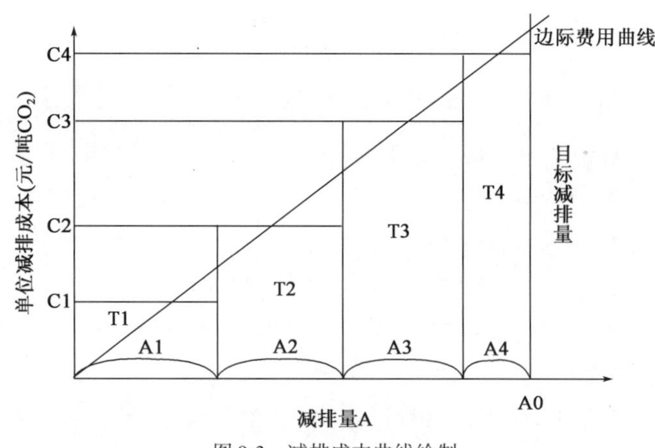

图 9-3　减排成本曲线绘制

根据 22 种关键技术清单，计算其减排成本和减排潜力，分析结果如图 9-4 所示。

总减排成本最小化的技术选择分析表明：水路结构优化、高效汽油客车、天然气客车、高效汽油货车、均值压燃技术汽油车、高效柴油货车、公路运输结构优化等技术为较优选择。

通过低碳交通运输技术评估，未来发展的重点领域主要包括 3 个方面：

（1）运输结构调整。评估结果表明水运、公路和铁路运输结构优化技术均为低碳技术优先发展的方向。调整优化运输结构，加快构建节能低碳型综合交通运输体系。能充分发挥各种运输方式的比较优势和组合效率。加快发展水运、铁路等低碳运输方式，不断提高其承运比重，能充分发挥其运能大、能耗低、排放少的比较优势。

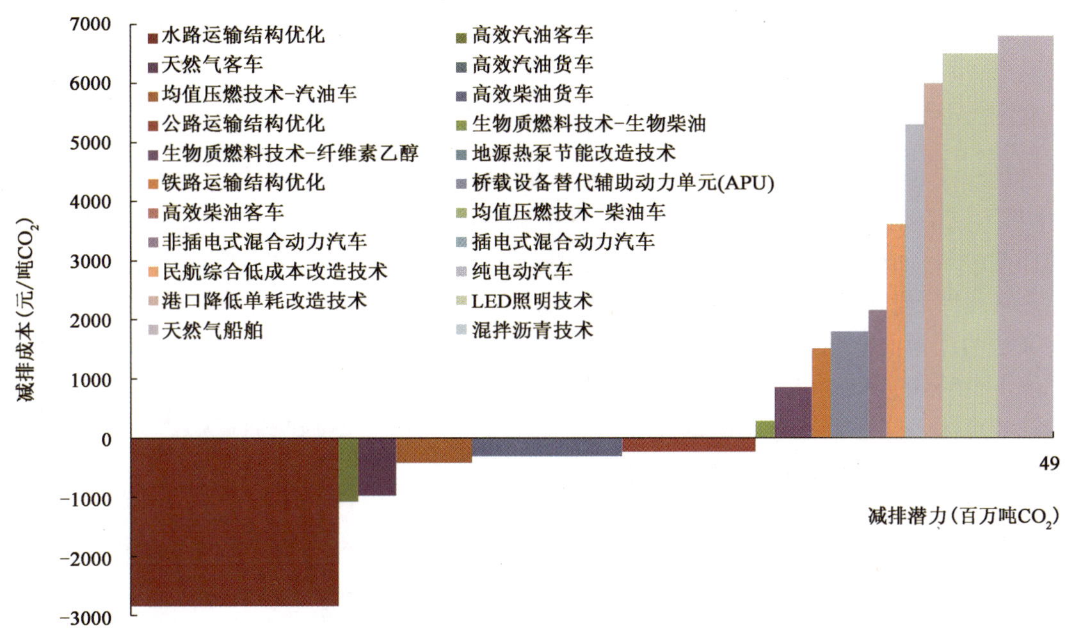

图 9-4　低碳交通运输技术的减排成本与减排潜力评估

（2）高效燃油技术。评估结果表明高效燃油技术减排成本低，减排潜力大，应该是重点发展的方向。通过加强先进适用的高效燃油技术、节能低碳技术、产品的研发与推广，提高集装箱车辆、大飞机、高铁、电动机车、专业运输船舶、电动汽车、混合动力汽车、燃料电池汽车等运载装备的能源效率，不但能够节约能源，而且能够降低二氧化碳排放。

（3）发展新能源和清洁能源运输工具。评估结果表明，天然气车辆、天然气船舶和电动汽车具有较好的减排潜力。其中电动汽车由于目前成本较高，尚未大范围推广，但其减排前景广阔，未来应作为我国低碳交通领域重点关注和大力发展的方向之一。

9.7　本章小结

本章对低碳交通运输技术进行了汇总分析，采用绘制减排成本和减排潜力曲线，评估了低碳交通运输技术的优先序。通过评估，我们认为未来低碳交通运输重点领域主要有 3 个方面：一是运输结构的调整，水路、公路和铁路结构优化技术均为技术优先发展的方向；二是高效燃油技术，汽车的高效燃油技术减排成本低，减排潜力大，应该是重点发展的方向；三是发展新能源和清洁能源运输工具，如天然气车辆、天然气船舶和电动汽车具有较好的减排潜力。低碳交通运输技术评估给出了未来一段时间交通运输行业重点发展的领域和方向，为制订低碳交通运输相关规划提供了量化结果和技术支撑。

第 10 章　低碳交通运输政策体系与规划实施机制研究

10.1　引言

党的十八届三中全会指出全面深化改革的总目标是完善和发展中国特色社会主义制度，推进国家治理体系和治理能力现代化，并明确提出："紧紧围绕建设美丽中国，深化生态文明体制改革，加快建立生态文明制度""必须建立系统完整的生态文明制度体系，用制度保护生态环境"。党的十八届四中全会进一步提出了建设中国特色社会主义法治体系，建设社会主义法治国家的全面推进依法治国总目标。交通运输作为经济社会发展的基础性、先导性和服务性行业，同时也是生态文明建设的重要领域，必须把加快构建管用、够用的低碳交通运输制度体系作为低碳交通运输发展的重中之重。因此，在低碳交通运输规划中，要将低碳交通运输制度体系建设作为核心内容，认真研究和统筹设计。

此外，规划实施是规划编制的最终目的，针对当前我国规划实践中普遍存在"重编制、轻实施"的现实状况，强化低碳交通运输规划实施机制创新，这也是低碳交通运输规划的重要内容和难点所在。因此，本章主要针对低碳交通政策体系设计与规划实施机制创新进行探讨，以期为规划顺利实施提供有力的支撑保障。

10.2　低碳交通运输政策体系建设研究

制度是广义的概念，是指用于调整人与人、人与自然关系的行为准则。制度与公共政策存在紧密联系。制度是公共政策的重要来源，公共政策必须借助制度才能固定下来，变成政府行为；制度尤其是政府颁布的各项行政制度是公共政策的重要载体，但它并不等于公共政策。公共政策主要体现于制度建设中的某些原理、路径和行动计划上。因此，本章重点研究促进低碳交通运输发展的公共政策体系设计问题。

10.2.1　低碳交通运输政策分析方法概述

1）政策矩阵理论

从国外政策演变的趋势可以看出，发达国家环境与气候治理政策发展脉络体现了政府由管理（goverment）向治理（governance）的转变趋势。20 世纪 70 年代的政府管理模式下大量应用命令和控制手段，80 年代更多应用市场化手段，90 年代则出现了政府、企业和社会公众三个主体共同参与治理。

世界银行（1998）对世界各国现存的面向可持续发展的丰富多样的环境管理经验进行了组织和分类，把扩展的可持续发展政策与手段置于一个完整的结构中，基于治理理论多元政策工具的组合，提出了环境治理政策的政策矩阵。该矩阵在行向上划分为资源管理和污染控制两个主题，这些主题又被进一步划分为诸如水资源、能源、土地、材料等资源管理，以及大气、水、噪声等污染控制；政策矩阵在列向上划分为政府规制、利用市场、创建市场和公众参与四类主要的政策手段，这些政策手段还可以进一步细分。政策矩阵既可以使通常被割裂开来的主题领域建立某种秩序，又可作为关注自然资源和环境政策设计者的分析工具，如图 10-1、表 10-1 所示。

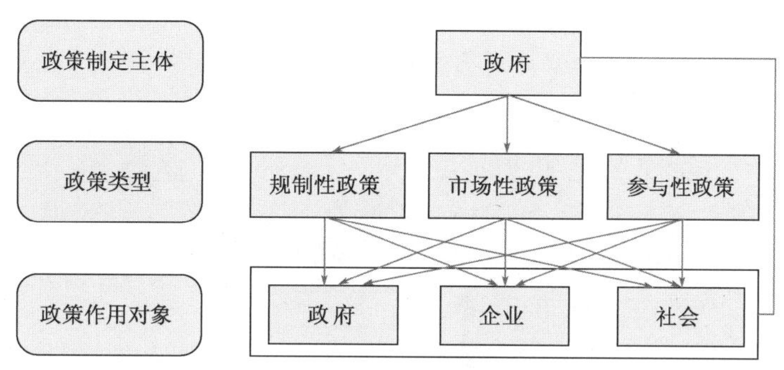

图 10-1　基于治理理论的政策作用机制

基于治理理论的公共政策体系模型　　表 10-1

主　题	政策手段			
	规制性政策	市场性政策		参与性政策
		利用市场	创建市场	
资源管理	法律法规	减少补贴	明确产权	信息公开
	规划计划	环境税	民营化和权力分散	公众参与
污染控制	标准规范	使用费	配额交易	
	禁令	押金—返还制度		
	许可证和配额	专项补贴		
		绿色采购		

低碳交通运输规划研究涉及的政策纷繁复杂，借助上述的政策矩阵，可以使政策研究分析条理清楚，提供的新政策科学有效。

2）政策体系设计的基本理论

政策是国家机关、政党及其他政治团体在特定时期为实现或服务于一定社会政治、经济、文化目标所采取的政治行为或规定的行为准则，它是一系列谋略、法令、措施、方法、办法、条例等的总称。根据公共政策理论，一个完整的政策周期一般包括政策问题的界定、政策制订、政策发布与执行、政策实施效果评估、政策调整等环节。

政策体系设计是对相关政策的体系化，以形成一个覆盖全面、重点突出、相互协调、运转高效的制度系统。政策体系设计主要包括政策环境分析、政策体系方案提出、政策体系方案论证、政策体系建设方案确定等方面。

政策环境分析是政策体系设计的前提和基础。政策环境分析主要是研究发展中存在的主要矛盾和问题，对既有政策体系进行评价，通过战略规划分析明确发展的方向，对政策体系方案提出提供指导。

政策体系方案提出是政策体系设计的主要内容。政策体系方案提出的一般流程是根据政策体系方案设计的原则，明确政策目标、确定政策体系框架，提出政策体系建设方案。政策目标是政策制订者期望达到的实施结果，政策体系框架是根据政策目标设计的体系结构，政策体系建设方案是围绕政策目标、按照确定的政策体系框架提出未来需要制订的关键政策制度。

政策体系方案论证是政策体系设计的重要方面。政策体系方案论证是对提出的政策体系方案广泛听取利益相关方的意见并对方案进行完善和校正。

政策体系建设方案确定是政策体系设计的最后环节。

政策体系设计流程如图10-2所示。

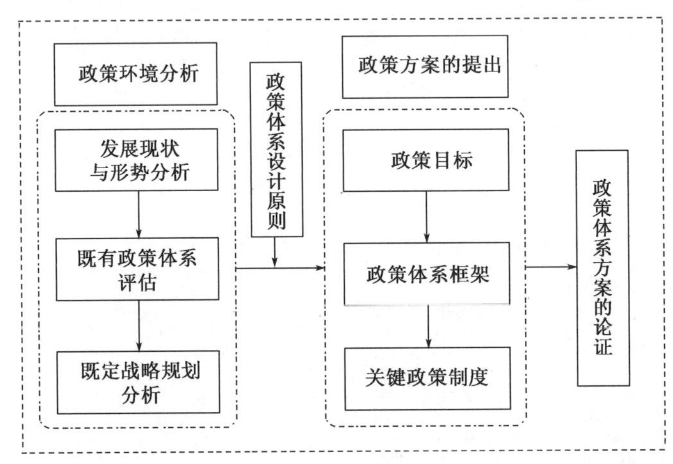

图10-2　政策体系设计流程图

3）政策目标与设计原则

政策目标是政策制订者期望达到的实施结果，任何政策都是有明确目标导向的，交通运输行业政策也不例外。所谓交通运输行业政策就是为实现一定时期内交通运输发展的任务与目标而制订的行业行为准则，它涉及行业经济、技术和管理等各个领域，是交通运输主管部门对交通运输发展实施各种有效干预的重要手段，对指导行业发展具有重要作用，并随着时代变化而进行阶段性的调整。目前制订的低碳交通运输发展政策就是国家发展改革委、交通运输部、国家铁路局、中国民航局等相关政府部门为促进交通运输行业加快转变发展方式，如何构建低碳交通运输发展模式方面的相关行业政策，对有关政策取向和政策措施等的系统化阐述。因此，低碳交通运输发展的政策目标是：指导交通运输行业加快转变发展方式、建设低碳交通运输体系，明确优化交通运输结构、转型升级、提质增效的方向和重点，鼓励和倡导集约高效、绿色低碳发展，强化低碳交通运输科技创新，提升低碳交通运输治理能力，规范和引导行业提高能源利用效率、控制碳排放水平。

低碳交通运输政策体系的构建，以实现转变交通运输发展方式为主题，以绿色低碳发展为主线，应遵循以下基本原则：

①坚持优化供给与引导需求相结合。一方面，优化交通资源配置，既要充分挖掘存量资源的潜力，又要提高增量资源的质量效益；另一方面，注重以人为本，完善公众客运服务体系，倡导公交出行，引导社会形成绿色交通消费模式。②坚持经济手段、法律手段与行政手段相结合。充分发挥市场机制的有效作用，完善低碳交通运输发展的相关法规制度，积极采

用经济手段、法律手段和必要的行政手段，规范交通运输节能减排工作。③坚持全面推进与突出重点相结合。政策设计要全面覆盖在交通建设、运输装备、运输生产、科技创新、能力建设5大领域，贯穿于在决策、规划、设计、施工、运营、养护、管理和服务等各个环节，明确低碳发展的主攻方向，突破重点瓶颈，提高行业能源利用效率、改善用能结构、控制温室气体排放。④坚持技术创新与制度创新相结合。一方面要加强低碳交通技术创新与科技成果的应用推广，发挥科技的支撑和引领作用，提升低碳交通发展能力；另一方面，要注重政策、法规、体制、机制等软环境建设，为低碳交通运输发展提供制度保障。⑤坚持远期与近期相结合。政策重在加强统筹部署，远近结合、分步实施，近期注重典型示范引路、以点带面、破解发展难题，远期着眼于绿色低碳交通治理体系和治理能力现代化，全面推动低碳交通运输体系建设工作向纵深发展。

4）政策体系框架

一般而言，政策体系的设计可以从多个维度展开：

（1）基于产业经济学理论，一般可以将产业政策划分为结构政策、布局政策、技术政策、组织政策等。

（2）按照交通产业链，可以划分为交通战略、规划、设计、建设、运营、运输、管理等。

（3）基于环境治理理论的公共政策体系模式，将政策主要划分为规制性政策、市场性政策、参与性政策。

（4）按照低碳交通运输政策的作用目标对象，根据低碳交通运输体系的系统构成与实现途径，可以划分为低碳基础设施、低碳运输装备、低碳能源、低碳运输组织、低碳技术创新、低碳能力建设等领域政策（或者是需求引导政策、结构优化政策、低碳技术政策、低碳能力建设）。

低碳交通运输政策的制订主要围绕低碳发展主题。基于治理理论的公共政策体系模型，主要考虑了3种类型的低碳交通运输发展行业政策，即规制性政策、市场性政策、参与性政策，政策执行和实施的主体也分为3类，即政府、企业和社会公众。规制性政策的实施主要依靠政府的行政手段和法律手段，规范各个主体行为；市场性政策的实施主要是通过经济手段、发挥市场机制的作用，引导企业发挥主体作用；参与性政策的推行主要通过教育宣传手段充分调动社会各方积极参与。除了低碳发展主题和不同政策主体、手段类型之外，强化低碳科技创新和提升低碳管理能力具有支撑保障性作用，也将其纳入作为低碳交通运输发展政策体系的重要内容。具体的政策体系框架见表10-2。

低碳交通运输政策体系框架　　表10-2

主题		规制性政策（执行主体：政府）	市场性政策（执行主体：企业）	参与性政策（执行主体：社会）
低碳生态交通基础设施	完善综合运输体系； 调整基础设施结构； 材料节约、替代与循环； 绿色设计、施工与管理	法规法规	投资、财税政策 专项补贴	低碳消费
节能环保交通运输装备应用	调整运输装备结构； 节能与新能源、清洁能源装备	标准规范	价格政策	公众参与

续上表

主题		规制性政策（执行主体:政府）	市场性政策（执行主体:企业）	参与性政策（执行主体:社会）
集约高效运输组织模式推广	调整运输服务结构; 公交优先战略; 甩挂运输、多式联运等; 发展现代物流; 提高运输效率	市场准入退出 监管执法	节能量与碳排放权交易 合同能源管理	民主决策 信息公开
低碳科技创新与智能交通	低碳交通技术研发; 低碳技术产品推广; 智能交通发展	技术创新	低碳评价认证	绿色标识
低碳交通治理能力建设	战略规划体系; 法规制度体系; 标准体系; 统计监测考核	…	…	…

低碳交通运输发展政策具有特定的政策取向,就是加快交通运输发展方式转变、建设低碳交通运输体系。其主要任务包括低碳交通基础设施建设、节能环保运输装备应用、集约高效运输组织推广、低碳科技创新与智能交通建设、低碳交通治理能力建设5个方面。这5个方面主要政策相互支撑,共同构成了低碳交通运输发展政策体系。其中:前3个方面政策是低碳交通运输发展政策的核心或主体部分,是低碳交通运输发展主题的直接体现;后两个方面政策更多是属于支撑保障性政策,主要旨在分别从科技创新和监管服务能力两个方面强化低碳交通运输发展的科技支撑能力和行政保障能力。

10.2.2 低碳交通运输政策体系现状梳理与评估

本章主要从两个不同维度对现行低碳交通运输政策体系进行梳理和总结。第一个维度是以政策的作用领域为主线,主要包括低碳交通基础设施建设、节能环保运输装备应用、集约高效运输组织推广、低碳科技创新与智能交通建设和低碳交通治理能力建设5大领域。第二个维度是按照政策工具属性,基于世界银行环境治理政策矩阵中提出的规制性政策、市场性政策和参与性政策三类展开。两个维度结合,构建低碳交通运输政策矩阵。结合相关前期研究成果,本章仅列出相关评价的核心结论,详见表10-3。

根据表10-3中的我国低碳交通运输政策体系现状评价,与世界低碳交通运输政策矩阵相对照,可以发现:一是目前我国低碳交通运输多为规制性的,市场性和参与性的政策相对不足。规制性政策分布其他所有领域。规制性政策中的标准和禁止两种手段应用的尤为广泛。二是市场性政策中使用最多的手段是"以奖代补"的节能减排专项资金。三是参与性政策中信息公开已经得到一定程度的应用,但是公众参与还比较少见。

因此,我国低碳交通运输政策体系设计的方向是:一是更多地利用市场和创建市场;二是积极鼓励信息公开和公众参与;三是进一步完善规制性政策手段;四是注意不同政策手段之间的协同效用。

低碳交通运输政策体系现状评价　　表 10-3

主　题	规制性政策	市场性政策	参与性政策
低碳交通基础设施建设	(1)具备较完备的技术推广政策,涉及范围广泛,对低碳交通技术设施建设提供政策支撑； (2)下一步的重点是加大推广力度并跟进相关标准规范的更新	(1)交通基础设施建设中应用低碳技术能产生实际经济效益,所以企业自发性比较高； (2)政府财政激励方面,除交通运输节能减排资金外,无其他专项支持资金	(1)由于公众参与在低碳交通运输体系建设中的特殊性,很难在不同主题下细化公众性政策； (2)目前国内的公众性政策主要融合在一些规划、指导意见,侧重于唤醒公众低碳交通意识,引导公众低碳出行和生活方式； (3)政策制定和决策需重视公众的需求,政策的执行和实施需动员公众的参与,政策的结果和绩效需关注公众的评价,政策取得的社会发展成果需促进公众的共享,这些都是公众参与的重要内容
节能环保运输装备应用	(1)不论从运输装备还是从能源消耗方面都有完备的规章制度和标准体系； (2)缺乏针对运输装备发展的统筹规划,特别是能源清洁化和新能源运输装备配套实施的建设规划	(1)市场性政策非常丰富,老旧装备更新、新能源汽车、运输装备标准化等均有一定经济激励政策,针对装备能源消耗也有一定税费规制； (2)下一步要协调各种经济激励手段,更好发挥市场性政策的作用	
集约高效运输操作模式推广	(1)具备甩挂运输试点实施方案和水铁联运发展指导意见； (2)缺乏对运输组织优化的长远规划,标准体系建设也不健全,目前国家政策层面对运输组织优化仍然不够重视	(1)市场性政策比较匮乏,缺少基本的经济激励手段； (2)加上基础设施发展不足,信息共享不通畅、规制不统一等因素,企业对甩挂运输、多式联运等运输组织优化的积极性比较低	
低碳科技创新与智能交通	规制性政策发展较为成熟,具备信息化实施规划、指导意见、标准体系、具体信息化技术实施方案,能为智能交通与信息化建设提供支撑	(1)除交通运输节能减排资金外,无其他专项支持资金； (2)部分规划和指导意见中提到做到资金保障,但对经济激励作用的发挥不会起到很好的促进作用	
低碳交通治理能力建设	(1)具备比较完备的低碳城市、低碳港口、低碳公路的评价体系和新能源汽车、清洁燃料汽车的应用标准； (2)初步建成交通运输能源消耗监测体系,规制性政策比较完善,对低碳交通运输体系的建设起到了很好的指导作用	(1)市场性政策主要是交通运输节能减排专项资金对低碳交通能力建设项目的财政支持； (2)下一步要提升政府对低碳交通能力建设项目的支持力度,在低碳交通运输体系建设过程中体现更多的科技因素	

10.2.3　低碳交通运输政策体系构建

根据以上政策矩阵对我国低碳交通运输政策体系进行的评价结论,结合低碳交通运输发展战略规划的相关要求,可以对我国低碳交通运输发展需要的关键政策制度安排进行初步设计。

1)规制型政策

低碳交通运输发展的规制性政策是破解行业能源利用效率还不高、发展方式粗放的格局尚未根本转变等问题的关键,也是创新交通运输发展模式的重要切入点,更是推进交通运输业现代化的必然选择。强有力的低碳交通规制性政策能有效保障低碳交通对交通现代化的引领作用的发挥,应尽快建立确立一整套管用、够用的行业节能减排降碳监管政策。

(1)强化低碳交通运输规划的法律效力。首先要从科学确定低碳交通运输规划约束性目标指标入手,以法律法规的形式予以保障,强化低碳运输规划在交通运输行业规划体系中的核心地位和引领作用。鼓励地方出台与行业目标相应的低碳交通规划及实施方案。"十三五"期以及今后一段时期,交通运输行业有必要进一步实施能源与碳排放强度和总量的双控制度,逐步形成对行业提质增效、转型升级的倒逼机制。同时,应进一步研究节能减排应对全球气候变化与绿色发展的协同效应,提出低碳交通发展总目标,努力在"十三五"期实现大气污染与节能减排的协同管理。同时应进一步强化低碳交通运输规划在规划体系中的核心地位,落实目标管理责任体系。

(2)加快完善低碳交通运输法规体系。推动建立健全低碳交通运输法规体系,亟需研究制订"交通运输低碳发展促进条例"或者"交通运输节约能源条例"。拟根据《节约能源法》,借鉴国外节约能源制度,结合交通运输行业实际情况,参考国内其他行业和各地节约能源制度,从法规上保障科学决策制度;提升生态文明管理与执行能力;形成道德文化制度。如:逐步形成科学的决策和责任制度,包括综合评价、目标体系、考核办法、奖惩机制、空间规划、责任追究、管理体制等,主要是针对各级决策者的;形成有效的执行和管理制度,包括管理制度、有偿使用、赔偿补偿、市场交易、执法监管、资源产权、用途管制、生态红线等,主要是针对全社会各类当事主体的;形成内化的道德和自律制度,包括宣传教育、生态意识、合理消费、良好风气等,主要是针对全社会成员的。

(3)加紧完善低碳交通运输制度体系。重点建立健全低碳交通运输评价考核制度、能源审计制度、行政处罚制度、行政强制制度、固定资产投资项目节能评估和审查制度、重点用能单位节能管理制度、能效标识管理制度、市场机制、资金保障制度、节能表彰奖励制度、交通能效"领跑者"制度等,建立一套够用、管用的低碳交通运输制度体系。

(4)加快构建低碳交通运输标准体系。交通运输生态文明制度体系的运行,需要完善的低碳交通运输标准体系,通过标准来保障低碳交通运输管理制度的有效执行。如:建立营运交通运输用能设备的燃料消耗量和二氧化碳排放量准入制度;完善交通固定资产投资项目环境影响评价制度;低碳交通运输发展统计监测制度,均需要相应的设备性能标准、检测标准等相应的标准予以保障。应结合切实需求和低碳交通运输建设的重点工作来提出交通运输低碳发展的标准体系,近期重点支持交通运输用能设备、设施、企业能效和二氧化碳排放强度标准,节能减排降碳项目的节能减排量核算标准,交通基础设施低碳设计与施工等标准的制订,有序推进标准建设。同时,进一步加大标准建设投入和宣贯力度,做好标准执行的监督检查工作。

2）市场性政策

（1）建立碳排放权交易制度。在此方面可效仿美国和欧盟，利用国内已有的碳排放交易平台，鼓励交通运输企业积极参与到自愿的碳排放权交易中来，通过卖出超标减排量来获取减排利润，同时也降低了全社会节能减排的成本。发达国家的经验证明，排放权交易市场是一个保护全球环境有效可行的手段，它可以从整体上降低减排的成本，提高减排的效率，在保护环境的同时还可以促进金融、投资和贸易的发展，创造新的金融业务，发展经济，促进就业。但由于体制僵化、信息不对称等问题，实际的交易成果与减排大国的地位很不相称。因此，充分借鉴英国等发达国家碳市场的成功经验，开发具有中国特色的碳交易和排污交易市场机制，利用市场手段，通过交易的方式，低成本、高效率地促进节能减排工作的发展，并力争成为亚太地区的碳排放权交易中心，对构建低碳社会和提高我国的经济竞争力都将有益。

（2）完善低碳交通运输投融资政策。目前，我国已经成为世界上政府投入节能减排领域最多的国家之一。要构建低碳交通运输发展长效机制，必须拓展筹资渠道，实现投资主体的多元化。

①合理分配政府财政拨款。世界各国在推动低碳交通运输发展过程中，都采用政府拨款的形式，要么补贴，要么优惠。目前，各国对财政资金的定位是引导性资金，特别是对具有引领作用的新技术发明、创造的支持。如何有效利用有限的财政资金，对于交通运输行业来说，应调整资金使用思路，将加大政府对重大关键低碳交通技术、产品研发创新与示范推广的投入力度。

②完善低碳交通运输投资政策。研究建立交通运输行业碳排放准入门槛。探索运用投资补助、贷款贴息等多种手段，引导社会资本广泛投入低碳交通领域，鼓励拥有先进低碳交通运输技术的企业进入交通基础设施和运输服务领域。支持外资投入低碳交通运输发展重点项目及低碳交通技术研发应用。

③强化低碳交通金融支持。节能减排资金短缺、社会融资渠道不足、企业投入非自觉性等都是目前制约低碳交通运输快速发展的障碍，也是影响工作长期性开展的主要因素。引导银行业金融机构建立和完善绿色信贷机制，鼓励金融机构创新金融产品和服务方式，拓宽融资渠道，积极为符合条件的低碳交通运输项目提供融资支持。根据碳市场发展情况，研究碳金融发展模式。引导外资进入国内碳市场开展交易活动。

④完善多元投资机制。鼓励多方的共同投入。世界各国在推进节能减排发展中充分发挥政府、企业、非政府组织等各方力量，共同推进低碳社会的发展。目前，我国的低碳交通运输发展主要以政府为主导，企业在投入上缺乏主动性，这也是下一步我们需要调整的政策点。通过合理定位政府作用，充分调动社会各个层面的积极性，与市场竞争（利益）驱动相结合，共同营造低碳发展的社会氛围。完善多元化资金支持低碳交通运输发展机制，积极争取支持低碳交通运输发展的政策性投融资，吸引社会各界资金特别是创业投资基金进入低碳交通技术的研发推广、低碳交通重大项目建设领域。

（3）完善低碳交通运输财税和价格政策。研究建立各级交通运输节能减排财政资金等财政激励政策；探讨碳税、资源税、环境税等政策对低碳交通运输发展的影响；研究收费、补贴等经济调节手段并提出对策建议。初步设想包括如下：

①加大低碳交通运输财政投入。财政补贴政策是世界各国最为普遍的政策手段。因此要进一步加大对低碳交通运输发展财政支持力度。继续在各级财政预算中安排资金,支持低碳交通试点示范、技术研发和推广应用、能力建设和宣传教育;加快低碳交通产品和设备的规模化推广使用,对购买使用低碳交通技术、产品的交通运输企业、个人提供补贴。积极创新财政资金管理模式和使用方式。

②创新节能与新能源车辆的使用政策。通过财税激励、市场行为等手段大力推广节能与新能源汽车。以政府为表率,优先采购节能与新能源汽车,包括混合动力、纯电动的公交车、出租车、公务车等。按照车辆大小,给每辆节能与新能源车辆实施一定奖励;为节能与新能源汽车提供道路行驶优先权、停车优先权;减免道路附加费(如交通拥堵费、过路过桥费、养路费、停车费等);对汽车采用区别化信贷,依据低碳交通运输工具的性能差别制定对购买者的优惠政策;对于燃料电车、电动汽车,可对电池报废后,把电池拿到正规企业去拆解的车主给予一定奖励,鼓励电池回收利用。

③完善低碳交通运输税费政策。综合运用免税、减税和税收抵扣等多种税收优惠政策,促进低碳交通运输技术研发应用。研究对低碳交通运输产品(交通运输企业)的增值税(所得税)优惠政策。企业购进或者自制低碳设备发生的进项税额,符合相关规定的,允许从销项税额中抵扣。实行鼓励先进节能低碳技术设备进口的税收优惠政策。落实促进新能源和可再生能源发展的税收优惠政策。在资源税、环境税、消费税、进出口税等税制改革中,积极考虑低碳交通运输发展需要。推动交通能源消费及碳排放相关税收政策调整。鉴于我国当前的税制重前期购置、轻后期使用的现状,建议积极推动交通工具有关能源消费及碳排放相关的税收政策调整。建议根据汽车碳排放量实行累进的汽车购置税,按照“高耗高排高税、低耗低排低税”原则,制订购置和使用环节的税收减免、贷款优惠政策;对低碳燃料采取差别税率,积极促进碳税、环境税等绿色税制改革。

深化交通税费改革,抑制私家车出行需求。在政策调控上,需要充分利用经济手段,调整税费政策着力点、提高汽车使用成本。包括:要提高车船购置费;逐渐提高燃油消费税征收水平;要在特大城市、省会城市,针对特定的路段和时段率先实施拥堵收费政策,促进交通方式加快向高容量的公交系统转移;要严格规范停车收费管理,在城市中心区、商业区和公交发达区域提高停车收费标准,取消公车无偿停放制度。

④完善价格政策。加快推进能源资源价格改革,建立和完善反映资源稀缺程度、市场供求关系和环境成本的价格形成机制。逐步理顺天然气与可替代能源比价关系。出台阶梯价格等鼓励政策来加快推进港口岸电、天然气、混合动力、燃料电池、纯电动装备的使用推广。完善城市停车收费政策,建立分区域、分时段的差别收费政策。

(4)积极探索和制定市场调节政策。通过设置合理的鼓励和引导政策,推进交通运输节能服务产业的发展及交通运输节能减排的市场化运作。如通过政府政策来加快推广用能装备和系统的合同能源管理,加强第三方能源审计和基础设施建设项目的节能评估与碳排放评估工作,进一步培养节能低碳第三方服务机构,加快培育节能低碳技术服务市场。鼓励交通运输企业参与自愿减排,研究建立营运车船能效及碳排放认证制度,以租赁代购的方式推进电池动力的交通运输装备。探索设立行业碳排放总量控制目标制度,引导交通运输企业参与国内碳排放交易,抓紧研究应对国际碳排放交易的对策,加快研究交通基础设施生态建设的碳汇能力和潜力,探索将其纳入碳排放交易的方法和模式。

3)参与性政策

(1)培育具有行业特色的低碳交通文化。推动行业低碳发展与文化建设有机融合,大力推进低碳交通文化理论创新,丰富低碳交通文化内涵,强化公众参与,积极培育具有时代特征、行业特色的低碳交通文化,将其融入行业核心价值体系加以推广和弘扬。积极培育低碳交通文化新载体,结合低碳交通运输发展最新成果,探索建设一批交流推广科普展示平台,推动低碳交通文化传播。

(2)注重低碳交通宣传引导和全民行动。广泛、深入、持久地开展形式多样的低碳交通宣传,增强全行业员工特别是各级领导干部的低碳交通意识。将低碳交通宣传纳入重大主题宣传活动,每年制订低碳交通宣传方案,多渠道、多方式宣传交通运输低碳交通与低碳发展方针、政策、法律及法规,充分发挥舆论引导和监督作用。完善公众参与机制,倡导低碳的交通运输消费方式。

10.3　低碳交通运输规划实施机制创新研究

“三分部署,七分落实”,列宁曾说过:“一个行动比一打纲领还重要”。但当前我国低碳交通运输规划实践中不同程度地呈现出“重编制、轻实施”的倾向。因此,在规划的编制中如何加强规划实施机制的创新,以增强规划的可操作性,这是规划研究的难点。

10.3.1　规划动态管理与衔接协调机制

(1)完善规划体系,推动规划实施。建立健全相关规划横向、纵向衔接协调机制,按照低碳交通运输专项规划服从交通运输发展总体规划、节能减排与应对气候变化综合规划,下级低碳交通规划服从上级低碳交通运输规划,做好低碳交通运输规划与其他专项规划之间相互协调的原则,建立起统筹协调的低碳交通运输规划体系,确保各相关规划目标一致、各有侧重、协调互补。

(2)以年度工作计划(要点),推动规划实施。将节能减排年度工作计划(工作要点)作为规划分步实施的重要途径。为保障规划提出的目标和任务逐年实施、稳步推进,应坚持制定和实施年度计划,并作为实施规划的基本手段。

10.3.2　目标责任与评价考核机制

(1)强化目标分解机制。国家发展改革委、交通运输部、国家铁路局、中国民航局、中国铁路总公司等部门制订出台低碳交通运输发展规划目标指标和重点任务分解落实的具体行动方案,按照权责明确、分工协作的原则,明确各项任务责任主体。综合考虑各地区经济社会和交通运输发展水平、资源环境禀赋条件等,差别化地将规划确定的能源消费总量控制目标、强度约束性指标等核心指标和重点任务进行层层分解,分解落实到各级交通运输主管部门、重点交通用能单位等,签订责任状或协议书。督促各地交通运输主管部门制订具体实施办法,抓好工作落实。各级交通运输主管部门及有关单位要加强对规划实施的指导,并为规划有效实施创造条件。充分发挥交通运输企业、行业协会学会、公众等在规划实施中的作用。

(2)健全评价考核机制。制订规划目标任务完成情况评价考核办法,建立有效的指标体系和科学、合理的评价考核机制。按照责任落实、措施落实、工作落实的总体要求，对各地方交通运输主管部门和重点交通用能企业完成交通运输能源强度与碳强度下降等约束性指标情况、有关任务与措施落实情况、基础工作与能力建设落实情况、绿色交通试点示范进展情况实行年度考核。综合评价考核的结果要向社会公开，接受舆论监督。

(3)强化问责制度。建立完善低碳交通运输发展问责机制，将低碳交通运输发展目标任务完成情况作为各地方交通运输主管部门政绩考核的重要内容。建立并完善规划目标任务落实的定期督查督办机制，加强专项督查工作，研究建立低碳交通奖惩制度，将低碳交通发展考核结果与重大交通项目审批、中央资金安排等密切挂钩，充分发挥绩效评估的导向作用和激励约束作用，推动规划各项目标任务的实现，保证规划实施的系统性、连续性和针对性。

(4)强化规划监测评估。建立科学合理的评估机制，完善规划实施评估指标体系，制订监测评估办法。做好规划实施的年度评估、中期评估和后评估工作，及时跟踪分析规划实施情况，对主要指标尤其是对约束性指标进行适时监测，对重大政策和重点项目进行相应评估，根据评估结果调整工作力度，促进规划任务和目标顺利实现。在规划实施的中期和规划末期，形成全面的实施评估报告，针对执行中的问题，研究提出对策措施和解决方案，适时出台调控政策；当外部环境发生不可预见的重大变化，或由于其他原因导致实际低碳交通运输发展严重偏离规划目标时，可按程序适时对规划进行调整修订。

10.3.3 项目化推进机制

按照“工作项目化、项目目标化、目标责任化”的要求，重点组织遴选并适时推进绿色交通省区、城市等区域性项目，绿色低碳公路、港口、航道、车辆、船舶、场站、公交、物流等主题性项目，以及战略规划、法规标准、政策制度体系、统计监测考核体系等低碳交通能力建设项目，建立“十三五”期低碳交通运输重点项目库，动态更新，滚动发展。中央及各级交通运输主管部门每年制订具体的工程项目，建立工程项目责任制，明确各项工程的责任单位、资金来源和年度建设计划。加强工程项目的组织、管理和监督检查，定期分析通报项目建设情况，积极协调解决项目实施中的各种困难和实际问题，确保工程项目的顺利实施。

以重点项目为载体推进规划的实施，树立以项目抓机遇、以项目促发展的观念，集中力量办大事，组织实施一批战略性、前瞻性、全局性和带动性强的重点项目，确保规划目标的实现。首先是滚动完善重点项目库。紧紧围绕低碳交通运输规划确定的主要任务和重点工程，统筹协调推进重点项目库建设，使之成为充分体现相关政府部门、重点企业以及有关方面意愿的共同工作成果。其次是加强规划与项目的紧密结合，重点项目的设计要紧紧围绕规划目标和任务展开，充分体现“规划思想出项目、项目促规划思想”，坚持“规划管项目”的原则，经确认凡纳入规划的重点项目优先纳入试点示范、优先安排投资，成熟一个启动一个；凡未列入规划又确需实施的重点项目，应先调整规划后再实施。

10.3.4 节能减排降碳协同机制

“协同效应”一词是由政府间气候变化专业委员会(IPCC)于2001年发布的第三次评估报告中正式提出，“指减排对策通过对社会经济系统的作用而产生的除了减少温室气体排放以外的社会经济效益”。交通运输节能减排降碳的协同效应十分重要：温室气体和大气污染物“同根同源同步”，二者大多是由化石燃料燃烧产生的，排放源一致，因而采取一定的控制措施时,能够同时减少二者的排放。

节能、减排、降碳和防污大都同根同源。因此,迫切需要研究分析交通运输行业节能减排、降碳防污与环境保护的协同效应机理,并尽快构建协同合作推进机制,充分发挥协同共生效益,全面提升交通节能减排工作的经济、社会、环境等方面综合效益,为相关政府部门协调推进环境综合治理、科学决策管理提供基础。

各级交通运输主管部门要统筹落实中央关于加强生态文明建设、节能降碳等系列决策部署,包括国务院印发的"十三五"节能减排综合工作方案、"十三五"控制温室气体排放工作方案、"十三五"生态环境保护规划、大气污染防治行动计划、水污染防治行动计划等,合力推进交通运输生态文明建设,共筑绿色美丽交通愿景。

要切实将低碳发展全面融入交通运输发展的各个方面、全过程,将低碳交通运输发展作为加快推进交通运输发展方式的重要抓手,实现绿色交通、综合交通、智慧交通、平安交通"四个交通"协同发展。

10.3.5 试点示范带动机制

(1)强化试点示范顶层设计。低碳交通运输发展是一项系统性工程,既需要规划的统筹谋划,更需各级地方政府、各专业领域层面的全面参与和实践。要按照"强化体系、突出特色、统筹推进、条块结合"的原则,携手开展绿色循环低碳交通区域性主题性试点,认真编制并组织实施试点总体方案,强化试点的顶层设计和宏观指导。

(2)精心组织试点示范。坚持循序渐进,积极研究探索,按步骤、分时序、分批次精心组织开展不同类型、不同层次的试点工作。具体包括:组织开展绿色循环低碳交通省区、城市区域性试点和示范创建行动;绿色公路、铁路、机场、港口、航道、场站、装备、物流等主题性试点;绿色低碳展示交流推广平台、企业示范。在全面组织实施试点的基础上,结合各地交通运输布局特点和基础条件,开展示范创建活动,努力打造行业典型示范,认真总结示范省份、示范城市、示范港口、示范公路、示范航道、示范工程、示范企业和示范单位的好经验好做法,加强宣传和推广,充分发挥对全行业的示范带动作用。

10.3.6 协同合作推进机制

(1)完善部省市县共建机制。参照交通运输部、江苏省人民政府签署《共同推进绿色低碳交通运输发展框架协议》,携手打造绿色低碳交通示范省份的推进模式,积极探索部省、省市、市县人民政府共同推进省份、城市绿色低碳交通运输发展的新机制,上下联动,形成合力。

(2)强化部门协同联动机制。进一步深化"大交通"体制改革,继续完善和理顺综合交通运输管理体制,助推"大交通"管理。建立健全多部门会商协调协作机制,联合成立高层次、跨部门的低碳交通运输体系建设工作领导小组或协调机构,由交通运输部部长任组长、分管副部长任副组长,成员单位包括交通运输部内相关司局,以及发展改革、交通运输、铁路、民航、邮政、财政、环保、公安、科技、工信、住建等相关部门,负责领导和组织推进低碳交通运输发展工作,贯彻落实国家有关生态文明建设和节能减排降碳的方针政策,组织研究制订相关规划、政策、措施和标准,建立部门信息共享和协调联动机制。及时协调解决推进工作中出现的问题,发挥组织领导、支持保障和督促检查作用。

(3)加强政策协同配合。各部门要按照职责分工,加强协作,共同推动规划各项任务落实。同时,要深化相关领域改革,加强财税、金融、价格、土地、产业等政策协调配合,研究分领域、分阶段推动低碳交通运输发展的相应支持政策,形成整体合力,加大支持力度。完善多元化资金投入机制,充分发挥财政资金、企业资金、民间资本、外资等多种资金渠道的作用,确保规划重点目标任务和重点工程建设的资金投入。

10.4 本章小结

本章研究的核心内容是低碳交通运输政策体系设计以及规划实施机制创新。低碳交通运输发展政策体系研究部分,运用低碳交通运输政策矩阵方法,基于产业经济学理论、环境治理理论的公共政策体系模式,分别按照基础设施、运输装备、运输组织、科技创新与能力建设5个政策目标对象,以及规制性政策、市场性政策和参与性政策等三类政策工具两个维度,从我国低碳交通运输政策体系现状的梳理与评估入手,查找突出问题、明确改进方向,提出了我国低碳交通运输政策体系框架和关键制度安排。

规划实施机制部分侧重于体制机制创新,主要包括:针对统筹协调的规划动态管理与衔接协调机制,针对强化约束的目标责任分解落实与评价监测考核机制,针对实化抓手的项目化推进机制,针对发挥协同效应的节能降碳协同推进机制,针对发挥示范引领的试点示范带动机制和针对多部门合作的协同合作推进机制。

参 考 文 献

[1] Kaya Y. 1990. Impact of carbon dioxide emission on GNP growth:interpretation of proposed scenarios. Paris:IPCC Energy and Industry Subgroup,Response Strategies Working Group,1990.

[2] Mahony,T. O.,Zhou,P.,Sweeney,J.,2012. The driving forces of change in energy-related CO_2 emissions in Ireland: a multi-sectoral decomposition from 1990 to 2007. Energy Policy 44, 256-267.

[3] Zhou,P.,Ang,B. W.,2008. Decomposition of aggregate CO_2 emissions:a production-theoretical approach. Energy Econ. 30,1054-1067.

[4] Zhang,Y. J.,Da,Y. B.,2013. Decomposition the changes of energy-related carbon emissions in China:evidence from the PDA approach. Nat. Hazards 69,1109-1122.

[5] Scholl,L.,Schipper,L.,Kiang,N.,1996. CO_2 emissions from passenger transport:a comparison of international trends from 1973 to 1992. Energy Policy 24,17-30.

[6] Schipper,L.,Marie-Lilliu,C. and Gorham,R. (2000). "Flexing the Link between Transport and Greenhouse Gas Emissions-A Path for the World Bank",available at:https://trid. trb. org/view. aspx? id=851906.

[7] Lakshmanan,T. R.,Han,X. L.,1997. Factors underlying transportation CO_2 emissions in the USA:a decomposition analysis. Transp. Res. Part D:Transp. & Environ. 2,1-15.

[8] Greening,L. A.,Ting,M.,Davis,W. B.,1999. Decomposition of aggregate carbon intensity for freight:trends from 10 OECD countries for the period 1971-1993. Energy Econ. 21,331-361.

[9] Mazzarino,M.,2000. The economics of the greenhouse effect:evaluating the climate change impact due to the transport sector in Italy. Energy Policy 28,957-966.

[10] Lu,I. J.,Lin,S. J.,Lewis,C.,2007. Decomposition and decoupling effects of carbon dioxide emission from highway transportation in Taiwan,Germany,Japan and South Korea. Energy Policy 35,3226-3235.

[11] Timilsina,G. R.,Shrestha,A.,2009a. Factors affecting transport sector CO_2 emissions growth in Latin American and Caribbean countries:an LMDI decomposition analysis. Int. J. Energy Res. 2009,396-414.

[12] Timilsina,G. R.,Shrestha,A.,2009b. Transport sector CO_2 emissions growth in Asia:underlying factors and policy options. Energy Policy 37,4523-4539.

[13] Wei,Q. Q.,Zhao S. Z.,Xiao,W.,2013. A quantitative analysis of carbon emissions reduction ability of transportation structure optimization in China. J. Transp. Syst. Eng. & Inf. Technol. 13,10-17.

[14] Wang,W. W.,Zhang,M.,Zhou,M.,2011. Using LMDI method to analyze transport sector

CO_2 emissions in China. Energy 36,5909-5915.

[15] IEA. Transport Energy and CO_2- Moving towards Sustainability [R]. 2009.

[16] 欧阳斌. 建设低碳交通运输体系的战略思考[J]. 综合运输,2011. 11:8-11.

[17] IEA. Transport Energy and CO_2- Moving towards Sustainability [R]. 2009.

[18] UK Ministry for Transport. Low Carbon Transport: A Greener Future -A Carbon Reduction Strategy for Transport [R]. 2009-7.

[19] OECD/ ITF. 2008 Forum Highlights: Transport and energy: Challenge of Climate Change [R]. 2008.

[20] Internaltional Transport Forum (ITF). Transport Outlook 2011 Meeting the Needs of 9 Billion People [R]. 2011.

[21] OECD and IEA, (2007), World Energy Outlook-2007-China and India Insight, IEA, Head of Communication and Information Office, 9 rue de la Fédération, 75379, Paris Cedex 15, France.

[22] The World BankDevelopment Research GroupEnvironment and Energy Team. Why Have CO_2 Emissions Increasedin the Transport Sector in Asia? -Underlying Factors and Policy Options[R]. 2009,9.

[23] 杨伟民. 发展规划的理论和实践[M]. 北京:清华大学出版社,2010.

[24] 钟契夫,许光建. 中长期发展规划的基础理论和方法[M]. 北京:中国计划出版社,2002.

[25] 成思危. 发展计划的制定与管理[M]. 北京:经济科学出版社,2004.

[26] 刘瑞,武少俊. 社会经济发展战略与规划:理论、实践、案例[M]. 北京:中国人民大学出版社,2006.

[27] 国家发展和改革委员会. "十二五"规划战略研究[M]. 北京:人民出版社,2010.

[28] 吴舜泽,万军,等. "十二五"环境保护规划:思路与框架[M]. 北京:中国环境科学出版社,2010.

[29] 吴舜泽,等. 国家环境保护"十二五"规划基本思路研究报告[M]. 北京:中国环境科学出版社,2011.

[30] 环境保护部规划财务司,环境保护部环境规划院.《国家环境保护"十二五"规划》前期对外委托课题成果摘要[M]. 北京:中国环境科学出版社,2012.

[31] 王金南. 国家"十二五"环境规划技术指南[M]. 北京:中国环境科学出版社,2013.

[32] 唐小平,黄桂林,张玉钧,等. 生态文明建设规划:理论、方法与案例[M]. 北京:科学出版社,2012.

[33] 郭怀成,尚金城,张天柱. 环境规划学[M]. 2 版. 北京:高等教育出版社,2009.

[34] 董伟,等. 环境保护总体规划理论与实践[M]. 北京:中国环境科学出版社,2012.

[35] 许振成,彭晓春,贺涛,等. 现代环境规划理论与实践[M]. 北京:化学工业出版社,2012.

[36] 高虎,梁志鹏,庄幸. LEAP 模型在可再生能源规划中的应用[J]. 中国能源,2004(10):34-37.

[37] 周敬宣. 环境规划新编教程[M]. 武汉:华中科技大学出版社,2010.

[38] 章家恩. 生态规划学[M]. 北京:化学工业出版社,2009.

[39] 刘康. 生态规划——理论、方法与应用(第2版)[M]. 北京:化学工业出版社,2011.

[40] 徐玖平,胡知能,黄钢. 循环经济系统规划理论与方法及实践[M]. 北京:科学出版社,2008.

[41] 邱寿丰. 循环经济规划的生态效率方法及应用——以上海为例[D]. 上海:同济大学,2007.

[42] 崔木花. 基于情景分析法的循环经济规划研究——以安徽能源循环经济规划为例[J]. 安徽大学学报(哲学社会科学版),2007(4):147-151.

[43] 娄伟,李萌. 低碳经济规划:理论·方法·模型[M]. 北京:社会科学文献出版社,2011.

[44] 国家发展改革委宏观经济研究院. 低碳发展方案编制原理与方法[M]. 北京:中国经济出版社,2012.

[45] 李竹梅. 区域低碳规划及绩效评价研究——以山西省为例[M]. 北京:中国财富出版社,2014.

[46] 韩笋生,秦波,等. 低碳空间规划与可持续发展——基于北京居民碳排放调查的研究[M]. 北京:中国人民大学出版社,2014.

[47] 叶祖达. 低碳生态空间:跨维度规划的再思考[M]. 大连:大连理工大学出版社,2011.

[48] 张坤民,等. 低碳经济论[M]. 北京:中国环境科学出版社,2009.

[49] 陆化普. 交通规划理论与方法[M]. 2版. 北京:清华大学出版社,2006.

[50] 陆化普,黄海军. 交通规划理论研究前沿[M]. 北京:清华大学出版社,2007.

[51] 吴娇蓉,白子建. 城市交通整合规划理论与实践[M]. 上海:同济大学出版社,2012.

[52] 龙江英,吴乔明. 低碳城市交通体系规划之关键技术研究[M]. 成都:西南交通大学出版社,2012.

[53] 秦晓春,李宗禹,沈毅,等. 美国、德国与中国的综合交通网规划中绿色交通规划研究[J]. 中外公路,2012(4).

[54] 茅林. 杭州市低碳交通"十二五"发展规划基本问题的思考[J]. 公路,2010(8):183-184.

[55] 陆建. 城市交通系统可持续发展规划理论与方法[D]. 南京:东南大学. 2003(5).

[56] 顾朝林. 气候变化与低碳城市规划[M]. 2版. 南京:东南大学出版社,2013.

[57] 蔡博峰. 低碳城市规划[M]. 北京:化学工业出版社,2011.

[58] 封颖,蔡博峰. 中国城市低碳规划方法探索[J]. 中国科技论坛,2012(6).

[59] 中国城市科学研究会. 中国低碳生态城市发展报告2012[M]. 北京:中国建筑工业出版社,2012.

[60] 潘家华,庄贵阳,等. 低碳城市:经济学方法、应用与案例研究[M]. 北京:社会科学文献出版社,2012.

[61] 沈清基,安超,刘昌寿. 低碳生态城市理论与实践[M]. 北京:中国城市出版社,2012.

[62] 潘海啸,[法]贾宁. 低碳城市的高品质交通:政策、体系与创新[M]. 上海:同济大学出版社,2011.

[63] 仇保兴. 兼顾理想与现实——中国低碳生态城市指标体系构建与实践示范初探[M]. 北京:中国建筑工业出版社,2012.
[64] 张明,李华楠,王文文. 中国能源相关的二氧化碳减排策略研究[M]. 北京:经济科学出版社,2013.
[65] 曾贤刚. 二氧化碳减排的经济学分析[M]. 北京:中国环境科学出版社,2011.
[66] 贾顺平,彭宏勤,刘爽,等. 交通运输与能源消耗相关研究综述[J]. 交通运输系统工程与信息,2009(3):6-16.
[67] 吴文化. 我国交通运输行业能源消费和排放与典型国家的比较[J]. 中国能源,2007(10):19-23.
[68] 张树伟,姜克隽,刘德顺. 中国交通发展的能源消费与对策研究[J]. 中国软科学,2006(5):58-62.
[69] 李连成,吴文化. 我国交通运输业能源利用效率及发展趋势[J]. 综合运输,2008(3):16-20.
[70] 国家发改委宏观经济研究院课题组. 交通运输业节能降耗问题研究[R]. 2007(12).
[71] IEA. Energy statistics and balances[M]. International Energy Agency,2004.
[72] 田建华,中国交通部门能源消费与碳排放预测[D]. 大连:大连理工大学,2008.
[73] 国家统计局. 中国统计年鉴 2014[M]. 北京:中国统计出版社,2014.
[74] 国家统计局. 中国统计年鉴 2013[M]. 北京:中国统计出版社,2013.
[75] 国家统计局,国家能源局. 中国能源统计年鉴 2013[M]. 北京:中国统计出版社,2013.
[76] 国家统计局,国家能源局. 中国能源统计年鉴 2012[M]. 北京:中国统计出版社,2012.
[77] 交通运输部综合规划司. 2013 中国交通运输统计年鉴[M]. 北京:人民交通出版社,2014.
[78] 交通运输部综合规划司. 2012 中国交通运输统计年鉴[M]. 北京:人民交通出版社,2013.
[79] 交通运输部综合规划司. 2011 中国交通运输统计年鉴[M]. 北京:人民交通出版社,2012.
[80] 交通运输部综合规划司. 2010 中国交通运输统计年鉴[M]. 北京:人民交通出版社,2011.
[81] 铁道部. 2007 铁路"十一五"节能和资源综合利用规划[J]. 中国铁路,2007(4).
[82] 铁道部统计中心. 2010 年全国铁路统计年鉴[M]. 北京:中国铁道出版社,2012.
[83] 铁道部统计中心. 2007 年全国铁路统计年鉴[M]. 北京:中国铁道出版社,2009.
[84] 铁道部统计中心. 铁路简明统计资料[M]. 北京:中国铁道出版社,2009.
[85] 中国民用航空局规划发展司. 从统计看民航 2013[M]. 北京:中国民航出版社,2013.
[86] 中国民用航空局规划发展司. 从统计看民航 2012[M]. 北京:中国民航出版社,2012.
[87] 中国民用航空局规划发展司. 从统计看民航 2008[M]. 北京:中国民航出版社,2008.
[88] 傅志寰,胡思继,姜修山,等. 中国交通运输中长期节能问题研究[M]. 北京:人民交通出版社,2011.
[89] 清华大学车用能源研究中心,中国车用能源展望 2012[M]. 北京:科学出版社,2012.

[90] 国家发展改革委应对气候变化. 2005 中国温室气体清单研究[M]. 北京:中国环境出版社,2014.
[91] 蔡博峰,刘春兰,陈操操,等. 城市温室气体清单研究[M]. 北京:化学工业出版社,2009.
[92] 蔡博峰. 城市温室气体清单核心问题研究[M]. 北京:化学工业出版社,2014.
[93] 欧阳斌,李忠奎,陈建营. 国外交通运输能源消费的主要特征与启示[J]. 综合运输,2010(12).
[94] 交通运输部科学研究院. 交通行业节能中长期规划研究[R]. 2008(12).
[95] 魏一鸣,廖华,等. 中国能源报告(2010):能源效率研究[M]. 北京:科学出版社,2010.
[96] Oak Ridge National Laboratory. 2014. USA Transportation Energy Data Book(Edition 33).
[97] The Energy Data and Modeling Center (EDMC),Handbook of Energy and Economic Statistics in Japan,The Energy Conservation Centre (2008).
[98] 王庆一. 中国可持续能源项目《可持续能源发展财政和经济政策研究》参考资料——2008 能源数据. 2008(10).
[99] 王庆一. 中国能源效率分析与国际比较研究[J]. 节能与环保,2005(6).
[100] 欧阳斌,张跃军,郭杰. 低碳交通运输的综合评价指标及其应用[J]. 北京理工大学学报(社会科学版),2014(4).
[101] 于灏,杨瑞广,张跃军,汪寿阳. 城市客运交通能源需求与环境排放研究——以北京为例[J]. 北京理工大学学报(社会科学版),2013(5):10-15.
[102] 国家统计局. 中国能源统计年鉴 2011[M]. 北京:中国统计出版社,2012.
[103] 王庆一. 中国可持续能源项目参考资料:2010 能源数据[R]. 中国可持续能源项目,2008.
[104] 王庆一. 中国能源效率分析与国际比较研究[J]. 节能与环保,2003(8):5-7.
[105] 交通运输部综合规划司. 2011 中国交通运输统计年鉴[M]. 北京:人民交通出版社,2012.
[106] 铁道部统计中心. 2010 年全国铁路统计年鉴[M]. 北京:中国铁道出版社,2012.
[107] 中国民用航空局规划发展司. 从统计看民航 2012[M]. 北京:中国民航出版社,2012.
[108] 张国伍. 交通运输系统分析[M]. 成都:西南交通大学出版社,2006.
[109] 朱跃中. 中长期能源发展情景分析方法对我国未来节能规划的启示[J]. 中国能源,2000(5):5-6.
[110] 相伟. 我国发展规划评估的理论与方法研究[M]. 北京:经济科学出版社. 2012.
[111] 鄢一龙,王亚华. 经济社会发展规划. 实施评估方法[J]. 经济研究参考,2009(50):51-55.
[112] 刘春雨,谭爽. 国家"十二五"规划纲要中期评估的几点思考[J]. 中国经贸导刊,2012(11):26-27.
[113] 李强,胡江. "十二五"规划中期绿色发展规划评估[J]. 经济研究参考,2013(55):48-56.
[114] 张明明. 可持续发展规划实施的评估方法研究——以安吉为例[D]. 杭州:浙江大

学,2010.

[115] 卓越.公共部门绩效评估[M].北京:中国人民大学出版社,2009.

[116] 白宏涛,徐鹤.中国交通规划战略环境评价的若干问题探讨[J].环境污染与防治,2010(2):95-100.

[117] 马国贤,任晓辉.公共政策分析与评估[M].上海:复旦大学出版社,2012.

[118] 陈振明.政策科学——公共政策分析导论[M].2版.北京:中国人民大学出版社,2003.

[119] 宋彦,陈燕萍.城市规划评估指引[M].北京:中国建筑工业出版社,2012.

[120] 李王鸣.城市总体规划实施评价研究[M].杭州:浙江大学出版社,2007.

[121] 郭垚,陈雯.区域规划评估理论与方法研究进展[J].地理科学进展,2012(6):768-776.

[122] 张利华,李颖明.区域科技发展规划评佑的理论和方法研究[J].中国软科学,2007(2):95-101.

[123] 朱之鑫."十一五"规划实施中期评估报告[M].北京:中国人口出版社,2009.

[124] 吴舜泽,万军,周劲松.《国家环境保护十一五规划》实施评估报告[M].北京:中国环境科学出版社,2012.

[125] 吴舜泽.《国家环境保护十一五规划》中期进展评估[M].北京:中国环境科学出版社,2011.

[126] 交通运输部科学研究院.公路水路交通运输节能减排"十二五"规划中期评估报告[R].2014(9).

[127] 国家发展改革委能源研究所."十二五"节能中期评估报告[R].2014(8).

[128] 杨姝影,蔡博峰,曹淑艳,等.二氧化碳总量控制区域分配方法研究[M].北京:化学工业出版社,2012.

[129] 孙梅,陶阳威.节能降耗目标分解模型研究[J].统计与决策,2011(5):51-53.

[130] 欧阳斌,李忠奎,毕清华,等.交通运输能源与碳排放测算评价方法研究:以江苏省为例[R],2015(1).

[131] 欧阳斌,李忠奎,凤振华.低碳交通运输规划研究现状、问题及展望[J].中国流通经济,2014(8).

[132] 欧阳斌,李忠奎,郭杰,等.中国交通运输低碳发展的战略构想[J].中国人口、资源与环境(专刊),2014(11).

[133] 交通运输部.绿色循环低碳交通运输发展年度报告2013[M].北京:人民交通出版社,2014.

[134] 冯相昭.城市交通温室气体减排的战略研究[M].北京:气象出版社,2010.

[135] Lee Schipper, Céline Marie-Lilliu, Roger Gorham, International Energy Agency. Flexing the link between Transport and Greenhouse Gas Emissions: a path for the World Bank [R]. 2000.

[136] 张树伟,姜克隽,刘德顺.中国交通发展的能源消费与对策研究[J].中国软科学,2006(5):58-62.

[137] 王建国,周建慧. 中国低碳发展战略和政策制定的六维路线图[J]. 北京大学学报(哲学社会科学版),2012(3):133-139.

[138] 沈满洪,池熊伟. 中国交通部门碳排放增长的驱动因素分析[J]. 江淮论坛,2012(1):31-38.

[139] 欧阳斌. 建设低碳交通运输体系的战略思考[J]. 综合运输,2011(11):10-13.

[140] 傅志寰,胡思继,姜秀山,等. 中国交通运输节能中长期问题研究[M]. 北京:人民交通出版社,2011.

[141] 徐匡迪. 中国特色新型城镇化发展战略研究(综合卷)[M]. 北京:中国建筑工业出版社,2013.

[142] 傅志寰,全永燊,陆化普. 中国特色新型城镇化发展战略研究(第二卷):城镇化进程中的综合交通运输问题研究[M]. 北京:中国建筑工业出版社,2013.

[143] 丁晓萍,王建伟. 基于能源消耗的综合运输结构优化[J]. 长安大学学报(社会科学版),2011(2):40-44.

[144] 虞浩. 促进综合运输发展的思路和政策建议[J]. 中国经贸导刊,2012(3):29-31.

[145] 江玉林,吴洪祥,申杦. 畅通、高效、安全、绿色——中国城市公共交通可持续发展重大问题解析[M]. 北京:科学出版社,2010.

[146] 高菠阳,刘卫东. 道路交通节能减排途径与潜力分析[J]. 地理研究,2013(4):767-775.

[147] 曾德丽. 道路交通运输结构性节能减排研究[D]. 重庆:重庆交通大学. 2012.

[148] 冯相昭,蔡博峰. 中国道路交通系统的碳减排政策综述[J]. 中国人口资源与环境,2012(8):21-24.

[149] 蔡博峰,曹东,刘兰翠,等. 中国交通二氧化碳排放研究[J]. 气候变化研究进展,2011(3):197-203.

[150] 张希良,欧训民,张茜. 中国车用能源系统的可持续转型[J]. 环境保护,2012(12):21-24.

[151] IEA. 2010. Energy Technology Roadmaps:a guide to development and implementation.

[152] 娄伟,李萌. 低碳经济规划:理论-方法-模型[M]. 北京:社会科学文献出版社,2011.

[153] Zou Ji et al (2008). Preliminary Technology Needs Assessment in the Ten Prioritized Areas for Energy Conservation in China,EU-China Energy and Environment Program.

[154] 邹骥,王克,傅莎等. 环境有益技术开发与转让国际合作创新机制研究[M]. 北京:经济科学出版社,2009.

[155] 于建荣,孙自检,逯士博. 国家治理体系和治理能力现代化党政干部读本[M]. 北京:国家行政学院出版社,2014.

[156] 程楠. 论制度对交通规划资源配置效率的影响[D]. 北京:北京交通大学,2009.

[157] 程配红. 城市交通规划制度研究[D]. 北京:北京交通大学,2013.

[158] 世界银行. 里约后五年——环境政策创新[M]. 张庆丰,等,译. 北京:中国环境科学出版社,1998.

[159] 邱寿丰. 循环经济规划的生态效率方法及应用——以上海为例[D]. 上海:同济大

学,2007.
[160] 石宝林,欧阳斌,李忠奎,等.我国资源节约型、环境友好型交通运输发展模式及政策取向[J].公路交通科技,2010(6).
[161] 廖筠.公共政策定量评估方法之比较研究[J].现代财经,2007(10):67-70.
[162] 蔡凌曦,范莉莉,鲜阳红.城市节能减排政策评价维度研究[J].生态经济,2014(1):33-38.
[163] 中国环境与发展国际合作委员会《污染减排课题组》.实现"十一五"环境目标政策机制研究报告[R].2007.
[164] 中国环境与发展国际合作委员会秘书处.绿色转型:科学发展的战略思考(中国环境与发展国际合作委员会 2007~2009 政策研究成果)[M].北京:中国环境科学出版社,2010.
[165] 国务院发展研究中心课题组.转变经济发展方式的战略重点[M].北京:中国发展出版社,2010.
[166] 李佐军.中国绿色转型发展报告[M].北京:中共中央党校出版社,2012.
[167] 杨朝飞,里杰兰德.中国绿色经济发展机制和政策创新研究综合报告[M].北京:中国环境科学出版社,2012.
[168] 彭峰,何卫东,孟祥沛.走向社会主义生态文明新时代研究:以法治建设为中心[M].北京:法律出版社,2010.
[169] 周珂,梁文婷,李姗姗.论构建我国低碳交通运输法律体系[J].法治研究,2011(2).
[170] 李珊珊.中国城市交通节能减排法律机制研究[M].北京:法律出版社,2013.
[171] 郭冬梅.应对气候变化法律制度研究[M].北京:法律出版社.2010.
[172] 周珂.应对气候变化的环境法律思考[M].北京:知识产权出版社,2014.
[173] 王文革,莫神星.能源法[M].北京:法律出版社,2014.
[174] 李在卿.低碳标准理解与低碳认证[M].北京:中国质检出版社,中国标准出版社,2012.
[175] 魏一鸣,王恺,凤振华,等.碳金融与碳市场——方法与实证[M].北京:科学出版社,2010.
[176] 范英英.基于碳排放总量控制的低碳经济发展优化模型研究[D].北京:华北电力大学,2012.
[177] 那立春.欧盟排放交易体系对我国民航业发展的影响及应对措施研究[D].长春:吉林大学,2013.
[178] 胡晓明.交通碳排放权分配与交易方式研究[D].哈尔滨:哈尔滨工业大学,2012.
[179] 唐娟.降低中国民航业碳排放数量的政策研究[D].武汉:华中师范大学,2012.
[180] 高珊,黄贤金,赵荣钦.江苏低碳发展模式及政策研究[M].南京:南京大学出版社,2013.
[181] 陈健鹏.温室气体减排:国际经验与政策选择(国务院发展研究中心研究丛书)[M].北京:中国发展出版社,2011.
[182] 樊纲,马蔚华.低碳城市在行动:政策与实践[M].北京:中国经济出版社,2011.

[183] 朱杰堂.《中原经济区规划》落地实施保障机制研究[J].郑州大学学报(哲学社会科学版),2013(7):54-57.

[184] 燕华.区域循环经济发展规划推进机制及跟踪评价研究[D].上海:华东师范大学,2010.

[185] 张文彤,殷毅,姜涛.基于实施的规划编制机制探索[J].城市规划,2010(6):26-30.

[186] 相伟.建立规划协调机制加强规划间的协调[J].宏观经济管理,2010(8):30-32.

[187] 刘春雨,谭爽.健全国家五年规划监测评估考核机制的思考[J].宏观经济管理,2012(11):16-18.

[188] 杨庆育.关于五年规划实施机制的探讨[J].宏观经济研究,2006(8):20-22.

[189] 高辉清,胡少维.进一步完善规划实施的保障机制——“十二五”规划中期评估研究[J].宏观经济管理,2013(11):16-18.

[190] 董金柱,林大鹏.规划协调实施机制的现实性初探[J].现代城市研究,2012(2):5-9.

[191] 闫文琪,高丽洁,任纪佼,等.CDM 项目大气污染物减排的协同效应研究[J].中国环境科学,2013(9):1697-1704.

[192] 政府间气候变化专业委员会(IPCC).气候变化 2001:综合报告(中文版)[R].伦敦:政府间气候变化专业委员会,2001.

[193] 王金南,宁淼,严刚,等.实施气候友好的大气污染防治战略[J].中国软科学,2010(10):28-36.

[194] 宋飞,付加锋.世界主要国家温室气体与二氧化硫的协同减排及启示[J].资源科学,2012(8):1439-1444.

[195] 薛婕,罗宏,吕连宏,等.中国主要大气污染物和温室气体的排放特征与关联性[J].资源科学,2012(8):1452-1460.

[196] 李丽平,周国梅.切莫忽视污染减排的协同效应[J].环境保护,2009(24):36-38.

[197] 朱鹏颐.强化生态经济建设中协同效应的构思[J].东南学术,2012(5):136-142.

[198] 陈秉钊.规划管理中的权力制衡与机制创新[J].现代城市研究,2010(5):13-16.

[199] 余颖,余辉.规划管理与咨询一体化的机制创新——以重庆市为例[J].规划师,2011(16):12-16.

[200] 孟斌.北京城市居民职住分离的空间组织特征[J].地理学报,2009,64(12):1457-1466.

[201] 张登国,高原.家庭碳排放视角下的中国绿色城市建设研究[J].山西财经大学学报,2011(3):16-25.

索　　引

图 目 录

表 目 录

后　　记

推进交通运输低碳发展，规划是关键。本书以能源环境经济学、气候变化经济学、低碳经济、循环经济、计量经济学、公共政策、可持续发展理论、决策科学等相关基本理论为指导，围绕低碳交通运输数据测算、影响因素、评价指标、现状评估、规划目标、重点任务和技术、实施机制开展了理论和实证研究，系统构建了低碳交通运输规划框架和规划体系，为政府制定低碳交通运输战略、规划提供了科学依据，为低碳交通运输技术应用与低碳政策体系设计提供决策支持。

本书由欧阳斌总体设计、策划、组织与统稿，凤振华具体协助撰稿。郭杰、张海颖、毕清华、达亚彬、曹子龙、张毅、刘芳、陈建营、卞雪航、王双、陈书雪、张琦等参与了本书部分章节的研究、讨论以及校对工作。

在本书的研究与撰写过程中，得到了交通运输部交通青年科技英才项目的支持。本书内容依托交通运输部综合规划司、法制司等有关司局《交通行业节能中长期规划》《公路水路交通运输节能减排“十二五”规划》《公路水路交通运输节能减排“十三五”规划重大问题研究》等相关科研项目长期跟踪研究的成果，涉及“十三五”时期运输量、能耗量等行业发展指标、任务等，反映的是当时的研究数据和研究结论。本书先后得到了石宝林、周晓航、魏一鸣、周伟、李作敏、王晓曼、李扬、王先进、李忠奎、张跃军、廖华、徐萍、方海、王艳、褚春超等专家和领导的指导与帮助。在此，向各位专家和领导表示衷心的感谢！同时，感谢交通运输部科学研究院交通发展研究中心（财政与金融研究中心）的各位同仁对我们研究工作给予的支持与帮助。

鉴于我们的能力和时间所限，书中难免存在不足或缺陷，恳请读者批评、指正！

作　者